U0798354

2024年修订版

工会劳动法律监督办法

学习问答

中华全国总工会法律工作部　编著

中国工人出版社

图书在版编目（CIP）数据

工会劳动法律监督办法学习问答 / 中华全国总工会法律工作部编著. -- 北京：中国工人出版社，2024.5

ISBN 978-7-5008-8322-7

Ⅰ. ①工… Ⅱ. ①中… Ⅲ. ①劳动法－法律监督－中国－学习参考资料 Ⅳ. ①D922.504

中国国家版本馆CIP数据核字(2024)第097864号

工会劳动法律监督办法学习问答

出版人	董　宽
责任编辑	赵晨羽　张姗姗
责任校对	张　彦
责任印制	栾征宇
出版发行	中国工人出版社
地　　址	北京市东城区鼓楼外大街45号　邮编：100120
网　　址	http://www.wp-china.com
电　　话	（010）62005043（总编室）
	（010）62005039（印制管理中心）
	（010）62382916（工会与劳动关系分社）
发行热线	（010）82029051　62383056
经　　销	各地书店
印　　刷	宝蕾元仁浩（天津）印刷有限公司
开　　本	700毫米×1000毫米　1/16
印　　张	23
字　　数	300千字
版　　次	2024年11月第1版　2025年9月第2次印刷
定　　价	52.00元

本书如有破损、缺页、装订错误，请与本社印制管理中心联系更换
版权所有　侵权必究

目录

第一部分　文件及修改前后对照表

工会劳动法律监督办法

（总工办发〔2024〕8号）

第一章 总 则

第一条 为保障和规范工会劳动法律监督工作，维护职工合法权益，推动构建和谐劳动关系，根据宪法和《中华人民共和国工会法》、《中华人民共和国劳动法》、《中华人民共和国劳动合同法》及《中国工会章程》等有关规定，制定本办法。

第二条 工会劳动法律监督，是工会依法对劳动法律法规执行情况进行的有组织的群众监督，是我国劳动法律监督体系的重要组成部分。

第三条 工会劳动法律监督工作应当遵循依法规范、客观公正、依靠职工、协调配合的原则。

第四条 中华全国总工会负责全国的工会劳动法律监督工作。

县级以上地方总工会负责本行政区域内的工会劳动法律监督工作。

乡镇（街道）工会、开发区（工业园区）工会、区域性、行业性工会联合会等负责本区域或本行业的工会劳动法律监督工作。

用人单位工会负责本单位的工会劳动法律监督工作。

第五条 上级工会应当加强对下级工会劳动法律监督工作的指导和督促检查。

涉及工会劳动法律监督的重大事项，或者开展工会劳动法律监督工作有困难的，下级工会应当及时向上级工会报告，上级工会应当及时给予指导帮助。对上级工会交办的劳动法律监督事项，下级工会应当及时办理并报告。

必要时，上级工会可以代行下级工会的劳动法律监督职责。

第六条　工会应当积极配合有关部门，对政府部门贯彻实施劳动法律法规的情况进行监督。

第七条　有关劳动安全卫生、社会保险等各类专业监督检查，已有相关规定的，按规定执行。

第二章　监督职责

第八条　工会开展劳动法律监督，依法享有下列权利：

（一）监督用人单位遵守劳动法律法规的情况；

（二）调查侵犯职工合法权益的问题；

（三）提出意见要求依法改正；

（四）提请政府或者有关执法部门依法处理；

（五）支持和帮助职工依法行使劳动法律监督权利；

（六）法律法规规定的其他劳动法律监督权利。

第九条　工会对用人单位的下列情况实施监督：

（一）执行国家有关就业规定的情况；

（二）执行国家有关订立、履行、变更、解除劳动合同规定的情况；

（三）开展集体协商，签订和履行集体合同的情况；

（四）执行国家有关工作时间、休息、休假规定的情况；

（五）执行国家有关工资报酬规定的情况；

（六）执行国家有关各项劳动安全卫生及伤亡事故和职业病处理规定的情况；

（七）执行国家有关女职工和未成年工特殊保护规定的情况；

（八）执行国家有关职业培训和职业技能考核规定的情况；

（九）执行国家有关职工保险、福利待遇规定的情况；

（十）执行国家有关支持劳动者参加和组织工会规定的情况；

（十一）执行企事业单位民主管理有关规定的情况；

（十二）制定、修改劳动规章制度或者决定重大事项的情况；

（十三）法律法规规定的其他劳动法律监督事项。

第十条 工会重点监督用人单位恶意欠薪、违法超时加班、违法裁员、未缴纳或未足额缴纳社会保险费、侮辱体罚、强迫劳动、就业歧视、使用童工、侵犯女职工特殊权益、损害职工健康等行为。对发现的有关问题线索，应当调查核实，督促整改，并及时向上级工会报告；对职工申请仲裁、提起诉讼的，工会应当依法给予支持和帮助。

各级工会应当加强对平台企业和平台用工合作企业、劳务派遣用工的法律监督。

第十一条 工会应当加强法治宣传，引导用人单位依法用工，教育职工依法理性表达合理诉求。

第十二条 工会建立隐患排查、风险研判和预警发布等制度机制，加强劳动关系矛盾预防预警、信息报送和多方沟通协商，把劳动关系矛盾风险隐患化解在基层、化解在萌芽状态。

第十三条 县级以上地方总工会经同级人大、政协同意，可以参加其组织的劳动法律法规执法检查、视察。

第三章 监督组织

第十四条 县级以上总工会设立工会劳动法律监督委员会，在同级工会领导下开展工会劳动法律监督工作。工会劳动法律监督委员会的日常工作由工会有关部门负责。

基层工会设立劳动法律监督委员会或监督小组。工会劳动法律监督委员会受同级工会委员会领导。

工会劳动法律监督委员会任期与本级工会任期相同。

第十五条 县级以上工会劳动法律监督委员会委员由相关业务部门的人员组成，也可以聘请社会有关人士参加。

基层工会劳动法律监督委员会委员或监督小组成员从工会工作者和职工群众中推选产生。

第十六条 工会劳动法律监督委员会可以聘任若干劳动法律监督员。工会劳动法律监督委员会成员同时为本级工会劳动法律监督员。

第十七条 工会劳动法律监督员应当具备以下条件：

（一）具有较高的政治觉悟，热爱工会工作；

（二）熟悉劳动法律法规，具备履职能力；

（三）公道正派，热心为职工群众说话办事；

（四）奉公守法，清正廉洁。

第十八条 工会劳动法律监督员实行先培训合格、后持证上岗制度。工会劳动法律监督员由县级以上总工会负责培训，对考核合格的，颁发《工会劳动法律监督员证书》。证书样式由中华全国总工会统一制定。

第十九条 各级工会应当建立有关制度和信息档案，对工会劳动法律监督员进行实名制管理，具体工作由工会有关部门负责。

第二十条 工会可以聘请人大代表、政协委员、专家学者、社会人士等作为本级工会劳动法律监督委员会顾问，也可以通过聘请律师、购买服务等方式为工会劳动法律监督委员会提供法律服务。

第四章 监督实施

第二十一条 基层工会对本单位遵守劳动法律法规的情况实行监督，对劳动过程中发生的违反劳动法律法规的问题，应当及时向生产管理人员提出改进意见；对于严重损害劳动者合法权益的行为，基层工会在向单位行政提出意见的同时，可以向上级工会和当地政府有关主管部门报告，提出查处建议。

第二十二条 工会建立健全劳动法律监督投诉制度，对实名投诉人个人信息应当予以保密。

第二十三条 上级工会收到对用人单位违反劳动法律法规行为投诉的，应当及时转交所在用人单位工会受理，所在用人单位工会应当开展调查，于三十个工作日内将结果反馈实名投诉人，并报上级工会。对不属于监督范围或者已经由行政机关、仲裁机构、人民法院受理的投诉事项，所在用人单位工会应当告知实名投诉人。

第二十四条 工会在处理投诉或者日常监督工作中发现用人单位存在违反劳动法律法规、侵害职工合法权益行为的，可以进行现场调查，向有关人员了解情况，查阅、复制有关资料，核查事实。

第二十五条 工会劳动法律监督员对用人单位进行调查时，应当不少于2人，必要时上级工会可以派员参与调查。

工会劳动法律监督员执行任务时，应当将调查情况在现场如实记录，经用人单位核阅后，由调查人员和用人单位的有关人员共同签名或盖章。用人单位拒绝签名或盖章的，应当在记录上注明。

工会劳动法律监督员调查中应当尊重和保护个人信息，保守用人单位商业秘密。

第二十六条 工会主动监督中发现违反劳动法律法规、侵害职工合法权益行为的，应当代表职工要求用人单位整改。对于职工的投诉事项，经调查认为用人单位不存在违反劳动法律法规、侵害职工合法权益行为的，应当向职工说明。

第二十七条 用人单位违反劳动法律法规、侵害职工合法权益，经协商沟通解决不成的，由基层工会或工会劳动法律监督组织向用人单位发出《工会劳动法律监督提示函》。

县级以上地方总工会可以就本区域带有普遍性的问题，公开发布《工会劳动法律监督提示函》。

经《工会劳动法律监督提示函》提示或沟通无效的，根据实际情况，由县级以上地方总工会向用人单位发出《工会劳动法律监督意见书》，也可以由基层工会或工会劳动法律监督组织向用人单位发出《工会劳动法律监督意见书》。

用人单位收到《工会劳动法律监督意见书》后，应在三十个工作日内作出书面答复。用人单位未在规定期限内答复，或者无正当理由拒不改正的，由基层工会或工会劳动法律监督组织提请县级以上地方总工会向同级人民政府有关执法部门发出《工会劳动法律监督建议书》，并提供相关材料。

第五章　监督保障

第二十八条　工会开展劳动法律监督活动所需经费纳入本级工会预算。

第二十九条　地方工会可以结合实际，建立非公有制企业工会劳动法律监督员配套补助制度。

第三十条　各级工会应当为工会劳动法律监督员履职提供必要条件。工会劳动法律监督员因依法履职受到打击报复的，有权向本级或上级工会反映，上级工会应当及时给予支持和帮助，依法维护其合法权益。

第六章　附　　则

第三十一条　本办法由中华全国总工会负责解释。

第三十二条　本办法自印发之日起施行。

《工会劳动法律监督办法》修改对照表

（下划线“__”为增加的内容；加方框“□”为删除的内容）

工会劳动法律监督办法 （总工办发〔2021〕9号）	工会劳动法律监督办法 （总工办发〔2024〕8号）
第一章　总　则	**第一章　总　则**
第一条　为保障和规范工会劳动法律监督工作，维护职工合法权益，推动构建和谐劳动关系，根据《中华人民共和国宪法》和《中华人民共和国工会法》、《中华人民共和国劳动法》及《中国工会章程》等有关规定，制定本办法。	**第一条**　为保障和规范工会劳动法律监督工作，维护职工合法权益，推动构建和谐劳动关系，根据《中华人民共和国宪法》和《中华人民共和国工会法》、《中华人民共和国劳动法》、《中华人民共和国劳动合同法》及《中国工会章程》等有关规定，制定本办法。
第二条　工会劳动法律监督，是工会依法对劳动法律法规执行情况进行的有组织的群众监督，是我国劳动法律监督体系的重要组成部分。	**第二条**　工会劳动法律监督，是工会依法对劳动法律法规执行情况进行的有组织的群众监督，是我国劳动法律监督体系的重要组成部分。
第三条　工会劳动法律监督工作应当遵循依法规范、客观公正、依靠职工、协调配合的原则。	**第三条**　工会劳动法律监督工作应当遵循依法规范、客观公正、依靠职工、协调配合的原则。
第四条　全国总工会负责全国的工会劳动法律监督工作。 县级以上地方总工会负责本行政区域内的工会劳动法律监督工作。 乡镇（街道）工会、开发区（工业园区）工会、区域性、行业性工会联合会等负责本区域或本行业的工会劳动法律监督工作。 用人单位工会负责本单位的工会劳动法律监督工作。	**第四条**　中华全国总工会负责全国的工会劳动法律监督工作。 县级以上地方总工会负责本行政区域内的工会劳动法律监督工作。 乡镇（街道）工会、开发区（工业园区）工会、区域性、行业性工会联合会等负责本区域或本行业的工会劳动法律监督工作。 用人单位工会负责本单位的工会劳动法律监督工作。

续　表

工会劳动法律监督办法 （总工办发〔2021〕9号）	工会劳动法律监督办法 （总工办发〔2024〕8号）
第五条　上级工会应当加强对下级工会劳动法律监督工作的指导和督促检查。 涉及工会劳动法律监督的重大事项，下级工会应当及时向上级工会报告，上级工会应当及时给予指导帮助。对上级工会交办的劳动法律监督事项，下级工会应当及时办理并报告。	**第五条**　上级工会应当加强对下级工会劳动法律监督工作的指导和督促检查。 涉及工会劳动法律监督的重大事项，或者开展工会劳动法律监督工作有困难的，下级工会应当及时向上级工会报告，上级工会应当及时给予指导帮助。对上级工会交办的劳动法律监督事项，下级工会应当及时办理并报告。 必要时，上级工会可以代行下级工会的劳动法律监督职责。
第六条　工会应当积极配合有关部门，对政府部门贯彻实施劳动法律法规的情况进行监督。	**第六条**　工会应当积极配合有关部门，对政府部门贯彻实施劳动法律法规的情况进行监督。
第七条　有关劳动安全卫生、社会保险等各类专业监督检查，已有相关规定的，按规定执行。	**第七条**　有关劳动安全卫生、社会保险等各类专业监督检查，已有相关规定的，按规定执行。
第二章　监督职责	**第二章　监督职责**
第八条　工会开展劳动法律监督，依法享有下列权利： （一）监督用人单位遵守劳动法律法规的情况； （二）参与调查处理； （三）提出意见要求依法改正； （四）提请政府有关主管部门依法处理； （五）支持和帮助职工依法行使劳动法律监督权利； （六）法律法规规定的其他劳动法律监督权利。	**第八条**　工会开展劳动法律监督，依法享有下列权利： （一）监督用人单位遵守劳动法律法规的情况； （二）参与调查处理侵犯职工合法权益的问题； （三）提出意见要求依法改正； （四）提请政府或者有关主管执法部门依法处理； （五）支持和帮助职工依法行使劳动法律监督权利； （六）法律法规规定的其他劳动法律监督权利。
第九条　工会对用人单位的下列情况实施监督： （一）执行国家有关就业规定的情况；	**第九条**　工会对用人单位的下列情况实施监督： （一）执行国家有关就业规定的情况；

续 表

工会劳动法律监督办法 （总工办发〔2021〕9号）	工会劳动法律监督办法 （总工办发〔2024〕8号）
（二）执行国家有关订立、履行、变更、解除劳动合同规定的情况； （三）开展集体协商，签订和履行集体合同的情况； （四）执行国家有关工作时间、休息、休假规定的情况； （五）执行国家有关工资报酬规定的情况； （六）执行国家有关各项劳动安全卫生及伤亡事故和职业病处理规定的情况； （七）执行国家有关女职工和未成年工特殊保护规定的情况； （八）执行国家有关职业培训和职业技能考核规定的情况； （九）执行国家有关职工保险、福利待遇规定的情况； （十）制定内部劳动规章制度的情况； （十一）法律法规规定的其他劳动法律监督事项。	（二）执行国家有关订立、履行、变更、解除劳动合同规定的情况； （三）开展集体协商，签订和履行集体合同的情况； （四）执行国家有关工作时间、休息、休假规定的情况； （五）执行国家有关工资报酬规定的情况； （六）执行国家有关各项劳动安全卫生及伤亡事故和职业病处理规定的情况； （七）执行国家有关女职工和未成年工特殊保护规定的情况； （八）执行国家有关职业培训和职业技能考核规定的情况； （九）执行国家有关职工保险、福利待遇规定的情况； （十）执行国家有关支持劳动者参加和组织工会规定的情况； （十一）执行企事业单位民主管理有关规定的情况； （十）（十二）制定、修改内部劳动规章制度或者决定重大事项的情况； （十一）（十三）法律法规规定的其他劳动法律监督事项。
第十条　工会重点监督用人单位恶意欠薪、违法超时加班、违法裁员、未缴纳或未足额缴纳社会保险费、侮辱体罚、强迫劳动、就业歧视、使用童工、损害职工健康等问题。对发现的有关问题线索，应当调查核实，督促整改，并及时向上级工会报告；对职工申请仲裁、提起诉讼的，工会应当依法给予支持和帮助。	**第十条**　工会重点监督用人单位恶意欠薪、违法超时加班、违法裁员、未缴纳或未足额缴纳社会保险费、侮辱体罚、强迫劳动、就业歧视、使用童工、侵犯女职工特殊权益、损害职工健康等问题行为。对发现的有关问题线索，应当调查核实，督促整改，并及时向上级工会报告；对职工申请仲裁、提起诉讼的，工会应当依法给予支持和帮助。 各级工会应当加强对平台企业和平台用工合作企业、劳务派遣用工的劳动法律监督。

续　表

工会劳动法律监督办法 （总工办发〔2021〕9号）	工会劳动法律监督办法 （总工办发〔2024〕8号）
第十一条　工会应当加强法治宣传，引导用人单位依法用工，教育职工依法理性表达合理诉求。	**第十一条**　工会应当加强法治宣传，引导用人单位依法用工，教育职工依法理性表达合理诉求。
第十二条　工会建立隐患排查、风险研判和预警发布等制度机制，加强劳动关系矛盾预防预警、信息报送和多方沟通协商，把劳动关系矛盾风险隐患化解在基层、消除在萌芽状态。	**第十二条**　工会建立隐患排查、风险研判和预警发布等制度机制，加强劳动关系矛盾预防预警、信息报送和多方沟通协商，把劳动关系矛盾风险隐患化解在基层、消除化解在萌芽状态。
第十三条　县级以上工会经同级人大、政协同意，可以参加其组织的劳动法律法规执法检查、视察。	**第十三条**　县级以上地方总工会经同级人大、政协同意，可以参加其组织的劳动法律法规执法检查、视察。
第三章　监督组织	**第三章　监督组织**
第十四条　县级以上总工会设立工会劳动法律监督委员会，在同级工会领导下开展工会劳动法律监督工作。工会劳动法律监督委员会的日常工作由工会有关部门负责。 基层工会或职工代表大会设立劳动法律监督委员会或监督小组。工会劳动法律监督委员会受同级工会委员会领导。职工代表大会设立的劳动法律监督委员会对职工代表大会负责。 工会劳动法律监督委员会任期与本级工会任期相同。	**第十四条**　县级以上总工会设立工会劳动法律监督委员会，在同级工会领导下开展工会劳动法律监督工作。工会劳动法律监督委员会的日常工作由工会有关部门负责。 基层工会或职工代表大会设立劳动法律监督委员会或监督小组。工会劳动法律监督委员会受同级工会委员会领导。职工代表大会设立的劳动法律监督委员会对职工代表大会负责。 工会劳动法律监督委员会任期与本级工会任期相同。
第十五条　县级以上工会劳动法律监督委员会委员由相关业务部门的人员组成，也可以聘请社会有关人士参加。 基层工会劳动法律监督委员会委员或监督小组成员从工会工作者和职工群众中推选产生。	**第十五条**　县级以上工会劳动法律监督委员会委员由相关业务部门的人员组成，也可以聘请社会有关人士参加。 基层工会劳动法律监督委员会委员或监督小组成员从工会工作者和职工群众中推选产生。
第十六条　工会劳动法律监督委员会可以聘任若干劳动法律监督员。工会劳动法律监督委员会成员同时为本级工会劳动法律监督员。	**第十六条**　工会劳动法律监督委员会可以聘任若干劳动法律监督员。工会劳动法律监督委员会成员同时为本级工会劳动法律监督员。

续 表

工会劳动法律监督办法 （总工办发〔2021〕9号）	工会劳动法律监督办法 （总工办发〔2024〕8号）
第十七条 工会劳动法律监督员应当具备以下条件： （一）具有较高的政治觉悟，热爱工会工作； （二）熟悉劳动法律法规，具备履职能力； （三）公道正派，热心为职工群众说话办事； （四）奉公守法，清正廉洁。	**第十七条** 工会劳动法律监督员应当具备以下条件： （一）具有较高的政治觉悟，热爱工会工作； （二）熟悉劳动法律法规，具备履职能力； （三）公道正派，热心为职工群众说话办事； （四）奉公守法，清正廉洁。
第十八条 工会劳动法律监督员实行先培训合格、后持证上岗制度。工会劳动法律监督员由县级以上总工会负责培训，对考核合格的，颁发《工会劳动法律监督员证书》。证书样式由中华全国总工会统一制定。	**第十八条** 工会劳动法律监督员实行先培训合格、后持证上岗制度。工会劳动法律监督员由县级以上总工会负责培训，对考核合格的，颁发《工会劳动法律监督员证书》。证书样式由中华全国总工会统一制定。
第十九条 各级工会应当建立有关制度和信息档案，对工会劳动法律监督员进行实名制管理，具体工作由工会有关部门负责。	**第十九条** 各级工会应当建立有关制度和信息档案，对工会劳动法律监督员进行实名制管理，具体工作由工会有关部门负责。
第二十条 工会可以聘请人大代表、政协委员、专家学者、社会人士等作为本级工会劳动法律监督委员会顾问，也可以通过聘请律师、购买服务等方式为工会劳动法律监督委员会提供法律服务。	**第二十条** 工会可以聘请人大代表、政协委员、专家学者、社会人士等作为本级工会劳动法律监督委员会顾问，也可以通过聘请律师、购买服务等方式为工会劳动法律监督委员会提供法律服务。
第四章 监督实施	**第四章 监督实施**
第二十一条 基层工会对本单位遵守劳动法律法规的情况实行监督，对劳动过程中发生的违反劳动法律法规的问题，应当及时向生产管理人员提出改进意见；对于严重损害劳动者合法权益的行为，基层工会在向单位行政提出意见的同时，可以向上级工会和当地政府有关主管部门报告，提出查处建议。	**第二十一条** 基层工会对本单位遵守劳动法律法规的情况实行监督，对劳动过程中发生的违反劳动法律法规的问题，应当及时向生产管理人员提出改进意见；对于严重损害劳动者合法权益的行为，基层工会在向单位行政提出意见的同时，可以向上级工会和当地政府有关主管部门报告，提出查处建议。

续　表

工会劳动法律监督办法 （总工办发〔2021〕9号）	工会劳动法律监督办法 （总工办发〔2024〕8号）
第二十二条　职工代表大会设立的劳动法律监督委员会，对本单位执行劳动法律法规的情况进行监督检查，定期向职工代表大会报告工作，针对存在的问题提出意见或议案，经职工代表大会作出决议，督促行政方面执行。	**第二十二条**　职工代表大会设立的劳动法律监督委员会，对本单位执行劳动法律法规的情况进行监督检查，定期向职工代表大会报告工作，针对存在的问题提出意见或议案，经职工代表大会作出决议，督促行政方面执行。
第二十三条　工会建立健全劳动法律监督投诉制度，对实名投诉人个人信息应当予以保密。	**第二十三条** **第二十二条**　工会建立健全劳动法律监督投诉制度，对实名投诉人个人信息应当予以保密。
第二十四条　上级工会收到对用人单位违反劳动法律法规行为投诉的，应当及时转交所在用人单位工会受理，所在用人单位工会应开展调查，于三十个工作日内将结果反馈职工与上级工会。对不属于监督范围或者已经由行政机关、仲裁机构、人民法院受理的投诉事项，所在用人单位工会应当告知实名投诉人。 用人单位工会开展劳动法律监督工作有困难的，上级工会应当及时给予指导帮助。	**第二十四条** **第二十三条**　上级工会收到对用人单位违反劳动法律法规行为投诉的，应当及时转交所在用人单位工会受理，所在用人单位工会应开展调查，于三十个工作日内将结果反馈职工与实名投诉人，并报上级工会。对不属于监督范围或者已经由行政机关、仲裁机构、人民法院受理的投诉事项，所在用人单位工会应当告知实名投诉人。 用人单位工会开展劳动法律监督工作有困难的，上级工会应当及时给予指导帮助。（相关内容移至第五条）
第二十五条　工会在处理投诉或者日常监督工作中发现用人单位存在违反劳动法律法规、侵害职工合法权益行为的，可以进行现场调查，向有关人员了解情况，查阅、复制有关资料，核查事实。	**第二十五条** **第二十四条**　工会在处理投诉或者日常监督工作中发现用人单位存在违反劳动法律法规、侵害职工合法权益行为的，可以进行现场调查，向有关人员了解情况，查阅、复制有关资料，核查事实。
第二十六条　工会劳动法律监督员对用人单位进行调查时，应当不少于2人，必要时上级工会可以派员参与调查。 工会劳动法律监督员执行任务时，应当将调查情况在现场如实记录，经用人单位核阅后，由调查人员和用人单位的有关人员共同签名或盖章。用人单	**第二十六条** **第二十五条**　工会劳动法律监督员对用人单位进行调查时，应当不少于2人，必要时上级工会可以派员参与调查。 工会劳动法律监督员执行任务时，应当将调查情况在现场如实记录，经用人单位核阅后，由调查人员和用人单位的有关人员共同签名或盖章。用人单

续 表

工会劳动法律监督办法 （总工办发〔2021〕9号）	工会劳动法律监督办法 （总工办发〔2024〕8号）
位拒绝签名或盖章的，应当在记录上注明。 工会劳动法律监督员调查中应当尊重和保护个人信息，保守用人单位商业秘密。	位拒绝签名或盖章的，应当在记录上注明。 工会劳动法律监督员调查中应当尊重和保护个人信息，保守用人单位商业秘密。
第二十七条 工会主动监督中发现违反劳动法律法规、侵害职工合法权益行为的，应当及时代表职工与用人单位协商，要求整改。对于职工的投诉事项，经调查认为用人单位不存在违反劳动法律法规、侵害职工合法权益行为的，应当向职工说明；认为用人单位存在违反劳动法律法规、侵害职工合法权益行为的，应当代表职工协商解决。	**第二十七条** **第二十六条** 工会主动监督中发现违反劳动法律法规、侵害职工合法权益行为的，应当及时代表职工与要求用人单位协商，要求整改。对于职工的投诉事项，经调查认为用人单位不存在违反劳动法律法规、侵害职工合法权益行为的，应当向职工说明；认为用人单位存在违反劳动法律法规、侵害职工合法权益行为的，应当代表职工协商解决。
第二十八条 工会对用人单位违反劳动法律法规、侵害职工合法权益的行为，经协商沟通解决不成或要求整改无效的，向上一级工会报告，由本级或者上一级工会根据实际情况向用人单位发出工会劳动法律监督书面意见。 用人单位收到工会劳动法律监督书面意见后，未在规定期限内答复，或者无正当理由拒不改正的，基层工会可以提请地方工会向同级人民政府有关主管部门发出书面建议，并移交相关材料。	**第二十八条** **第二十七条** 工会对用人单位违反劳动法律法规、侵害职工合法权益的行为，经协商沟通解决不成的，由基层工会或工会劳动法律监督组织向用人单位发出《工会劳动法律监督提示函》。 县级以上地方总工会可以就本区域带有普遍性的问题，公开发布《工会劳动法律监督提示函》。 经《工会劳动法律监督提示函》提示或要求整改沟通无效的，根据实际情况，向上一级工会报告，由本级或者上一县级以上地方总工会根据实际情况向用人单位发出《工会劳动法律监督书面意见书》，也可以由基层工会或工会劳动法律监督组织向用人单位发出《工会劳动法律监督意见书》。 用人单位收到《工会劳动法律监督书面意见书》后，应在三十个工作日内作出书面答复。用人单位未在规定期限内答复，或者无正当理由拒不改正的，

续　表

工会劳动法律监督办法 （总工办发〔2021〕9号）	工会劳动法律监督办法 （总工办发〔2024〕8号）
	由基层工会或工会劳动法律监督组织可以提请县级以上地方总工会向同级人民政府有关主管执法部门发出《工会劳动法律监督书面建议书》，并移交提供相关材料。
第五章　监督保障	**第五章　监督保障**
第二十九条　工会开展劳动法律监督活动所需经费纳入本级工会预算。	**第二十九条** **第二十八条**　工会开展劳动法律监督活动所需经费纳入本级工会预算。
第三十条　地方工会可以结合实际，建立非公有制企业工会劳动法律监督员配套补助制度。	**第三十条** **第二十九条**　地方工会可以结合实际，建立非公有制企业工会劳动法律监督员配套补助制度。
第三十一条　各级工会应当为工会劳动法律监督员履职创造必要条件。工会劳动法律监督员因依法履职受到打击报复的，有权向本级或上级工会反映，上级工会应当及时给予支持和帮助，依法维护其合法权益。	**第三十一条** **第三十条**　各级工会应当为工会劳动法律监督员履职创造提供必要条件。工会劳动法律监督员因依法履职受到打击报复的，有权向本级或上级工会反映，上级工会应当及时给予支持和帮助，依法维护其合法权益。
第六章　附　则	**第六章　附　则**
第三十二条　本办法由中华全国总工会负责解释。	**第三十二条** **第三十一条**　本办法由中华全国总工会负责解释。
第三十三条　本办法自印发之日起施行。1995年8月17日中华全国总工会印发的《工会劳动法律监督试行办法》同时废止。	**第三十三条** **第三十二条**　本办法自印发之日起施行。1995年8月17日中华全国总工会印发的《工会劳动法律监督试行办法》同时废止。

第二部分 条文解读

第一章 总 则

1 什么是工会劳动法律监督？

劳动法律监督是以劳动法律的贯彻执行情况为监督内容的监督。工会劳动法律监督是各级工会依法对劳动法律法规的执行情况进行的有组织的群众监督，是我国劳动法律监督体系的重要组成部分。工会开展劳动法律监督是法律赋予工会的一项重要权利，也是工会维护职工合法权益的重要方法和手段。

我国的法律监督体系由国家监督和社会监督两大系统构成。社会监督是以社会组织和人民群众为主体所进行的监督。工会是党领导的工人阶级群众组织，不是代表国家行使权力的机关。工会劳动法律监督是有组织的群众监督，属于社会监督的范畴，是工会代表广大职工参与管理国家和社会事务的重要体现和具体形式。工会劳动法律监督作为社会监督，不同于国家监督，没有直接的法律效力，不具有法律强制性。工会开展劳动法律监督不能对用人单位违反劳动法律法规的行为直接进行处罚，但可以向用人单位提出意见和建议，也可以向劳动保障监察机构反映情况，由劳动保障监察机构对违法行为进行处理。工会劳动法律监督和国家监督的根本目标是一致的，都是为了维护劳动法律的尊严和权威，使劳动法律得以遵守和执行。

2 工会开展劳动法律监督有什么重要意义？

维护职工合法权益、构建和谐劳动关系是国家制定劳动法律的基本宗旨。工会劳动法律监督，是推动劳动法律法规贯彻实施的重要力量，是工会促进企事业单位健康发展、维护职工合法权益、推动构建和谐劳动关系的有效手段。1995 年，中华全国总工会印发了《工会劳动法律监督试行办法》，有效规范和保障了工会劳动法律监督工作。进入新发展阶段，为深入贯彻落实党中央有关文件精神和决策部署，更好发挥工会劳动法律监督作用，推动解决劳动关系领域新情况新问题，在深入调研、广泛征求意见的基础上，2021 年，中华全国总工会对 1995 年的试行办法进行了修订，印发了《工会劳动法律监督办法》（以下简称《办法》）。随着国家法律法规政策和地方相关专项立法的完善，对于工会针对平台企业用工、特殊群体劳动权益保护等情况的劳动法律监督，特别是对于“一函两书”运用的标准、流程及发函，发书的主体等，需要以规范性文件形式予以明确，为此，2024 年，中华全国总工会对《办法》的部分条文进行修改，印发了修改后的《办法》。

实践证明，工会依法开展劳动法律监督，对于推动劳动法律实施、促进建设中国特色社会主义法治体系、促进法治中国建设具有重要的现实意义和长远意义。一是工会开展劳动法律监督，能够促使用人单位认真遵守执行国家劳动法律法规、纠正违反劳动法律法规的行为，维护广大职工的合法权益，促进劳动关系的和谐稳定。二是工会开展劳动法律监督，能够在实践中发现问题、提出问题、研究问题，进而推动完善我国的劳动法律制度和劳动法律监督体系。三是工会开展劳动法律监督，能够提高用人单位、用工单位和广大劳动者的法律意识和法律素质，从而促进我国的社会主义法治建设。四是工会开展劳动法律监督，能够促使工会自身不断培养和强化法治观念，不断改进维权方式方法，提高维权能力和水平，加强自身改革和建设，更好地服务职工群众。

3 工会开展劳动法律监督的法律依据主要有哪些？

工会开展劳动法律监督，是法律赋予工会的一项重要权利，具有法定性，也是工会履行法定职责的客观要求。现行许多法律法规都对工会组织和代表职工进行劳动法律监督作出了明确的规定，为工会发挥劳动法律监督作用提供了重要法律保障。工会开展劳动法律监督的法律依据主要有：

《中华人民共和国工会法》（以下简称《工会法》）第六条第三款规定，“工会依照法律规定通过职工代表大会或者其他形式，组织职工参与本单位的民主选举、民主协商、民主决策、民主管理和民主监督”。第二十二条规定，“企业、事业单位、社会组织处分职工，工会认为不适当的，有权提出意见。用人单位单方面解除职工劳动合同时，应当事先将理由通知工会，工会认为用人单位违反法律、法规和有关合同，要求重新研究处理时，用人单位应当研究工会的意见，并将处理结果书面通知工会。职工认为用人单位侵犯其劳动权益而申请劳动争议仲裁或者向人民法院提起诉讼的，工会应当给予支持和帮助”。第二十六条规定，“工会有权对企业、事业单位、社会组织侵犯职工合法权益的问题进行调查，有关单位应当予以协助”。

《中华人民共和国劳动法》（以下简称《劳动法》）第八十八条规定，“各级工会依法维护劳动者的合法权益，对用人单位遵守劳动法律、法规的情况进行监督”。

《中华人民共和国劳动合同法》（以下简称《劳动合同法》）第七十八条规定，“工会依法维护劳动者的合法权益，对用人单位履行劳动合同、集体合同的情况进行监督。用人单位违反劳动法律、法规和劳动合同、集体合同的，工会有权提出意见或者要求纠正；劳动者申请仲裁、提起诉讼的，工会依法给予支持和帮助”。

《中华人民共和国安全生产法》（以下简称《安全生产法》）第七条规定，“工会依法对安全生产工作进行监督。生产经营单位的工会依法组织职工参加本单位安全生产工作的民主管理和民主监督，维护职工在安全生产方面的合法权益。生产经营单位制定或者修改有关安全生产的规章制度，应当听取工会的意见”。

《中华人民共和国职业病防治法》（以下简称《职业病防治法》）第四条第三款规定，“工会组织依法对职业病防治工作进行监督，维护劳动者的合法权益。用人单位制定或者修改有关职业病防治的规章制度，应当听取工会组织的意见”。

《中华人民共和国社会保险法》（以下简称《社会保险法》）第九条规定，“工会依法维护职工的合法权益，有权参与社会保险重大事项的研究，参加社会保险监督委员会，对与职工社会保险权益有关的事项进行监督”。

《保障农民工工资支付条例》第五十一条规定，“工会依法维护农民工工资权益，对用人单位工资支付情况进行监督；发现拖欠农民工工资的，可以要求用人单位改正，拒不改正的，可以请求人力资源社会保障行政部门和其他有关部门依法处理”。

《劳动保障监察条例》第七条规定，“各级工会依法维护劳动者的合法权益，对用人单位遵守劳动保障法律、法规和规章的情况进行监督。劳动保障行政部门在劳动保障监察工作中应当注意听取工会组织的意见和建议”。

此外，《就业促进法》《妇女权益保障法》《职工带薪年休假条例》《工伤保险条例》《最低工资规定》等法律、法规、规章以及有关地方性法规、地方政府规章等也对工会开展劳动法律监督作出了明确规定。

4 工会开展劳动法律监督的原则是什么？

根据《办法》第三条的规定，工会开展劳动法律监督主要遵循以下四项原则。

一是依法规范的原则。工会开展劳动法律监督，必须以法律为依据，监督的对象、内容、范围和方式要严格按照法律的规定进行，在法律规定的职责范围内、按照法定程序对法定的对象进行监督，不能随意为之。这是增强工会劳动法律监督的准确性和权威性的必然要求，也是工会开展劳动法律监督工作的首要原则。

二是客观公正的原则。工会开展劳动法律监督，应按照规定程序调查了解真实发生的情况，收集相关证据，听取相关方意见，保持相对独立性，不受其他任何机关、组织和个人的非法干涉。只有这样，才能保证工会劳动法律监督具备必要的独立性和应有的公信力，才能发挥工会劳动法律监督的职能，促进劳动法律法规落到实处。

三是依靠职工的原则。工会劳动法律监督是群众监督，应当突出群众组织的优势，发动、组织和依靠职工群众开展工作。工会开展劳动法律监督，必须坚持以职工为中心的工作导向，充分发挥工会劳动法律监督组织和监督员作用，充分发挥广大职工的积极性和能动性。

四是协调配合的原则。劳动法律监督是由不同监督主体共同构成的一个多元多层次的监督体系。工会开展的劳动法律监督属于群众监督，工会本身没有执行法律的职权，在依法开展监督工作的同时，必须注重加强与人大、政协及政府有关部门等劳动法律监督主体的相互协调、相互支持、密切配合。这是发挥劳动法律监督系统整体功能的必然要求。

5 各级工会开展劳动法律监督的职责如何划分?

根据《办法》第四条、第五条的规定，各级工会开展劳动法律监督，主要按照属地管理、分级负责的原则来进行职责划分。

根据《办法》第十四条的规定，县级以上总工会设立工会劳动法律监督委员会，在同级工会领导下开展工会劳动法律监督工作。工会劳动法律监督委员会的日常工作由工会有关部门负责。根据有关规定和实践，县级以上地方工会劳动法律监督工作，具体由劳动法律监督委员会负责，其职责概括起来主要有：（1）开展劳动法律法规宣传和劳动法律法规执行情况调研，研究劳动法律监督理论政策，提出有关意见和建议；（2）研究制订本辖区内工会开展劳动法律监督的制度规定、工作计划、具体办法等，并协调推动各业务部门具体贯彻实施；（3）管理、培训和考核工会劳动法律监督员；（4）经同级人大、政协同意，参加对本辖区内用人单位遵守劳动法律法规情况的执法检查、政协委员视察，与政府有关部门联合进行劳动法律法规执行情况的监督检查等；（5）对下级工会，特别是基层工会劳动法律监督组织的建设以及劳动法律监督工作的开展进行业务指导、督促和检查；（6）根据需要，派员对用人单位执行劳动法律法规情况进行调查，对存在的问题提出意见，向用人单位或者同级人民政府人力资源和社会保障等有关部门发出劳动法律监督相关文书；（7）承办上级工会交办的工会劳动法律监督有关事项。

根据《办法》第十四条的规定，基层工会设立劳动法律监督委员会或监督小组。工会劳动法律监督委员会受同级工会委员会领导。根据有关规定和实践，基层工会开展劳动法律监督，具体由基层工会设立的劳动法律监督委员会或监督小组负责，主要是对本单位遵守劳动法律法规的情况进行监督，其监督职责主要包括：（1）向用人单位、劳动者宣传劳动法律法规；（2）参与用人单位安全生产、劳动报酬、工作时间、休息休假、职业病防治、保险福利、职工培训、劳动纪律等规章制度的制定、修改或者重大事项的决定；（3）对用人单位遵守劳动法律法规情况实施监督；（4）接受对所在单位违反劳动法律法规行为情况的反映，开展调查，提出处理意见；（5）承办上级工会交办的工会劳动法律监督有关事项。对于严重损害劳动者合法权益的行为，基层工会劳动法律监督委员会在向单位行政提出意见的同时，可以报告上级工会和当地政府劳动保障监察部门，要求迅速查处。

实际工作中，对不同对象的监督一般是由不同层级的工会组织完成的。对用人单位遵守劳动法律法规的情况，各级工会组织都有权进行监督，但大量的、经常性的工作，主要是由基层工会进行的。基层工会在开展劳动法律监督活动时，可提请上级工会给予业务指导，上级工会应当及时给予指导帮助，必要时，上级工会可以代行下级工会的劳动法律监督职责。

6 涉及工会劳动法律监督的重大事项主要指哪些？

根据《办法》第五条的规定，工会在开展劳动法律监督过程中，涉及工会劳动法律监督的重大事项，下级工会应当及时向上级工会报告，上级工会应当及时给予指导帮助。关于重大事项，有的地方工会作了如下规定，供参考。

（1）用人单位长期违反劳动法律法规的；

（2）合法权益受到侵害的职工人数达 10 人以上，未能协商解决或者造成停工停产的；

（3）造成劳动者直接经济损失总金额达到 50 万元以上的；

（4）工会曾提出改正意见或者曾被有关行政部门处理过，用人单位再次重犯的；

（5）可能或者已经引发重大舆情的；

（6）可能引起集体劳动争议或群体性事件的；

（7）其他情况复杂或者严重的情形。

7 工会劳动法律监督与政府劳动保障监察有什么不同？

劳动保障监察是指法定的专门机关代表国家对劳动和社会保障法律、法规、规章的执行情况进行的检查、处理、处罚等一系列执法活动，具有国家强制力。《劳动保障监察条例》第三条规定，“国务院劳动保障行政部门主管全国的劳动保障监察工作。县级以上地方各级人民政府劳动保障行政部门主管本行政区域内的劳动保障监察工作”。第九条规定，“任何组织或者个人对违反劳动保障法律、法规或者规章的行为，有权向劳动保障行政部门举报。劳动者认为用人单位侵犯其劳动保障合法权益的，有权向劳动保障行政部门投诉”。

劳动保障监察具有以下基本特征：（1）专门性。劳动保障监察不同于一般的监督检查，劳动保障监察是由专门的机关为保证劳动保障法律、法规、规章的贯彻实施所进行的专门监督。（2）法定性。从国际上看，劳动保障监察依法进行是各国的通行做法。劳动保障监察履行的是政府的一项公共职能，其监察活动具有强制性的特点，必须依法进行。为保证监察执法的公正，其监察的主体、范围、措施以及程序均应依法进行。（3）行政性。劳动保障监察是政府为维护劳动者的合法权益，保证劳动保障法律法规有效地贯彻实施而采取的一项专门监督制度，因此劳动保障监察属于行政监督的范畴，是一项重要的行政执法活动。

工会劳动法律监督和政府劳动保障监察都是依法监督劳动法律、法规、规章的正确贯彻实施，促进劳动关系的和谐稳定。两者的区别主要在于以下四个方面：（1）从监督的性质看。工会劳动法律监督属于社会监督，工会的监督意见、建议不具有直接的法律效力。劳动保障监察属于国家行政监督，其处理意见具有法律效力。（2）从监督的方式看。工会劳动法律监督主要通过提出意见和建议，督促用人单位纠正劳动违法行为。对工会提出的意见，用人单位拒不改正的，工会可以提请劳动保障监察部门处理。政府劳动保障监察是行政执法活动，具有强制性的特点，对劳动违法行为可以责令用人单位纠正，并可以作出行政处罚。劳动保障监察的相对人不服劳动保障监察机关作出的行政处罚决定，可以依法提起行政复议或者行政诉讼。（3）从监督的对象看。工会作为职工利益的代表者和维护者，更多的是监督用人单位，当然对劳动者的违法行为也要进行批评教育。政府劳动保障监察不仅适用于用人单位，也适用于劳动者，用人单位和劳动者如果违法，都应承担法律责任。（4）从监督的依据看。工会劳动法律监督主要依据有关法律法规及全国总工会印发的《办法》等进行，政府劳动保障监察主要依据有关法律法规，如国务院颁布实施的《劳动保障监察条例》等进行。

实践中，工会劳动法律监督和劳动保障监察在一定条件下可以相互转化。当工会的劳动法律监督建议被劳动保障监察机构接受之后，就会使工会劳动法律监督转化为劳动保障监察。另外，当工会在劳动保障监察机构授权之下从事某些监督行为时，工会的劳动法律监督就上升为具有法律效力的劳动保障监察，转化的实质和形式均得以实现。

8 工会如何建立与政府有关部门之间的协作联动机制？

协调配合的原则是《办法》第三条规定的工会劳动法律监督工作应当遵循的原则之一。这是因为，工会劳动法律监督的群众性决定了它不能直接对违反劳动法律法规的行为进行纠正处罚，必须向有处理、处罚权的行政执法机关反映并督促其及时处理、处罚。及时发现违反劳动法律法规的情况和及时、准确、有效地处理违反劳动法律法规行为，是劳动法律监督制度的两个重要方面。必须把发现问题和处理问题紧密地联系起来，这就要求工会劳动法律监督工作与行政执法机关的监督、监察工作紧密联系起来，密切配合。

工会劳动法律监督与政府有关部门的劳动执法监督相互衔接、相互支持、相互补充，是推动落实劳动法律、预防和化解劳动争议、促进劳动关系和谐稳定的重要实现方式。工会通过建立协作联动机制，积极主动支持配合政府有关部门劳动执法，更好地发挥工会劳动法律监督作用。劳动、卫生健康、应急管理等负有执行劳动法律及相关职责的部门，通过与工会协调配合，充分利用工会在监督方面的组织优势和群众优势，也可以拓宽其执法渠道、提升执法水平。

县级以上地方工会应当加强与同级政府有关部门的协调配合，通过建立健全协作联动工作机制，建立日常联络制度、情况通报制度、定期会商制度、重大案件处理反馈制度等，发挥各自优势，密切配合，形成监督合力，实现优势互补，增强工会劳动法律监督实效。2001 年 11 月，原劳动和社会保障部与中华全国总工会联合印发《关于加强劳动保障监察与工会劳动保障法律监督相互协调配合工作的通知》，提出了情况通报、工作例会、案情反馈等联动工作要求。

实践中，不少地方通过地方立法、联合下发文件等多种方式，建立工会与有关行政执法部门的情况通报、信息共享、定期会商制度等；在处理违反劳动法律法规的重大案件时，行政执法部门还主动听取工会意见，共同推动劳动关系的和谐发展。如《内蒙古自治区工会劳动法律监督条例》明确规定了政府相关部门与工会建立监督协作机制，对无正当理由拒不整改、情节恶劣或者造成严重不良社会影响的劳动违法用人单位，旗县级以上地方工会应当将其纳入劳动关系预警名单，与同级公共信用信息平台共享相关信息。把工会的监督结果与社会诚信体系建设挂钩运用，增强了工会监督的实效。上海、江苏、四川、青海、西藏等省级工会与人社部门通过联合下发指导意见、签发会议纪要或签署备忘录等形式，建立了省级劳动保障监察与工会劳动法律监督协作联动工作专项机制。

9 工会如何建立与司法机关之间的协同协作机制？

依法维护劳动者合法权益，是践行人民至上的必然要求，是工会和司法机关都必须担起的政治责任、法定责任。作为落实党中央决策部署，依法维护劳动者合法权益的重要力量，工会和司法机关要发挥各自优势和作用，包括工会贴近职工、贴近一线，在发现和掌握劳动领域风险隐患中的重要作用，人民法院专业优势和能动司法作用，检察机关法律监督职能优势，形成工作合力，进一步提高工会与司法机关的协作质效，健全工作机制，推动劳动法律法规贯彻执行，服务经济社会高质量发展。

工会通过建立协同协作机制，加强与司法机关沟通交流，促进工会劳动法律监督与司法监督有效衔接，可以有效形成监督合力，共同把劳动法律监督工作做实做好。2023 年 12 月和 2024 年 1 月，中华全国总工会分别与最高人民法院、最高人民检察院联合印发《工作交流会商会会议纪要》《关于协作保障劳动者合法权益的会议纪要》，对“一函两书”工作提出明确要求。2024 年 2 月和 3 月，中华全国总工会又分别与最高人民检察院、最高人民法院联合印发《关于协同推进运用“一函两书”制度保障劳动者权益工作的通知》《关于协同推进“一函两书”工作的通知》，致力于以全面推行“一函两书”制度为抓手，切实维护好劳动者合法权益，推动构建和谐劳动关系。

实践中，已有不少地方建立了工会与有关司法机关的协同协作工作机制。浙江、上海、天津等地率先印发工会与检察机关协同协作开展劳动法律监督工作的意见。重庆市建立“工会 + 法院 + 检察 + 司法 + 人社”的一站式联动机制。湖北、贵州、安徽等省级工会先后与检察机关通过联合下发通知、签发会议纪要或签署协议等形式，建立了工会劳动法律监督与检察监督协作机制，推动实现工会劳动法律监督与检察监督双向赋能。

第二章 监督职责

10 工会开展劳动法律监督依法享有哪些权利？

根据《工会法》《劳动法》《劳动合同法》《劳动保障监察条例》等法律法规，以及《办法》第八条的规定，工会开展劳动法律监督，依法享有监督用人单位遵守劳动法律法规、调查侵犯职工合法权益问题、提出意见要求依法改正、提请政府或者有关执法部门依法处理、支持和帮助职工依法行使劳动法律监督权等权利，以及法律法规规定的其他劳动法律监督权利。这些权利都是依法确立和依法行使的，对监督对象有着法律上的约束力。

工会开展劳动法律监督，目的在于纠正用人单位违反劳动法律法规的行为，保证劳动法律法规的遵守执行，保障劳动者合法权益的实现。因此，对于在监督中所发现的违法问题必须及时、有效地处理。工会的性质决定，工会本身不具有行政处罚、司法审判的权力，不能单独、直接地处理违法行为和责任人员，但依法有权参与对违反劳动法律法规行为的调查处理。例如，《工会法》第二十二条第一款、第二款规定，“企业、事业单位、社会组织处分职工，工会认为不适当的，有权提出意见。用人单位单方面解除职工劳动合同时，应当事先将理由通知工会，工会认为用人单位违反法律、法规和有关合同，要求重新研究处理时，用人单位应当研究工会的意见，并将处理结果书面通知工会”。《工会法》第二十六条规定，“工会有权对企业、事业单位、社会组织侵犯职工合法权益的问题进行调查，有关单位应当予以协助”。《安全生产法》第六十条第三款规定，“工会有权依法参加事故调查，向有关部门提出处理意见，并要求追究有关人员的责任”。

11 为什么说开展劳动法律监督是工会的责任？

开展劳动法律监督既是法律赋予工会的一项权利，也是工会参与社会治理的重要途径，是工会必须履行的重要责任。这种责任主要体现在以下两个方面。

（1）由工会组织的地位决定。工会是党联系职工群众的桥梁和纽带，是国家政权的重要社会支柱。所以，工会应当维护工人阶级领导的、以工农联盟为基础的人民民主专政的社会主义国家政权，协助人民政府开展工作，依法发挥民主参与和社会监督作用。《工会法》第四条第一款、第二款规定：“工会必须遵守和维护宪法，以宪法为根本的活动准则，以经济建设为中心，坚持社会主义道路，坚持人民民主专政，坚持中国共产党的领导，坚持马克思列宁主义、毛泽东思想、邓小平理论、‘三个代表’重要思想、科学发展观、习近平新时代中国特色社会主义思想，坚持改革开放，保持和增强政治性、先进性、群众性，依照工会章程独立自主地开展工作。工会会员全国代表大会制定或者修改《中国工会章程》，章程不得与宪法和法律相抵触。”法律是党领导人民制定的，体现了包括广大职工群众在内的人民群众的意志，工会的政治地位决定了工会应当维护国家法律的权威与尊严，监督法律的贯彻实施。

（2）由工会组织的性质决定。按照《工会法》的规定，工会是工人阶级的群众组织，是职工群众利益的代表者和维护者，维护职工合法权益、竭诚服务职工群众是工会的基本职责。《工会法》第二十三条规定，企业、事业单位、社会组织违反劳动法律法规规定，有侵犯职工劳动权益情形的，工会应当代表职工与企业、事业单位、社会组织交涉，要求企业、事业单位、社会组织采取措施予以改正；企业、事业单位、社会组织应当予以研究处理，并向工会作出答复；企业、事业单位、社会组织拒不改正的，工会可以提请当地人民政府依法作出处理。由此可见，开展劳动法律监督，推动劳动法律的贯彻落实，是工会的重要职责。此外，《中国工会章程》第十五条第二款明确规定，“各级工会组织应当组织和代表职工开展劳动法律监督”。如果不依法开展劳动法律监督工作，不与侵犯劳动者合法权益的现象进行斗争，工会就不能有效维护职工的合法权益，就不能成为赢得职工群众信赖的职工之家。工会如果不能赢得职工群众的信赖，就必然会脱离职工群众，甚至有可能被职工群众所抛弃，那么工会组织也就失去了存在的意义。

12 工会开展劳动法律监督的内容主要包括哪些？

根据有关法律法规及《办法》第九条的规定，工会对用人单位实施劳动法律监督，主要监督以下情况。

（1）执行国家有关就业规定的情况：①用人单位是否向劳动者提供平等的就业机会和公平的就业条件。②用人单位是否存在对女职工、残疾人、传染病病原携带者就业歧视的情况。③用人单位是否存在利用职业中介侵害劳动者的合法权益的情况等。

（2）执行国家有关订立、履行、变更、解除、终止劳动合同规定的情况：①劳动合同的订立情况，订立劳动合同的主体、内容及形式是否合法。②劳动合同的履行情况，劳动合同约定的劳动报酬、工作时间、社会保险以及劳动保护等是否落实。③劳动合同的变更、解除和终止是否符合法律法规的规定。

（3）开展集体协商，签订和履行集体合同的情况：①用人单位是否依法建立集体协商和集体合同制度，工资集体协商是否每年定期开展。②用人单位签订包括工资、女职工特殊保护、安全卫生等专项集体合同等在内的集体合同，是否履行了要约、协商、职代会审议、签字、报审，以及向全体职工公布等法定程序。③用人单位决定涉及职工切身利益的重要问题、调整劳动关系的重要事项等，是否通过集体协商确定。

（4）执行国家有关工作时间、休息、休假规定的情况：①用人单位是否遵守工作时间的有关法律规定，是否存在违法超时加班等行为。②用人单位实行不定时工作制或综合计算工时制的，是否报经劳动行政主管部门批准，并向职工公示。③用人单位安排职工加班加点，是否支付了相应的报酬。

（5）执行国家有关工资报酬规定的情况：①用人单位是否遵循按劳分配、同工同酬的原则，合理进行工资分配，依法保障职工收入。②实行计件工资制的，用人单位确定、调整劳动定额或者计件报酬标准，是否遵循科学合理的原则。③用人单位是否及时、足额以法定货币形式发放工资。④用人单位发放的工资是否满足国家和地方政府规定的最低工资标准。

（6）执行国家有关劳动安全卫生及伤亡事故和职业病处理规定的情况：①用人单位是否建立了劳动安全卫生制度，是否严格执行国家劳动安全卫生法律法规、操作规程和安全标准。②用人单位劳动安全卫生设施是否符合国家规定，新建、改建、扩建工程项目的劳动安全卫生设施是否与主体工程同时设计、同时施工、同时投入生产和使用。③用人单位为职工提供的劳动安全卫生条件和劳动防护用品是否符合有关规定，是否分级开展安全生产教育培训，是否对从事有职业危害作业的职工按规定进行职业健康检查并建立职业健康监护档案。④用人单位是否存在违章指挥的情况。

（7）执行国家有关女职工和未成年工特殊保护规定的情况：①女职工是否依法享有与男职工平等的劳动就业权。②用人单位是否安排女职工（包括经期、孕期、哺乳期女职工）从事禁忌劳动或其他不利于身体健康的工作。

③用人单位是否依法保障女职工孕期、产期、哺乳期的各项待遇。④用人单位是否安排未成年工从事矿山井下、有毒有害，以及国家规定的第四级体力劳动强度的劳动或其他禁忌从事的劳动。⑤用人单位是否定期对未成年工进行健康检查等。

（8）执行国家有关职业培训和职业技能考核规定的情况：①用人单位是否依据有关规定足额提取和使用教育培训经费。②用人单位是否按照有关规定正常使用职工教育培训经费并确保教育培训经费用于一线职工的比例。

（9）执行国家有关职工保险、福利待遇规定的情况：①用人单位是否为全体职工应保尽保。②用人单位是否依照规定的缴费基数、缴费比例，按时足额缴纳社会保险费。③用人单位是否按照规定为职工缴存了住房公积金。

（10）执行国家有关支持劳动者参加和组织工会规定的情况：①用人单位是否存在阻挠劳动者参加和组织工会的情况。②用人单位是否存在因工会工作人员依法履职进行打击报复、解除劳动合同的情况。

（11）执行企事业单位民主管理有关规定的情况：①用人单位是否依法建立职工民主参与和职工民主监督等民主管理制度。②用人单位是否存在侵害职工行使民主管理权利的情况。

（12）制定、修改劳动规章制度或者决定重大事项的情况：①制定、修改或者决定涉及职工切身利益的劳动规章制度或者重大事项，在程序上是否合法，是否履行民主程序，是否与工会或者职工代表集体协商后确定。②劳动规章制度或者重大事项在内容上是否合法，是否存在违反法律法规或违背公序良俗的规定。③劳动规章制度或者重大事项出台后是否公布、告知职工。

（13）法律法规规定的其他劳动法律监督事项：主要包含两方面的含义。一是对上述内容没有涵盖的劳动法律法规的其他规定，工会也有权监督。二是对今后颁布实施的其他法律法规涉及劳动者权益的，工会也有权监督。

13 工会开展劳动法律监督的重点是什么？

工会劳动法律监督的根本任务是解决劳动法律实施中存在的问题，纠正劳动违法行为，推动劳动法律贯彻执行，从而维护职工合法权益。因而，违约侵权等直接侵害职工合法权益的行为应当是工会劳动法律监督的重点。根据有关法律法规及工会劳动法律监督的实践，《办法》第十条采取列举的方式，具体规定了工会开展劳动法律监督的重点，即监督用人单位恶意欠薪、违法超时加班、违法裁员、未缴纳或未足额缴纳社会保险费、侮辱体罚、强迫劳动、就业歧视、使用童工、侵犯女职工特殊权益、损害职工健康等严重侵害职工合法权益行为。这十个方面，基本涵盖了用人单位应当遵守的劳动法律法规规定的主要义务，直接涉及职工的切身利益，因而应当作为工会开展劳动法律监督的重点和主要内容。《办法》第十条还明确规定，对在监督过程中发现的有关问题线索，工会应当调查核实，督促整改，并及时向上级工会报告；对职工申请仲裁、提起诉讼的，工会应当依法给予支持和帮助。此外，为维护新就业形态劳动者的劳动保障权益，促进平台经济规范健康发展，《办法》第十条将平台企业和平台用工合作企业、劳务派遣用工作为监督重点予以明确。

14 工会劳动法律监督工作制度机制都有哪些？

工会劳动法律监督工作制度机制是开展工会劳动法律监督工作的规程和行为依据，是工会劳动法律监督作用得以发挥的保障。各级工会应当把监督工作制度机制的建设放在重要地位，在监督工作实践中，摸索创新、总结经验，建立相应的切合实际的工作制度机制。根据工会劳动法律监督工作的性质和需要以及各地的经验，工会劳动法律监督工作制度机制主要包括以下几个方面。

（1）监督检查制度。监督检查制度是指工会劳动法律监督机构和监督人员依法对用人单位遵守执行劳动法律法规情况进行调查、检查工作的规程、方法和行为准则。监督检查工作制度的建立应当以务实、有效为原则。

工会劳动法律监督检查工作制度根据主体上的不同会有所区别。由于在工作职能、范围上的不同，县级以上工会劳动法律监督委员会应当建立对所属地区用人单位执行劳动法律法规情况进行检查的制度，并以重点调查、抽查为主。同时，还应建立对用人单位的工会劳动法律监督委员会工作情况的检查制度，对其给予指导，而用人单位内的工会劳动法律监督机构应建立对本单位执行劳动法律法规情况的经常性、日常性的检查制度。

监督检查制度从监督的内容上可分为综合性的监督检查和专项的监督检查。综合性的监督检查是对用人单位执行劳动法律法规情况的全面检查。在此基础上对问题较多较为突出或比较重要的问题要进行专项监督检查。在建立监督检查工作制度时，应当确定监督检查的范围、内容、时间和方式，对于专项监督检查应明确专项检查人员。

（2）情况报告制度。情况报告制度是工会劳动法律监督工作的重要内容之一。通过情况报告制度可以使各级工会组织及时了解劳动法律法规的遵守执行情况，了解劳动者合法权益实现及遭到侵害的情况，从而采取相应对策，发挥工会组织的作用，履行工会的职责。

情况报告制度包括多方面的内容。首先，工会劳动法律监督委员会应当建立对同级工会组织定期进行工作报告制度。其次，劳动法律监督员则应定期向工会劳动法律监督委员会报告工作情况、报告检查的结果等情况。监督员因依法履职受到打击报复的，也应当而且有权向工会组织反映、报告，以求得支持和帮助。再次，监督委员会还应向上级工会劳动法律监督委员会报告监督检查工作情况。特别是重大案件应当及时向上级工会劳动法律监督委员会及政府劳动监察部门报告。最后，是对违法情况的举报制度。即工会劳动法律监督机构对发现的用人单位违反劳动法律法规情况应将调查结果在现场如实记录，经用人单位核阅后，由调查人员和用人单位的有关人员共同签名盖章，然后向工会和上级监督委员会报告，若问题严重的应向劳动监察部门通报要求查处。如果违法情况十分严重构成犯罪的，还应当向司法机关检举、报告。

工作报告一般以书面方式进行，情况报告则可以以口头方式报告，但在定期的综合报告时应以报表方式报告。具体案件以卷宗的方式报告。重大疑难案件的报告、举报应以书面方式报告。县级以上工会劳动法律监督委员会应当与同级劳动行政部门加强联系与合作，建立定期的情况通报制度。

（3）参与处理制度。工会劳动法律监督检查、情况报告并不是目的，目的在于纠正违反劳动法律法规的行为，保证劳动法律法规的遵守执行，保障劳动者合法权益的实现。因此，对于监督检查中发现的违法问题必须及时、有效地处理。

工会劳动法律监督委员会由其性质、职能和权限所决定，不具有行政处罚、司法审判的权力，不能单独、直接地处理违法行为和责任人员，但依法有权参与对违反劳动法律法规情况的处理。参与处理包括直接参加处理和间接参加处理两种情况。直接参加处理是指《办法》中所规定的、对调查中发现的违反劳动法律法规的问题，应当向用人单位指出并提出整改意见。基层工会劳动法律监督委员会对劳动过程中发生的违反劳动法律法规的问题，应当及时向生产管理人员提出改进意见。间接参加处理是指工会劳动法律监督委员会和监督员不直接参加对用人单位违反劳动法律法规问题的处理，但应对有处理权的部门单位进行查处时提供帮助进行配合。

（4）督促落实和整改制度。工会对用人单位存在问题所提出的整改意见以及其他部门的处理决定和整改意见，均存在监督、督促落实的问题，工会劳动法律监督委员会对此负有十分重要的责任。督促落实和整改制度有助于使劳动法律监督工作发挥实效，保证对违法行为的切实纠正，并建立相应的制度措施，防止类似问题再次出现。

督促落实和整改制度从内容上可以分为惩前和毖后两类。所谓惩前，即对用人单位已被发现的违反劳动法律法规问题进行处理的结果是否落实的监督、督促。所谓毖后，即对用人单位是否采取措施、是否接受教训不再重复已犯错误的监督，督促用人单位制定相应的防范措施，对有关方面提出的整改措施的落实监督、督促。对于特别重大隐患问题，应及时写出专题报告，报有关方面和上级工会，共同督促解决。

（5）提请政府劳动行政部门处理制度。工会劳动法律监督属于社会监督的范畴，其监督结果或其所作的整改意见，一般不具有直接的法律效力，但工会组织作为劳动法律监督的主体，有权提请劳动行政执法部门对违法的监督对象依法处理。工会能够通过一般的监督方式和程序解决有关劳动违法问题时，就不需要提请政府有关部门解决。但在工会提出监督意见而用人单位拒不整改的情况下，为促使相关问题得到切实解决，工会有必要通过适当方式告知有关政府部门，并建议其依法处理。这里所说的“拒不整改”，不一定就是态度强硬地加以拒绝，也可能是拖延、观望，试图不了了之。在这种情况下，工会必须积极作为，不能消极等待。如，工会可以通过工会劳动法律监督建议书等制度形式，向劳动监察等部门反映情况和问题并提出处理意见，加强同相关部门的密切联系与配合。

工会有关劳动法律监督的建议可以向政府人力资源社会保障部门提出，这是工会提出劳动法律监督建议的主要渠道，因为按照有关法律规定，劳动行政部门是劳动法律的主要监督执法部门。此外，应急管理、卫生健康、市场监督管理、公安等部门，也可以作为工会提出建议的对象，这是因为这些部门对劳动法律法规在某些相应领域的规定同样也负有监督执行的职责。因此，工会提出劳动法律监督建议的对象没有严格的范围要求，只要是相关部门在其职责范围内进行执法的，工会都可以向相应部门提出建议，请他们依法履行其职责，当然也是对工会劳动法律监督进行支持。其共同目的都是保障劳动法律法规切实得到执行、职工合法权益真正得到维护和保障。

（6）与司法机关协同协作机制。工会以全面推行“一函两书”制度为抓手，与人民法院、检察机关建立协同协作机制，可以充分发挥各自的优势和作用，形成上下联动、层层推进的工作格局，切实维护好劳动者合法权益，推动构建和谐劳动关系。

工会与人民法院的协同协作重点包括：一是建立双向通报和信息共享机制。工会发现劳动用工违法线索、重大敏感信息，可同步通报人民法院。人民法院就案件审理中发现的劳动权益保护类型化问题、重大敏感问题，及时向同级工会通报。二是探索建立司法建议与工会监督衔接机制。人民法院可将司法建议书同步抄送用人单位所在地的县级以上地方总工会。县级以上地方总工会可以运用“一函两书”开展监督，并将结果及时反馈人民法院。三是加强业务指导与培训。县级以上地方总工会可以商请人民法院派员开展业务指导，对工会劳动法律监督员队伍开展业务培训。

工会与检察机关的协同协作重点包括：一是加强事前监督和风险提示。检察机关可就发现或掌握的劳动用工违法线索与工会及时会商，推动问题解决。二是协同协作保护劳动者权益。各级工会应当积极配合检察机关开展办案工作，共同维护劳动者合法权益。检察机关在办理涉及劳动者权益保护的案件时，可将相关法律文书抄送同级工会，协同协作推进案件办理。三是促进依法行政。地方总工会向同级政府执法部门发出《工会劳动法律监督建议书》，可同时抄送同级检察机关，并移送相关线索材料，由检察机关依法开展法律监督。对于需要督促行业主管部门加强和改进管理监督工作的或政府执法部门不依法及时履行职责等情形，检察机关可以向有关单位和部门提出检察建议。

（7）信息交流制度。做好工会劳动法律监督工作还应加强信息交流。首先是工会内部的交流，使各级工会、各级工会劳动法律监督委员会随时了解用人单位遵守或违反劳动法律法规的情况，对于其他用人单位发生的类似情况可以借鉴采取相应的防范措施。同时，还有各级工会劳动法律监督组织工作方法、制度措施信息的交流，从而促进工会劳动法律监督工作的完善和发展。应当定期召开监督工作会议，研究问题，交流经验与信息。其次是工会系统与外系统的信息交流，包括与劳动行政部门的直接的、定期的交流，及与其他部门的经常性交流，从而取得有关方面的支持帮助，获得政策、法规等方面的信息，同时也为有关部门提供决策的信息，以及将决策在执行中的情况及职工群众的反映等信息加以反馈。这里尤其要加强与劳动行政部门的劳动保障监察机构的信息交流、相互配合，共同做好监督用人单位遵守执行劳动法律法规的工作，维护劳动者的合法权益，促进劳动关系和谐稳定。

（8）宣传教育制度。工会劳动法律监督工作还包括宣传劳动法律法规，教育有关责任人员遵守、执行劳动法律法规的内容。各级工会劳动法律监督委员会应把这项工作也纳入工作计划，建立相应的工作制度。宣传教育制度实际上是预防、减少违反劳动法律法规情况出现的有效措施。宣传教育工作应当成为工会和工会劳动法律监督组织的经常性工作。宣传劳动法律法规，建立相应的制度措施实际上是一种积极、主动、超前的监督，从某种程度上说，这比事发后追究相应的责任更有积极意义。

首先应定期进行法治宣传教育，使用人单位及广大职工了解在劳动关系领域都有哪些法律规定，各自应享有哪些权利和应当承担哪些义务。其次应针对用人单位出现的违反劳动法律法规的情况进行案例教育，加强相关制度建设，防止类似情况再次发生。

总之，应不断总结工会劳动法律监督工作经验，加强政策理论研究，形成科学、规范、高效的工会劳动法律监督工作制度，切实提高工会工作的规范化、制度化水平。

15 工会如何参与劳动法律法规人大执法检查、政协委员视察？

人大执法检查，是指各级人大对劳动法律法规执行情况开展的检查，是人大监督的一种重要形式。政协委员视察，是人民政协根据章程规定，组织委员进行实地考察，了解情况，反映意见，提出建议和批评，履行政治协商、民主监督基本职能的一种重要形式。《办法》第十三条规定，“县级以上地方总工会经同级人大、政协同意，可以参加其组织的劳动法律法规执法检查、视察”。

工会参与劳动法律法规人大执法检查、政协委员视察，可以为其提供广泛的群众基础，同时也充分体现了工会劳动法律监督的重要性。

工会在参与人大执法检查、政协委员视察过程中要发挥积极作用，应当做好一系列工作。首先，要对相关法律的贯彻执行情况进行深入调研，全面掌握法律实施情况，找准问题及原因，形成调研报告，并在执法检查正式开始前及时向人大、政协报告。其次，要根据有关安排，做好各个阶段的配合工作，并在工会系统内就如何有效参与进行全面的工作部署。同时，要积极争取作为工作人员随人大执法检查组、政协视察组等开展实地检查、视察，并发挥工会优势，从维护职工合法权益的角度当好参谋助手。

近年来，全国总工会和各级地方工会积极配合人大、政协开展劳动法律的执法检查和视察，取得了较大成效。2004 年以来，全国总工会参与了全国人大常委会开展的 2004 年和 2009 年两次《工会法》实施情况的执法检查，2005 年《劳动法》和《安全生产法》实施情况的执法检查，2008 年和 2011 年两次《劳动合同法》实施情况的执法检查，2016 年《安全生产法》实施情况的执法检查，2019 年《就业促进法》实施情况的执法检查，2021 年《企业破产法》实施情况的执法检查，2024 年《社会保险法》实施情况的执法检查。2016 年，全国总工会参与了全国政协“劳动法律法规贯彻执行情况”委员视察。此外，全国总工会还先后参与了多起重大劳动违法案件或热点事件的调查处理。

第三章　监督组织

16 工会劳动法律监督组织有哪些形式？

根据《办法》第十四条的规定，我国工会劳动法律监督组织的形式，主要有劳动法律监督委员会和劳动法律监督小组两种。我国县级以上各级工会都应当设立工会劳动法律监督委员会，在同级工会领导下开展工会劳动法律监督工作。基层工会一般设立劳动法律监督委员会，会员人数不足25人的，可以设立工会劳动法律监督小组。

17 什么是工会劳动法律监督委员会？

工会劳动法律监督委员会是各级工会成立的专门从事劳动法律监督的专门工作委员会，受同级工会委员会领导。工会劳动法律监督委员会对外可以自己的名义进行工作，代表工会开展活动。工会劳动法律监督委员会不是一个独立于工会之外的组织，不能独立承担责任，其责任应由同级工会承担。

目前，有关地方人大出台的《工会劳动法律监督条例》中，云南、福建、河北、安徽、天津、内蒙古、山东规定各级工会普遍建立工会劳动法律监督委员会，江苏、浙江、江西规定地方总工会、产业工会、区域性（行业性）工会联合会以及会员 25 人以上的用人单位工会普遍建立劳动法律监督委员会。

18 工会劳动法律监督委员会的组成有什么要求?

工会劳动法律监督委员会一般由主任、副主任和两名以上委员组成。工会劳动法律监督委员会主任一般由本级工会主席或者副主席担任。县级以上工会劳动法律监督委员会委员一般由与维护职工权益密切相关的业务部门人员组成，如法律工作部门、权益保障工作部门、基层工作部门、民主管理工作部门、劳动和经济工作部门、宣传工作部门、女职工工作部门等，也可以聘请人大、政府、政协等有关工作人员以及专家学者、社会人士等参加。县级以上地方总工会的劳动法律监督委员会应当设立办公室，办公室一般设在同级工会负责法律工作的部门，具体负责工会劳动法律监督的日常工作。

基层工会劳动法律监督委员会委员从工会工作者和职工群众中推选产生。基层工会会员不足 25 人的，可以设立工会劳动法律监督小组，并在本单位的工会会员、职工中推选产生 1 名至 3 名工会劳动法律监督员，承担工会劳动法律监督的日常工作。

关于工会劳动法律监督委员会的组成，有部分地方在《工会劳动法律监督条例》中对组成人员数量未作具体要求，如云南规定“县级以上地方总工会、产业（行业）工会、区域工会、基层工会设立劳动法律监督委员会，由若干名委员组成”；浙江规定“工会劳动法律监督委员会组成人员在工会会员中推选产生”，对具体成员人数未作规定；河北要求“工会劳动法律监督委员会由主任和委员组成，委员人数根据实际情况确定”。有的地方则对组成人员数量作出明确要求，如江西要求“委员会由三人以上单数组成”，福建、安徽、天津、内蒙古要求工会劳动法律监督委员会由主任和两名以上工会劳动法律监督员组成，山东要求“工会劳动法律监督委员会由三名以上工会劳动法律监督员组成”。《江苏省工会劳动法律监督条例实施细则》规定，“工会劳动法律监督委员会组成人数一般应为单数，且不少于三人”。《浙江省工会劳动法律监督条例实施细则》规定，“监督委员会组成人员为单数。地方总工会的监督委员会……组成人员不得少于五人；产业工会、基层工会的联合会和基层工会的监督委员会，组成人员不少于三人”。

关于工会劳动法律监督委员会主任的产生，有关地方人大出台的《工会劳动法律监督条例》中，浙江规定“主任一般由工会主席或者副主席担任”，江西、内蒙古规定“主任由同级工会主席或者副主席兼任”，福建、安徽、山东规定“主任由工会主席或者副主席担任”，河北、天津规定“主任一般由工会主席担任”。《江苏省工会劳动法律监督条例实施细则》规定，“工会劳动法律监督委员会主任由同级工会主席或者副主席担任”。

19 工会劳动法律监督委员会委员任期如何确定?

工会劳动法律监督委员会委员任期与本级工会委员会任期相同。按照《工会法》和《中国工会章程》的规定，各级地方总工会委员会每届任期五年，基层工会委员会每届任期三年或者五年。工会劳动法律监督委员会委员任期未满时，不得随意调动其工作，确因工作需要调动的，应当征得本级工会同意。

工会劳动法律监督委员会委员因岗位变动、调离、退休等原因不能继续履行工会劳动法律监督职责时，应当及时进行替换。

各级工会劳动法律监督委员会及其委员的产生、变动等情况，须报上一级工会劳动法律监督委员会备案。

20 工会劳动法律监督员如何产生?

工会劳动法律监督员是各级工会组织推选或聘任的，在工会劳动法律监督组织中从事劳动法律监督工作的专职、兼职人员。工会劳动法律监督员通过推选或聘任产生，经县级以上地方总工会培训、考核合格，并领取《工会劳动法律监督员证书》后正式履职。

县级以上工会劳动法律监督委员会委员为本级工会劳动法律监督员。基层工会劳动法律监督员可以由用人单位各工会小组组长担任，或者由用人单位科室、车间、班组等各基本生产经营单元推荐一名职工担任。女职工较多的用人单位，工会劳动法律监督员应当有适当比例的女性。

县级以上地方总工会、产业工会、区域性行业性工会联合会可以在暂未建立工会组织的用人单位、农民工集中的项目工地等聘请职工担任工会劳动法律监督员。

21 工会劳动法律监督员有哪些类型?

工会劳动法律监督员，按照工会属性可以分为县级以上工会劳动法律监督员和基层工会劳动法律监督员。县级以上工会劳动法律监督员侧重于从宏观上维护职工的合法权益；基层工会劳动法律监督员侧重于维护职工具体的合法权益。按照人员身份可以分为专职工会劳动法律监督员和兼职工会劳动法律监督员。专职工会劳动法律监督员是指专门从事工会劳动法律监督工作的人员；兼职工会劳动法律监督员是指在担任其他工作的同时，又从事工会劳动法律监督工作的人员。按照监督的内容还可以分为综合性工会劳动法律监督员和专业技术性工会劳动法律监督员。综合性工会劳动法律监督员是既懂工会业务，又懂法律等专业知识的复合型、综合性人才；专业技术性工会劳动法律监督员是掌握某种专业特长，在工会劳动法律监督工作中能够解决专门性、技术性问题的人才。

22 工会劳动法律监督员应当具备哪些条件?

工会开展劳动法律监督工作，需要建立完善各级工会劳动法律监督组织，同时还需要有一支热心工会劳动法律监督工作、责任心强、能够熟练掌握和运用劳动法律法规的监督员队伍。工会劳动法律监督员是各级工会组织任命或聘任的在工会劳动法律监督组织中从事劳动法律监督工作的专职、兼职人员，是工会履行劳动法律监督职责的具体执行者。

县级以上工会劳动法律监督员包括县级以上各级工会组织设立的劳动法律监督委员会委员及劳动法律监督委员会聘请的专职、兼职监督员。基层工会劳动法律监督员包括基层工会设立的劳动法律监督委员会、监督小组的成员。

工会劳动法律监督工作是一项政治性、专业性、群众性、廉洁性要求都很高的工作。工会劳动法律监督员素质、能力、水平的高低，能否尽职尽责，能否真正地、充分地发挥作用，是工会劳动法律监督职能能否实现的关键。工会劳动法律监督员的素质、水平如何，不仅仅是其个人问题，也关系到工会组织代表、维护职工合法权益这一职能的实现，关系到劳动法律法规能否真正贯彻落实，关系到社会主义市场经济条件下劳动关系的和谐等的重要问题。因此，加强工会劳动法律监督员队伍建设，必须明确工会劳动法律监督员的任职条件。《办法》第十七条对工会劳动法律监督员的任职资格和条件作出四条规定：

（1）具有较高的政治觉悟，热爱工会工作。这是对工会劳动法律监督员政治性的要求。强调政治性，是因为工会不仅是群众组织，更是政治组织，政治性是工会组织的灵魂。工会是中国共产党领导下的人民团体，坚持自觉接受党的领导是做好包括工会劳动法律监督在内的各项工会工作的根本政治原则和政治保证。对工会劳动法律监督员政治性的要求，具体包括热爱中国共产党、自觉接受党的领导，热爱祖国，热爱社会主义事业和工运事业，热爱工会工作。

（2）熟悉劳动法律法规，具备履职能力。这是对工会劳动法律监督员专业性的要求，也是基本要求。因工会劳动法律监督的主要目的是纠正用人单位的劳动违法行为，维护职工的合法权益。判断职工权益是否受到侵犯，主要依据就是法律，也就是从实体和程序上判断用人单位的行为是否违法。这就要求工会劳动法律监督员既要对《工会法》《劳动法》《劳动合同法》《职业病防治法》《安全生产法》《社会保险法》《职工带薪年休假条例》《最低工资规定》《工资支付暂行规定》《女职工劳动保护特别规定》等劳动法律法规了然于胸、娴熟运用，还要熟悉国家有关就业、劳动报酬、工作时间、休息休假、社会保险、职业技能培训、职工福利以及新就业形态劳动者权益维护等政策规定。只有这样，才能依法进行监督，发挥监督效能。

（3）公道正派，热心为职工群众说话办事。这是对工会劳动法律监督员群众性的要求。强调群众性，是因为工会是职工自愿结合的工人阶级群众组织，是职工和会员利益的代表，群众性是工会组织的根本特点。《中国工会章程》明确中国工会的基本职责是维护职工合法权益，竭诚服务职工群众。中国工会的性质和基本职责决定了工会群众组织的本质属性，要求必须始终坚持以职工为中心的工作导向，开展工作和活动要以职工群众为中心，对职工群众充满感情。只有这样，才能发挥工会劳动法律监督特有的优势和作用。

（4）奉公守法，清正廉洁。这是对工会劳动法律监督员廉洁性的要求。强调廉洁性，是因为工会劳动法律监督员是工会劳动法律监督工作的具体执行者，在监督过程中，根据《办法》规定有调查、处理或者向政府劳动监察部门提出建议的权限，存在一定的廉政风险。这就要求工会劳动法律监督员自身必须遵守宪法和法律，恪守职业道德，公平公正、廉洁自律。只有这样，才能赢得职工群众的充分信任，才能获得用人单位的尊重，劳动法律监督工作才能取得真正实效。

23 工会劳动法律监督员需要履行哪些职责？

工会劳动法律监督员是工会劳动法律监督活动的具体执行者，具体需要履行以下职责：

（1）开展劳动法律法规和有关政策宣传。这是工会劳动法律监督的一项基础性、经常性工作，是预防劳动争议的有效手段。通过广泛开展法治宣传，提升用人单位和劳动者法律意识，引导用人单位依法制定规章制度、规范用工、履行企业社会责任，劳动者爱岗敬业、依法理性表达合理诉求。

（2）对用人单位遵守劳动法律法规的情况进行监督，发现问题提出处理意见，督促用人单位整改落实。通过对用人单位遵守劳动法律法规、保障职工合法权益情况实施监督，发现问题、报告问题，推动完善相关立法和制度设计，再通过监督推进新制度实施，实现良法善治。

（3）发现严重损害劳动者合法权益的行为，及时向工会（劳动法律监督组织）和当地政府劳动保障监察部门报告，要求迅速查处。这是由工会组织的自身性质决定的。工会是职工自愿结合的工人阶级群众组织，没有立法权、司法权和执法权，有的只是监督建议权，在发现用人单位存在劳动违法行为时，要及时向劳动保障监察部门建议查处。

（4）接受职工的投诉，对用人单位执行劳动法律法规的情况进行调查，向工会（劳动法律监督组织）汇报，提出处理意见。这是工会劳动法律监督作为群众监督具有的独特优势，发动、组织和依靠职工群众对劳动违法行为进行投诉，掌握案件线索，有针对性地开展调查，依法提出处理意见，形成工会劳动法律监督完整高效的流程闭环。

（5）参加人大、政协、政府组织的劳动法律法规政策执行情况的执法检查、委员视察、监督检查等活动。这是履行工会参与职能的具体体现，通过参与执法检查、委员视察、监督检查等活动，代表职工表达意见诉求，促进劳动法律贯彻落实和修改完善，从源头维护职工合法权益。

24 如何开展对工会劳动法律监督员的培训管理？

工会劳动法律监督工作专业性很强，为提升监督员能力，保障监督实效，县级以上地方总工会应当建立工会劳动法律监督员管理制度，按属地管理、分级实施的原则，承担工会劳动法律监督员的培训、考核和《工会劳动法律监督员证书》的发放、注销等工作。

（1）省级总工会负责本级、省属产业工会及其所属基层工会劳动法律监督员的培训、考核、发证和管理；

（2）市级总工会负责本级及各县级总工会、市属产业工会和所属基层工会劳动法律监督员的培训、考核、发证和管理；

（3）县级总工会负责所属产业工会、基层工会劳动法律监督员的培训、考核、发证和管理；

（4）国家级和省级等经济技术开发区（高新区、科技园区）工会及所属用人单位工会的劳动法律监督员，按属地管理原则，由所在地的地方总工会负责培训、考核、发证和管理。

实践中，对于不称职的工会劳动法律监督员可以由颁证机关取消其资格，并收回《工会劳动法律监督员证书》。

25 《工会劳动法律监督员证书》的制发标准如何确定？

根据《办法》第十八条的规定，《工会劳动法律监督员证书》样式由中华全国总工会统一制定。省级总工会可根据工作需要，按照统一格式要求进行证书的统一印制、统一编号，分级发放。具体编号规则由各省级总工会确定。省级总工会统一印制证书的，应当由全国总工会法律工作部门进行审核，履行监制职责。近年来，一些省级地方工会制发了适用于省级范围的工会劳动法律监督员证书样式，存在全国工会劳动法律监督员证书样式不统一的问题，影响了工会劳动法律监督工作的严肃性和权威性。全国总工会已根据《办法》相关规定，在原有全国统一的《工会劳动法律监督员证书》的基础上，制发新的全国统一的《工会劳动法律监督员证书》样式，有效提升证书管理的规范性。

工会劳动法律监督员不再履行工会劳动法律监督职责时，所在工会劳动法律监督委员会应当及时将《工会劳动法律监督员证书》收回，报发证工会注销。

26 工会劳动法律监督员有哪些履职要求？

工会劳动法律监督员履行职责时，应当注意做到以下几点：

一是工会劳动法律监督员应当认真履职，开展经常性调查，发现问题及时向工会劳动法律监督委员会报告。这是对工会劳动法律监督员履职主动性的要求，要不断提升对用人单位劳动违法行为以及劳动关系矛盾苗头性、倾向性问题的敏感性和警惕性，增强履职尽责的责任感和使命感。

二是工会劳动法律监督员应当遵纪守法、客观公正，不得干扰用人单位的正常工作秩序，不得泄露在履职过程中知悉的劳动者个人隐私和用人单位的商业秘密。这是对工会劳动法律监督员履职纪律性的要求，在开展工会劳动法律监督过程中应严格遵守工作纪律和保密纪律，恪守职业道德，避免出现因不当履职侵犯劳动者人格权益或用人单位商业利益的情况。

三是工会劳动法律监督员办理的监督事项与本人或者其近亲属有利害关系的，应当回避。这是对工会劳动法律监督员履职公正性的要求，是为杜绝监督人员利用工作便利徇私舞弊作出的程序性和制度性设计，有利于保障工会劳动法律监督的客观公正。

27 什么是工会劳动保障法律监督员?

根据 2001 年原劳动和社会保障部办公厅下发的《关于规范聘请劳动保障法律监督员工作的通知》，劳动保障法律监督员是指县级以上劳动保障行政部门从有关政府部门和工会、妇联、共青团、新闻单位、企业等单位的工作人员、新闻工作者、劳资管理人员中，聘请对劳动保障法律法规贯彻实施情况进行监督的人员。工会劳动保障法律监督员则是指县级以上劳动保障行政部门，从工会工作人员中聘任的对劳动保障法律法规贯彻实施情况进行监督的人员。

根据《关于规范聘请劳动保障法律监督员工作的通知》，劳动保障法律监督员必须具备的条件是：（1）坚持四项基本原则，遵守宪法和法律；（2）熟悉劳动保障法规政策和业务工作；（3）遵守监督工作纪律，保守工作秘密；（4）坚持原则，公道正派；（5）经过劳动和社会保障部或省级劳动保障行政部门劳动保障法律与监察知识培训，并考试合格。劳动保障法律监督员的主要职责是：宣传劳动保障法律法规和国家劳动保障政策；依法对各类用人单位和个人遵守劳动保障法律法规情况进行监督；反映、转递人民群众对违反劳动保障法律法规行为的检举、控告；反映人民群众对贯彻实施劳动保障法律法规和加强劳动保障监察执法工作的建议、意见和要求。

2001 年，原劳动和社会保障部与全国总工会联合印发《关于加强劳动保障监察与工会劳动保障法律监督相互协调配合工作的通知》，对建立工会劳动保障法律监督员制度作出明确规定，“地方各级劳动保障行政部门可以在同级工会组织中聘请劳动保障法律监督员。工会组织中被聘请的劳动保障法律监督员由县级以上劳动保障行政部门和工会组织培训，经考核合格后，由县级以上劳动保障行政部门、工会组织统一颁发证件”。工会劳动保障法律监督员的职责管理和业务指导主要由劳动保障监察机构负责。

根据《关于规范聘请劳动保障法律监督员工作的通知》，工会劳动保障法律监督员的产生程序：一是应当由所在单位向县级以上劳动保障行政部门推荐，按要求填写并提交相关审批表或申请表；二是经县级以上劳动保障行政部门的劳动保障监察机构审核后，报劳动保障行政部门领导批准；三是县级以上工会会同同级劳动保障行政部门对拟聘人员进行专业知识培训；四是经考试合格并批准聘任的劳动保障法律监督员由劳动保障监察机构办理颁发劳动保障法律监督员证件手续。

自 2004 年起，全国总工会法律工作部联合人社部劳动保障监察局每两年举办一期全国工会劳动保障法律监督员培训班。截至 2023 年底，双方已联合举办九期全国工会劳动保障法律监督员培训班。

28 工会劳动保障法律监督员与工会劳动法律监督员是什么关系?

工会劳动保障法律监督员与工会劳动法律监督员既有区别，也有联系。

工会劳动保障法律监督员与工会劳动法律监督员都是工会劳动法律监督队伍的组成部分，均须培训考试后持证上岗，任职条件大多相同，如工作责任心强、熟悉劳动法律法规知识、具有监督业务能力水平等。两者的主要工作职责都是监督用人单位和个人遵守执行劳动法律法规的情况。

工会劳动保障法律监督员与工会劳动法律监督员也存在一些区别。具体来说，一是人员构成不同。前者主要从县级以上工会工作人员中产生，也可以从社会相关人士中聘任产生；后者则是从各级地方工会、产业工会、基层工会的工作人员中产生的。二是产生方式不同。前者要经过劳动保障行政部门的聘任程序，且聘期有一定时限；后者可以推选产生。三是职责不同。前者职责不仅包括开展工会劳动法律监督，还包括协助劳动保障监察部门进行调查处理；后者职责仅限于工会劳动法律监督。四是管理考核部门不同。前者的管理考核由工会和劳动保障行政部门劳动保障监察机构共同负责，后者的管理考核仅由工会组织负责。五是与劳动保障监察机构合作密切程度不同。前者与劳动保障监察机构的合作较为密切，可参与劳动保障监察执法工作，并有固定渠道获知劳动保障监察工作进展情况和对违法用工行为的查处结果；后者在开展劳动法律监督工作时没有可以依托的行政执法手段，对劳动保障监察工作相关信息的了解渠道也相对有限。

第四章　监督实施

29 地方工会和基层工会开展劳动法律监督的方式主要有哪些？

根据有关法律法规和实践，地方工会开展劳动法律监督的方式，主要有以下几种：（1）对用人单位开展劳动用工法律风险体检或劳动用工监督评估，特别是对劳动法律法规贯彻实施薄弱环节、重点地区、行业和企业、新就业形态劳动者用工单位等，以及具有改革调整任务和因经营状况可能需要对职工劳动关系、工作岗位、薪酬等做重大变更的企业进行重点体检评估，依法梳理相关规章制度，协助用人单位有效排查劳动关系矛盾风险隐患，及时发现和化解劳动关系矛盾苗头性、倾向性问题；（2）通过“12351”职工维权热线电话、工会媒体、网站等接受职工情况反映，经调查核实，由基层工会向用人单位提出意见建议、协商解决，经协商无效的，提请劳动保障监察部门查处；（3）县级以上地方总工会参与人大、政府、政协组织的劳动法律法规政策执行情况的执法检查、监督检查、委员视察等活动；（4）定期单独或参加劳动保障监察等有关部门开展的劳动法律实施重点领域和薄弱环节综合或专项监督检查活动；（5）与人民法院、检察机关等建立协同协作机制，通过沟通联络、会商研判、线索移送、调查配合等，促进工会劳动法律监督与司法监督有效衔接；（6）帮助、代理职工参加劳动争议仲裁、诉讼等。此外，上级工会还可以派员参加下级工会的劳动法律监督活动，也可以直接针对基层出现的问题开展劳动法律监督活动。

基层工会开展劳动法律监督的方式，主要有以下几种：（1）根据职工的情况反映，针对有关问题开展调查处理；（2）组织劳动法律监督员、职工和会员代表进行日常检查监督；（3）就劳动关系重大问题、重大风险隐患等及时向同级党委和上级工会报告。

实践中，各级工会在开展工会劳动法律监督工作过程中积极探索，积累了很多好的经验。如江苏、青海、四川、辽宁等地工会通过开展劳动用工法律风险体检或劳动用工监督评估等，对劳动法律贯彻实施薄弱环节进行重点排查和持续监督，协助企业有效排查风险隐患，依法梳理相关规章制度，促使企业规范用工。江苏省江阴市总工会开展“百人千企”法律监督服务志愿行动，通过监督预防问题、发现问题、化解纠纷、总结经验，形成推动实施劳动法律、有效化解劳动争议、依法维护职工权益的闭环。南通市崇川区总工会创新开展“和谐劳动关系法律体检”建设，充分运用“361”工作法，即组织专家通过“坐堂问诊”“上门巡诊”“集中会诊”，“检”企业用工管理、生产安全、集体协商、特困帮扶、工会履职和技能提升，及出具一份专业性、针对性强，可操作的法律意见书，替企业劳动用工把脉问诊“治未病”，着力提升企业用工“法律体检”的协同性、实效性、针对性和延展性。福建以全省首个园区“劳动法务工作站”前置管理为抓手，构建专家、企业、职工、工会干部共同参与的“劳动关系健康管家”，为小微企业、新经济组织、灵活就业人员等提供全天候服务。同时注重及时采集市场主体基础信息、收集网格动态信息、整合共享相关部门数据资源，运用大数据综合分析企业用工变化，着眼行业风险点常态化开展企业走访。

在协作联动和信息共享方面，上海市总工会将预防化解劳动关系矛盾、维护劳动领域政治安全作为社会治理体系现代化的重要组成部分，探索出“排摸体检清底数、协商民主依法度、多方联动强调处、应援尽援权益护、定向监督纠偏误、系统平台夯基础”的“六步工作法”，制定预防化解劳动关系矛盾的“六步工作法”操作指南，有效预防化解劳动关系矛盾，为维护职工权益、确保职工队伍稳定和社会安宁作出了贡献。同时，上海市总工会还引入第三方对企业执行劳动法律法规、构建和谐劳动关系情况进行评估并定期公布。江苏省总工会与人社部门建立了企业违法情况信息共享制度，上海市总工会推动实施将违法用工企业信息录入上海市公共信用信息服务平台工作机制，山东省威海市人社部门与工会交换共享用人单位劳动保障守法诚信等级评价结果，联合实施守信激励和失信惩戒，有效提升了防范化解劳动关系矛盾的精准度和成功率。广州市南沙区人力资源和社会保障局联合南沙区总工会下发《关于加强用人单位实施特殊工时制监督的通知》，提出加强人社部门与工会的联动作用，强化工会对实行特殊工时制的用人单位的监督，建立全国首个工会加强特殊工时制监督机制。

30 工会对用人单位开展劳动法律监督的类型主要有哪些？

工会对用人单位开展劳动法律监督，有接到投诉后开展监督和主动开展监督检查两种情形。

（1）接到投诉后开展监督。这类监督主要是指根据对用人单位违反劳动法律法规的投诉等情况反映，对特定案件或特定用人单位进行的有针对性的工会劳动法律监督检查活动。接到投诉后，应做好信息登记、情况核实等工作，视情组织工会劳动法律监督员对反映的具体问题开展调查，提出处理意见，并做好跟踪督查。

（2）主动开展监督检查。这类监督主要是指不针对特定用人单位的工会劳动法律监督检查活动，或在特定时段、特定区域，针对多家用人单位，就某项劳动法律法规实施情况进行的专项工会劳动法律监督检查活动。主动开展监督检查，应制定监督检查方案，根据不同对象采取普遍检查或重点检查方式实施监督，根据发现的问题情况，提出处理意见，并督促整改落实。

31 如何畅通工会劳动法律监督投诉渠道？

对用人单位的劳动违法行为进行投诉是法律赋予职工的一项重要权利。接受投诉是工会及时了解掌握劳动关系矛盾苗头性、倾向性问题的重要方式，是建立完善劳动关系舆情监测机制的重要途径，对发挥工会劳动法律监督作用至关重要。畅通工会劳动法律监督投诉渠道，主要通过以下方式：

（1）加强信息公开。应当将工会劳动法律监督委员会的工作地址、电话等信息向社会公布，接收对用人单位违反劳动法律法规、侵犯职工合法权益的情况反映。

（2）畅通投诉渠道。可以通过设置工会劳动法律咨询接待窗口，现场受理劳动者投诉；也可以通过职工维权热线、微信公众号、工会劳动法律监督投诉网页等方式，接收投诉信息。

（3）做好后续处理。完善投诉处理程序，明确信息收集、登记、核实、受理、调查、处理、跟踪督查等各个阶段实施目标和操作内容，实现投诉全流程标准化管理。

实践中，部分地方工会通过完善信息收集、研判、回应机制，实现早知道、早介入、早处理，将劳动关系风险隐患降至最低。如，北京市总工会制定印发《关于通过12351热线对违反劳动法律法规行为进行有奖举报的工作方案》，建立违法有奖举报制度，积极拓展工会劳动法律监督渠道。江西、海南等省工会建立信访接待、工会干部常态值班制度等，形成舆情、信访、调解、监督和法律援助“五位一体”化解劳动争议体系。

32 基层工会接到投诉等情况反映后如何处理？

基层工会接到关于用人单位违反劳动法律法规的投诉等情况反映，一般应当进行登记，登记内容主要包括职工的个人信息、工作单位、联系方式、反映的主要问题及诉求等。

经核查，反映情况属实且属于基层工会职责范围内的事项，应当及时受理，开展相关调查检查工作。如果反映情况重大或者复杂，应及时向上一级工会报告，在上一级工会指导下启动监督或者共同处理。

反映情况不属于工会劳动法律监督范围或者已经进入行政执法、仲裁、诉讼程序的，不予受理。对于不予受理的事项，基层工会一般应当在接到投诉举报之日起五个工作日内告知实名投诉举报人，将情况、理由解释说明，做好安抚、引导等工作。处理完结后，将有关资料归档、结案。

33 上级工会接到职工投诉后如何处理？

上级工会接到职工投诉的，可以按照属地管理、分级负责的原则，出具交办函，将投诉事项交由下级工会办理。

承办的工会接到交办函后，应当认真办理，并在交办函规定的期限内办结；对疑难、复杂的案件，经交办的工会同意，可适当延长办理期限，但延长期限一般不超过 30 日。交办事项办结后，承办的工会要及时形成办理情况报告报交办的上级工会。

下级工会开展劳动法律监督有困难的，上级工会应当主动了解有关情况，及时给予指导帮助。

34 工会如何开展日常劳动法律监督检查？

工会应当定期对用人单位遵守劳动法律法规、保障职工合法权益情况实施监督检查。在监督检查中，发现用人单位有违反劳动法律法规行为的，应当及时依照有关程序处理。工会劳动法律监督检查的主要步骤：

（1）制定监督检查方案。监督检查方案主要内容一般包括监督检查的时间、内容、对象、方式和总体要求等。

（2）实施监督检查。监督检查兼顾不同类型的用工单位，突出重点行业、重点企业、重点园区等重点检查对象。一般采用实地抽查方式进行，实地抽查时应随机抽取检查对象，一般采取听取汇报、查阅资料、走访座谈等形式进行。

（3）督促整改。监督检查中发现用人单位存在违反劳动法律法规问题的，应当及时代表职工与用人单位协商，提出整改意见，并督促落实。

（4）总结宣传。监督检查结束后，组织监督检查活动的工会劳动法律监督组织要形成监督报告，报本级工会。必要时，可以通过新闻媒体对监督检查情况进行宣传报道。

35 工会如何开展劳动法律监督调查？

调查是工会开展劳动法律监督的一种重要方式，是工会为了了解劳动关系的状况，或者弄清楚劳动违法行为、劳动争议的具体情况而进行的实地考察。《工会法》第二十六条规定，“工会有权对企业、事业单位、社会组织侵犯职工合法权益的问题进行调查，有关单位应当予以协助”。《办法》第二十四条规定，“工会在处理投诉或者日常监督工作中发现用人单位存在违反劳动法律法规、侵害职工合法权益行为的，可以进行现场调查，向有关人员了解情况，查阅、复制有关资料，核查事实”。作为工会依法开展劳动法律监督的一种手段和具体方式，调查不仅是工会开展劳动法律监督的重要手段，也是做好劳动法律监督工作的重要基础。工会可以通过实地检查、台账资料检查、组织座谈会等方式开展调查，调查过程中要认真做好笔录，有条件的还可以同步录音、录像。工会调查时，应当听取用人单位和职工的意见；根据工作需要，还可以听取企业家联合会、工商业联合会等企业方面代表组织的意见。

当工会发现用人单位可能存在违反劳动法律法规的行为，或者受理有关用人单位违反劳动法律法规行为的投诉举报后，可以依法进行调查。调查一般按照以下三个步骤进行：

（1）确定调查人员。工会应当确定至少 2 人（劳动法律监督员），组成调查组。属于重大监督事项等情形的，上级工会可以派员参与调查。

（2）现场调查。现场调查时应出示《工会劳动法律监督员证书》。调查组应当听取职工和用人单位意见，询问相关人员，可以查阅、复制与工会劳动法律监督相关的资料，包括用人单位的劳动规章制度、工资表等工资支付凭证、社会保险登记和缴费凭证、考勤表、职工名册、劳动合同和集体合同文本等。除此之外，还可以通过约谈相关人员、查阅台账、与职工进行个别交流、召开座谈会等方式，调查了解相关情况。

（3）与用人单位确认。调查组可以要求用人单位签章确认有关情况，用人单位拒绝与工会劳动法律监督员沟通或者拒绝出示有关资料的，工会劳动法律监督员应当如实记录相关情况，由县级以上总工会向同级政府人力资源和社会保障等有关部门反映，由有关部门对其行为进行处理。

在开展调查时，工会劳动法律监督员应全面切实履行监督职责，根据实际情况，采用不同的调查手段对案件的具体情况进行调查了解，努力掌握关键性证据，这是推动相关问题得以顺利解决的重要基础和条件。在针对用人单位进行的调查中如果发现问题或者苗头，应尽可能掌握充分的信息和资料，保证能够据此作出更加准确的判断。如果所发现的问题确属劳动违法问题，就应及时向企业经营者或管理方提出来，明确指出问题所在，并帮助其分析问题的违法性质和可能产生的不利后果。在此基础上向其明确提出及时改正的意见。此外，在开展调查过程中，要根据工作进展和实际情况，及时向所在工会劳动法律监督组织及上级工会报告，保持信息畅通。

36 工会劳动法律监督的调查结果如何运用？

经调查，未发现用人单位存在违反劳动法律法规、损害职工合法权益情形的，应当及时终止调查。有投诉举报人的，应当及时通知投诉举报人调查结果。

经调查，认为用人单位存在违反劳动法律法规行为的，应当及时代表职工与用人单位进行沟通和协商，明确处理意见，督促用人单位整改。经协商沟通解决不成的，可以向用人单位发出《工会劳动法律监督提示函》。用人单位未答复或拒不改正的，县级以上地方总工会可以向用人单位发出《工会劳动法律监督意见书》。

工会应当对用人单位的整改情况进行跟踪督查。用人单位及时答复并整改到位的，将有关资料归档、结案。用人单位逾期未作出书面答复或者无正当理由拒不整改的，县级以上地方总工会可以向同级政府人力资源和社会保障等有关部门发出《工会劳动法律监督建议书》，县级以上地方总工会应当及时跟踪处理结果，共同推动用人单位整改落实到位。

37 什么是工会劳动法律监督“一函两书”制度？

“一函两书”制度，是工会及相关单位为提醒用人单位落实好劳动法律法规，或纠正其违法劳动用工行为而适用相关文书的制度简称。“一函”指的是《工会劳动法律监督提示函》，“两书”指的是《工会劳动法律监督意见书》和《工会劳动法律监督建议书》。

根据《办法》第二十七条的规定，用人单位违反劳动法律法规、侵害职工合法权益，经协商沟通解决不成的，由基层工会或工会劳动法律监督组织向用人单位发出《工会劳动法律监督提示函》。县级以上地方总工会可以就本区域带有普遍性的问题，公开发布《工会劳动法律监督提示函》。经《工会劳动法律监督提示函》提示或沟通无效的，根据实际情况，由县级以上地方总工会向用人单位发出《工会劳动法律监督意见书》，也可以由基层工会或工会劳动法律监督组织向用人单位发出《工会劳动法律监督意见书》。用人单位收到《工会劳动法律监督意见书》后，应在三十个工作日内作出书面答复。用人单位未在规定期限内答复，或者无正当理由拒不改正的，由基层工会或工会劳动法律监督组织提请县级以上地方总工会向同级人民政府有关执法部门发出《工会劳动法律监督建议书》，并提供相关材料。

目前，“一函两书”相关制度已在广东、江苏、云南、浙江、江西、福建、河北、安徽、天津、内蒙古、山东、湖南、湖北、陕西等地方立法中得到确立，使之更加制度化、规范化，在很大程度上增强了工会劳动法律监督的操作性和实效性。

38 如何运用“一函两书”开展劳动法律监督？

党的十八大以来，习近平总书记高度重视维护职工合法权益，多次要求依法保障职工基本权益，健全劳动关系协调机制，及时正确处理劳动关系矛盾纠纷。运用“一函两书”保障劳动者权益，是落实习近平总书记重要指示的一项具体行动，是工会履行维权服务基本职责的一项重要任务，是坚持和发展新时代“枫桥经验”，推动劳动法律法规落实落地的有力抓手。

大量实践也充分证明，“一函两书”作为一项源头治理、预防在前的法律监督措施，对于保障劳动者合法权益，帮助企业规范经营、预防化解劳动用工风险，推动构建和谐劳动关系、维护社会大局和谐稳定具有十分重要的作用。下面可以用几个实例对有关情况加以说明。

实例一：河南省新乡市总工会联合市中院、市人社局、市发改委等部门建立“三书一公布”制度（《劳动者权益保护意见书》《劳动法律监督告知书》《劳动法律监督建议书》和社会公布制度），构建了以劳动法律监督、劳动争议调解、劳动法律援助为内容的“三位一体”法律维权体系，从源头化解劳动纠纷，大大提高了职工群众对工会工作的满意度。

实例二：江苏省徐州市丰县某玻璃公司职工杨某等八名农民工，到丰县总工会反映其所在公司已连续四个月未发放职工工资，职工加班费已连续五个月未发放，请求帮助解决。接到情况反映后，丰县总工会迅速指派三名劳动法律监督员到企业开展现场调查。监督人员首先查阅并复印了企业的职工花名册、职工考勤记录和工资单，又找到正在车间工作的五名职工进行谈话，并如实记录形成笔录，确认杨某等八人是该企业的在职职工，其反映的问题确实存在。监督人员立刻联系该企业负责人王某，并向企业发出了工会劳动法律监督询问通知书。经询问，王某对职工反映的问题和监督人员收集的证据予以认可。但是强调造成这次拖欠工资的原因是货款被客户拖欠过多，企业生产资金周转困难，并承诺月底前货款一到就马上补发工人们工资。监督人员将情况如实向县总工会进行报告，同时给企业负责人讲解有关法律法规和拖欠农民工工资的严重后果，督促其尽快支付到位。但是约定的时间到了，企业仍称货款未要到，没有资金发放职工工资，职工情绪开始不稳定。县总工会根据监督调查情况和监督人员的建议，当即向该企业发出了《工会劳动法律监督意见书》，要求企业在十五个工作日内研究并作出处理意见。意见书发出后，县总工会多次督促企业抓紧落实整改，同时向职工说明企业情况，引导职工理性耐心等待。最终在半个月后，该公司筹措资金一次性补发了拖欠 42 名职工的工资和加班费。

实例三：近年来，福建省总工会劳动法律监督委员会把握重点时段，在特定时间、针对不特定监督对象发出工会劳动法律监督提示函，提醒用人单位遵守劳动法律法规，保障职工合法权益。先后就保障农民工工资支付、规范用工、集体协商、高温保护、依法参加社会保险等事项，向全省用人单位发出有关提示函（如下），提醒用人单位落实有关法律法规，推动构建和谐劳动关系。

福建省工会劳动法律监督提示函

全省各用人单位：

元旦、春节临近，农民工工资支付又将进入高峰期。为深入贯彻落实习近平总书记关于保障农民工工资支付的重要指示批示精神，按照全省根治欠薪冬季专项行动部署，依据《保障农民工工资支付条例》《福建省工会劳动法律监督条例》等法律法规，现就以下事项提醒各用人单位：

一、自觉履行工资支付义务，通过银行转账或者以现金的形式按时足额支付工资给农民工本人。

二、与招用的农民工依法订立劳动合同，实行用工实名制管理。书面约定或者依法制定规章制度对农民工工资支付标准、支付时间、支付方式等内容作出明确规定。

三、按照工资支付周期编制书面工资支付台账，至少保存3年。

四、工程建设单位应当按规定及时足额向农民工工资专用账户拨付工程款中的人工费用，拨付周期不超过1个月。施工合同要求履约担保的，工程建设单位应提供工程款支付担保。

五、施工总承包单位应积极做好各项用工管理工作。在工程项目部配备劳资管理专员，做好劳动用工实名制管理，按规定开设、使用农民工工资专用账户，在施工现场醒目位置设立维权信息告示牌。

六、主动接受、配合人力资源社会保障行政部门、相关行业工程建设主管部门和其他有关部门对保障农民工工资支付工作的监督管理。

七、发生工资争议时，积极协商解决，引导职工依法理性维权。

切实保障好农民工劳动报酬权益，促进劳动关系和社会的和谐稳定，与广大农民工朋友一道，为全方位推动高质量发展超越，谱写全面建设社会主义现代化国家的福建篇章作出新的更大贡献，是我们的共同目标。让我们一起努力！

福建省总工会劳动法律监督委员会

（福建省总工会代章）

2020年12月10日

39 关于劳动就业法律法规对用人单位主要有哪些规定？

《劳动法》第十二条规定，“劳动者就业，不因民族、种族、性别、宗教信仰不同而受歧视”。第十三条规定，“妇女享有与男子平等的就业权利。在录用职工时，除国家规定的不适合妇女的工种或者岗位外，不得以性别为由拒绝录用妇女或者提高对妇女的录用标准”。第十四条规定，“残疾人、少数民族人员、退出现役的军人的就业，法律、法规有特别规定的，从其规定”。第十五条规定，“禁止用人单位招用未满十六周岁的未成年人。文艺、体育和特种工艺单位招用未满十六周岁的未成年人，必须遵守国家有关规定，并保障其接受义务教育的权利”。

《就业促进法》第十七条规定，“国家鼓励企业增加就业岗位，扶持失业人员和残疾人就业，对下列企业、人员依法给予税收优惠：（一）吸纳符合国家规定条件的失业人员达到规定要求的企业；（二）失业人员创办的中小企业；（三）安置残疾人员达到规定比例或者集中使用残疾人的企业；（四）从事个体经营的符合国家规定条件的失业人员；（五）从事个体经营的残疾人；（六）国务院规定给予税收优惠的其他企业、人员”。第二十五条规定，“各级人民政府创造公平就业的环境，消除就业歧视，制定政策并采取措施对就业困难人员给予扶持和援助”。第二十六条规定，“用人单位招用人员、职业中介机构从事职业中介活动，应当向劳动者提供平等的就业机会和公平的就业条件，不得实施就业歧视”。第二十七条规定，“国家保障妇女享有与男子平等的劳动权利。用人单位招用人员，除国家规定的不适合妇女的工种或者岗位外，不得以性别为由拒绝录用妇女或者提高对妇女的录用标准。用人单位录用女职工，不得在劳动合同中规定限制女职工结婚、生育的内容”。第二十八条规定，“各民族劳动者享有平等的劳动权利。用人单位招用人员，应当依法对少数民族劳动者给予适当照顾”。第二十九条规定，“国家保障残疾人的劳动权利。各级人民政府应当对残疾人就业统筹规划，为残疾人创造就业条件。用人单位招用人员，不得歧视残疾人”。第三十条规定，“用人单位招用人员，不得以是传染病病原携带者为由拒绝录用。但是，经医学鉴定传染病病原携带者在治愈前或者排除传染嫌疑前，不得从事法律、行政法规和国务院卫生行政部门规定禁止从事的易使传染病扩散的工作”。第三十一条规定，“农村劳动者进城就业享有与城镇劳动者平等的劳动权利，不得对农村劳动者进城就业设置歧视性限制”。

《女职工劳动保护特别规定》第四条规定，“用人单位应当遵守女职工禁忌从事的劳动范围的规定。用人单位应当将本单位属于女职工禁忌从事的劳动范围的岗位书面告知女职工。女职工禁忌从事的劳动范围由本规定附录列示。国务院安全生产监督管理部门会同国务院人力资源社会保障行政部门、国务院卫生行政部门根据经济社会发展情况，对女职工禁忌从事的劳动范围进行调整”。

《民法典》第十八条规定，“成年人为完全民事行为能力人，可以独立实施民事法律行为。十六周岁以上的未成年人，以自己的劳动收入为主要生活来源的，视为完全民事行为能力人”。

《禁止使用童工规定》第二条规定，“国家机关、社会团体 、企业事业单位、民办非企业单位或者个体工商户（以下统称用人单位）均不得招用不满16周岁的未成年人（招用不满16周岁的未成年人，以下统称使用童工）。禁止任何单位或者个人为不满16周岁的未成年人介绍就业。禁止不满16周岁的未成年人开业从事个体经营活动”。第四条规定，“用人单位招用人员时，必须核查被招用人员的身份证；对不满16周岁的未成年人，一律不得录用。用人单位录用人员的录用登记、核查材料应当妥善保管”。

《残疾人就业条例》第四条规定，“国家鼓励社会组织和个人通过多种渠道、多种形式，帮助、支持残疾人就业，鼓励残疾人通过应聘等多种形式就业。禁止在就业中歧视残疾人。残疾人应当提高自身素质，增强就业能力”。

40 关于劳动合同法律法规对用人单位主要有哪些规定？

《劳动法》第十九条规定，“劳动合同应当以书面形式订立，并具备以下条款：（一）劳动合同期限；（二）工作内容；（三）劳动保护和劳动条件；

（四）劳动报酬；（五）劳动纪律；（六）劳动合同终止的条件；（七）违反劳动合同的责任。劳动合同除前款规定的必备条款外，当事人可以协商约定其他内容”。第二十条规定，“劳动合同的期限分为有固定期限、无固定期限和以完成一定的工作为期限。劳动者在同一用人单位连续工作满十年以上，当事人双方同意续延劳动合同的，如果劳动者提出订立无固定期限的劳动合同，应当订立无固定期限的劳动合同”。第二十一条规定，“劳动合同可以约定试用期。试用期最长不得超过六个月”。第二十二条规定，“劳动合同当事人可以在劳动合同中约定保守用人单位商业秘密的有关事项”。第二十五条规定，“劳动者有下列情形之一的，用人单位可以解除劳动合同：（一）在试用期间被证明不符合录用条件的；（二）严重违反劳动纪律或者用人单位规章制度的；（三）严重失职，营私舞弊，对用人单位利益造成重大损害的；（四）被依法追究刑事责任的”。第二十六条规定，“有下列情形之一的，用人单位可以解除劳动合同，但是应当提前三十日以书面形式通知劳动者本人：（一）劳动者患病或者非因工负伤，医疗期满后，不能从事原工作也不能从事由用人单位另行安排的工作的；（二）劳动者不能胜任工作，经过培训或者调整工作岗位，仍不能胜任工作的；（三）劳动合同订立时所依据的客观情况发生重大变化，致使原劳动合同无法履行，经当事人协商不能就变更劳动合同达成协议的”。第二十七条规定，“用人单位濒临破产进行法定整顿期间或者生产经营状况发生严重困难，确需裁减人员的，应当提前三十日向工会或者全体职工说明情况，听取工会或者职工的意见，经向劳动行政部门报告后，可以裁减人员。用人单位依据本条规定裁减人员，在六个月内录用人员的，应当优先录用被裁减的人员”。第二十八条规定，“用人单位依据本法第二十四条、第二十六条、第二十七条的规定解除劳动合同的，应当依照国家有关规定给予经济补偿”。第二十九条规定，“劳动者有下列情形之一的，用人单位不得依据本法第二十六条、第二十七条的规定解除劳动合同：（一）患职业病或者因工负伤并被确认丧失或者部分丧失劳动能力的；（二）患病或者负伤，在规定的医疗期内的；（三）女职工在孕期、产期、哺乳期内的；（四）法律、行政法规规定的其他情形”。第三十条规定，“用人单位解除劳动合同，工会认为不适当的，有权提出意见。如果用人单位违反法律、法规或者劳动合同，工会有权要求重新处理；劳动者申请仲裁或者提起诉讼的，工会应当依法给予支持和帮助”。第三十一条规定，“劳动者解除劳动合同，应当提前三十日以书面形式通知用人单位”。第三十二条规定，“有下列情形之一的，劳动者可以随时通知用人单位解除劳动合同：（一）在试用期内的；（二）用人单位以暴力、威胁或者非法限制人身自由的手段强迫劳动的；（三）用人单位未按照劳动合同约定支付劳动报酬或者提供劳动条件的”。第三十三条规定，“企业职工一方与企业可以就劳动报酬、工作时间、休息休假、劳动安全卫生、保险福利等事项，签订集体合同。集体合同草案应当提交职工代表大会或者全体职工讨论通过。集体合同由工会代表职工与企业签订；没有建立工会的企业，由职工推举的代表与企业签订”。第三十四条规定，“集体合同签订后应当报送劳动行政部门；劳动行政部门自收到集体合同文本之日起十五日内未提出异议的，集体合同即行生效”。第三十五条规定，“依法签订的集体合同对企业和企业全体职工具有约束力。职工个人与企业订立的劳动合同中劳动条件和劳动报酬等标准不得低于集体合同的规定”。

《劳动合同法》第七条规定，“用人单位自用工之日起即与劳动者建立劳动关系。用人单位应当建立职工名册备查”。第八条规定，“用人单位招用劳动者时，应当如实告知劳动者工作内容、工作条件、工作地点、职业危害、安全生产状况、劳动报酬，以及劳动者要求了解的其他情况；用人单位有权了解劳动者与劳动合同直接相关的基本情况，劳动者应当如实说明”。第三十五条规定，“用人单位与劳动者协商一致，可以变更劳动合同约定的内容。变更劳动合同，应当采用书面形式。变更后的劳动合同文本由用人单位和劳动者各执一份”。第三十六条规定，“用人单位与劳动者协商一致，可以解除劳动合同”。第三十七条规定，“劳动者提前三十日以书面形式通知用人单位，可以解除劳动合同。劳动者在试用期内提前三日通知用人单位，可以解除劳动合同”。

41 关于工作时间、休息休假法律法规对用人单位主要有哪些规定？

《工会法》第二十三条规定，“企业、事业单位、社会组织违反劳动法律法规规定，有下列侵犯职工劳动权益情形，工会应当代表职工与企业、事业单位、社会组织交涉，要求企业、事业单位、社会组织采取措施予以改正；企业、事业单位、社会组织应当予以研究处理，并向工会作出答复；企业、事业单位、社会组织拒不改正的，工会可以提请当地人民政府依法作出处理：（一）克扣、拖欠职工工资的；（二）不提供劳动安全卫生条件的；（三）随意延长劳动时间的；（四）侵犯女职工和未成年工特殊权益的；（五）其他严重侵犯职工劳动权益的”。

《劳动法》第三十六条规定，“国家实行劳动者每日工作时间不超过八小时、平均每周工作时间不超过四十四小时的工时制度”。第三十八条规定，“用人单位应当保证劳动者每周至少休息一日”。第三十九条规定，“企业因生产特点不能实行本法第三十六条、第三十八条规定的，经劳动行政部门批准，可以实行其他工作和休息办法”。第四十一条规定，“用人单位由于生产经营需要，经与工会和劳动者协商后可以延长工作时间，一般每日不得超过一小时；因特殊原因需要延长工作时间的，在保障劳动者身体健康的条件下延长工作时间每日不得超过三小时，但是每月不得超过三十六小时”。第四十二条规定，“有下列情形之一的，延长工作时间不受本法第四十一条规定的限制：（一）发生自然灾害、事故或者因其他原因，威胁劳动者生命健康和财产安全，需要紧急处理的；（二）生产设备、交通运输线路、公共设施发生故障，影响生产和公众利益，必须及时抢修的；（三）法律、行政法规规定的其他情形”。第四十四条规定，“有下列情形之一的，用人单位应当按照下列标准支付高于劳动者正常工作时间工资的工资报酬：（一）安排劳动者延长工作时间的，支付不低于工资的百分之一百五十的工资报酬；（二）休息日安排劳动者工作又不能安排补休的，支付不低于工资的百分之二百的工资报酬；（三）法定休假日安排劳动者工作的，支付不低于工资的百分之三百的工资报酬”。

《职工带薪年休假条例》第三条规定，“职工累计工作已满 1 年不满 10 年的，年休假 5 天；已满 10 年不满 20 年的，年休假 10 天；已满 20 年的，年休假 15 天。国家法定休假日、休息日不计入年休假的假期”。

《企业职工带薪年休假实施办法》第三条规定，“职工连续工作满 12 个月以上的，享受带薪年休假”。

42 关于开展集体协商、签订和履行集体合同法律法规对用人单位主要有哪些规定？

《工会法》第二十一条规定，“工会帮助、指导职工与企业、实行企业化管理的事业单位、社会组织签订劳动合同。工会代表职工与企业、实行企业化管理的事业单位、社会组织进行平等协商，依法签订集体合同。集体合同草案应当提交职工代表大会或者全体职工讨论通过。工会签订集体合同，上级工会应当给予支持和帮助。企业、事业单位、社会组织违反集体合同，侵犯职工劳动权益的，工会可以依法要求企业、事业单位、社会组织予以改正并承担责任；因履行集体合同发生争议，经协商解决不成的，工会可以向劳动争议仲裁机构提请仲裁，仲裁机构不予受理或者对仲裁裁决不服的，可以向人民法院提起诉讼”。

《劳动法》第三十三条规定，“企业职工一方与企业可以就劳动报酬、工作时间、休息休假、劳动安全卫生、保险福利等事项，签订集体合同。集体合同草案应当提交职工代表大会或者全体职工讨论通过。集体合同由工会代表职工与企业签订；没有建立工会的企业，由职工推举的代表与企业签订”。第三十四条规定，“集体合同签订后应当报送劳动行政部门；劳动行政部门自收到集体合同文本之日起十五日内未提出异议的，集体合同即行生效”。第三十五条规定，“依法签订的集体合同对企业和企业全体职工具有约束力。职工个人与企业订立的劳动合同中劳动条件和劳动报酬等标准不得低于集体合同的规定”。

《劳动合同法》第五十一条规定，“企业职工一方与用人单位通过平等协商，可以就劳动报酬、工作时间、休息休假、劳动安全卫生、保险福利等事项订立集体合同。集体合同草案应当提交职工代表大会或者全体职工讨论通过。集体合同由工会代表企业职工一方与用人单位订立；尚未建立工会的用人单位，由上级工会指导劳动者推举的代表与用人单位订立”。第五十二条规定，“企业职工一方与用人单位可以订立劳动安全卫生、女职工权益保护、工资调整机制等专项集体合同”。第五十三条规定，“在县级以下区域内，建筑业、采矿业、餐饮服务业等行业可以由工会与企业方面代表订立行业性集体合同，或者订立区域性集体合同”。第五十四条规定，“集体合同订立后，应当报送劳动行政部门；劳动行政部门自收到集体合同文本之日起十五日内未提出异议的，集体合同即行生效。依法订立的集体合同对用人单位和劳动者具有约束力。行业性、区域性集体合同对当地本行业、本区域的用人单位和劳动者具有约束力”。第五十五条规定，“集体合同中劳动报酬和劳动条件等标准不得低于当地人民政府规定的最低标准；用人单位与劳动者订立的劳动合同中劳动报酬和劳动条件等标准不得低于集体合同规定的标准”。第五十六条规定，“用人单位违反集体合同，侵犯职工劳动权益的，工会可以依法要求用人单位承担责任；因履行集体合同发生争议，经协商解决不成的，工会可以依法申请仲裁、提起诉讼”。

《集体合同规定》第四条规定，“用人单位与本单位职工签订集体合同或专项集体合同，以及确定相关事宜，应当采取集体协商的方式。集体协商主要采取协商会议的形式”。第六条规定，“符合本规定的集体合同或专项集体合同，对用人单位和本单位的全体职工具有法律约束力。用人单位与职工个人签订的劳动合同约定的劳动条件和劳动报酬等标准，不得低于集体合同或专项集体合同的规定”。

43 关于工资报酬法律法规对用人单位主要有哪些规定?

《工会法》第二十三条规定，“企业、事业单位、社会组织违反劳动法律法规规定，有下列侵犯职工劳动权益情形，工会应当代表职工与企业、事业单位、社会组织交涉，要求企业、事业单位、社会组织采取措施予以改正；企业、事业单位、社会组织应当予以研究处理，并向工会作出答复；企业、事业单位、社会组织拒不改正的，工会可以提请当地人民政府依法作出处理：（一）克扣、拖欠职工工资的；（二）不提供劳动安全卫生条件的；（三）随意延长劳动时间的；（四）侵犯女职工和未成年工特殊权益的；（五）其他严重侵犯职工劳动权益的”。

《刑法》第二百七十六条之一规定，“以转移财产、逃匿等方法逃避支付劳动者的劳动报酬或者有能力支付而不支付劳动者的劳动报酬，数额较大，经政府有关部门责令支付仍不支付的，处三年以下有期徒刑或者拘役，并处或者单处罚金；造成严重后果的，处三年以上七年以下有期徒刑，并处罚金。单位犯前款罪的，对单位判处罚金，并对其直接负责的主管人员和其他直接责任人员，依照前款的规定处罚。有前两款行为，尚未造成严重后果，在提起公诉前支付劳动者的劳动报酬，并依法承担相应赔偿责任的，可以减轻或者免除处罚”。

《劳动法》第四十八条规定，“国家实行最低工资保障制度。最低工资的具体标准由省、自治区、直辖市人民政府规定，报国务院备案。用人单位支付劳动者的工资不得低于当地最低工资标准”。第四十九条规定，“确定和调整最低工资标准应当综合参考下列因素：（一）劳动者本人及平均赡养人口的最低生活费用；（二）社会平均工资水平；（三）劳动生产率；（四）就业状况；（五）地区之间经济发展水平的差异”。第五十条规定，“工资应当以货币形式按月支付给劳动者本人。不得克扣或者无故拖欠劳动者的工资”。第五十一条规定，“劳动者在法定休假日和婚丧假期间以及依法参加社会活动期间，用人单位应当依法支付工资”。

《工资支付暂行规定》第十三条规定，“用人单位在劳动者完成劳动定额或规定的工作任务后，根据实际需要安排劳动者在法定标准工作时间以外工作的，应按以下标准支付工资：（一）用人单位依法安排劳动者在日法定标准工作时间以外延长工作时间的，按照不低于劳动合同规定的劳动者本人小时工资标准的150%支付劳动者工资；（二）用人单位依法安排劳动者在休息日工作，而又不能安排补休的，按照不低于劳动合同规定的劳动者本人日或小时工资标准的200%支付劳动者工资；（三）用人单位依法安排劳动者在法定休假节日工作的，按照不低于劳动合同规定的劳动者本人日或小时工资标准的300%支付劳动者工资。实行计件工资的劳动者，在完成计件定额任务后，由用人单位安排延长工作时间的，应根据上述规定的原则，分别按照不低于其本人法定工作时间计件单价的150%、200%、300%支付其工资。经劳动行政部门批准实行综合计算工时工作制的，其综合计算工作时间超过法定标准工作时间的部分，应视为延长工作时间，并应按本规定支付劳动者延长工作时间的工资。实行不定时工时制度的劳动者，不执行上述规定”。

《保障农民工工资支付条例》第三条第一款规定，“农民工有按时足额获得工资的权利。任何单位和个人不得拖欠农民工工资”。第十二条规定，“用人单位应当按照与农民工书面约定或者依法制定的规章制度规定的工资支付周期和具体支付日期足额支付工资”。第十五条规定，“用人单位应当按照工资支付周期编制书面工资支付台账，并至少保存 3 年”。第十六条规定，“用人单位拖欠农民工工资的，应当依法予以清偿”。

44 关于劳动安全卫生法律法规对用人单位主要有哪些规定？

《劳动法》第五十二条规定，“用人单位必须建立、健全劳动安全卫生制度，严格执行国家劳动安全卫生规程和标准，对劳动者进行劳动安全卫生教育，防止劳动过程中的事故，减少职业危害”。第五十三条规定，“劳动安全卫生设施必须符合国家规定的标准。新建、改建、扩建工程的劳动安全卫生设施必须与主体工程同时设计、同时施工、同时投入生产和使用”。第五十四条规定，“用人单位必须为劳动者提供符合国家规定的劳动安全卫生条件和必要的劳动防护用品，对从事有职业危害作业的劳动者应当定期进行健康检查”。第五十五条规定，“从事特种作业的劳动者必须经过专门培训并取得特种作业资格”。第五十六条规定，“劳动者在劳动过程中必须严格遵守安全操作规程。劳动者对用人单位管理人员违章指挥、强令冒险作业，有权拒绝执行；对危害生命安全和身体健康的行为，有权提出批评、检举和控告”。第五十七条规定，“国家建立伤亡事故和职业病统计报告和处理制度。县级以上各级人民政府劳动行政部门、有关部门和用人单位应当依法对劳动者在劳动过程中发生的伤亡事故和劳动者的职业病状况，进行统计、报告和处理”。

《安全生产法》第二十八条规定，“生产经营单位应当对从业人员进行安全生产教育和培训，保证从业人员具备必要的安全生产知识，熟悉有关的安全生产规章制度和安全操作规程，掌握本岗位的安全操作技能，了解事故应急处理措施，知悉自身在安全生产方面的权利和义务。未经安全生产教育和培训合格的从业人员，不得上岗作业。生产经营单位使用被派遣劳动者的，应当将被派遣劳动者纳入本单位从业人员统一管理，对被派遣劳动者进行岗位安全操作规程和安全操作技能的教育和培训。劳务派遣单位应当对被派遣劳动者进行必要的安全生产教育和培训。生产经营单位接收中等职业学校、高等学校学生实习的，应当对实习学生进行相应的安全生产教育和培训，提供必要的劳动防护用品。学校应当协助生产经营单位对实习学生进行安全生产教育和培训。生产经营单位应当建立安全生产教育和培训档案，如实记录安全生产教育和培训的时间、内容、参加人员以及考核结果等情况”。

《工会法》第二十四条规定，“工会依照国家规定对新建、扩建企业和技术改造工程中的劳动条件和安全卫生设施与主体工程同时设计、同时施工、同时投产使用进行监督。对工会提出的意见，企业或者主管部门应当认真处理，并将处理结果书面通知工会”。第二十五条规定，“工会发现企业违章指挥、强令工人冒险作业，或者生产过程中发现明显重大事故隐患和职业危害，有权提出解决的建议，企业应当及时研究答复；发现危及职工生命安全的情况时，工会有权向企业建议组织职工撤离危险现场，企业必须及时作出处理决定”。第二十六条规定，“工会有权对企业、事业单位、社会组织侵犯职工合法权益的问题进行调查，有关单位应当予以协助”。第二十七条规定，“职工因工伤亡事故和其他严重危害职工健康问题的调查处理，必须有工会参加。工会应当向有关部门提出处理意见，并有权要求追究直接负责的主管人员和有关责任人员的责任。对工会提出的意见，应当及时研究，给予答复”。

45 关于女职工和未成年工特殊保护法律法规对用人单位主要有哪些规定？

《劳动法》第五十九条规定，“禁止安排女职工从事矿山井下、国家规定的第四级体力劳动强度的劳动和其他禁忌从事的劳动”。第六十条规定，“不得安排女职工在经期从事高处、低温、冷水作业和国家规定的第三级体力劳动强度的劳动”。第六十一条规定，“不得安排女职工在怀孕期间从事国家规定的第三级体力劳动强度的劳动和孕期禁忌从事的劳动。对怀孕七个月以上的女职工，不得安排其延长工作时间和夜班劳动”。第六十二条规定，“女职工生育享受不少于九十天的产假”。第六十三条规定，“不得安排女职工在哺乳未满一周岁的婴儿期间从事国家规定的第三级体力劳动强度的劳动和哺乳期禁忌从事的其他劳动，不得安排其延长工作时间和夜班劳动”。第六十四条规定，“不得安排未成年工从事矿山井下、有毒有害、国家规定的第四级体力劳动强度的劳动和其他禁忌从事的劳动”。第六十五条规定，“用人单位应当对未成年工定期进行健康检查”。

《女职工劳动保护特别规定》第三条规定，“用人单位应当加强女职工劳动保护，采取措施改善女职工劳动安全卫生条件，对女职工进行劳动安全卫生知识培训”。第四条第一款规定，“用人单位应当遵守女职工禁忌从事的劳动范围的规定。用人单位应当将本单位属于女职工禁忌从事的劳动范围的岗位书面告知女职工”。第五条规定，“用人单位不得因女职工怀孕、生育、哺乳降低其工资、予以辞退、与其解除劳动或者聘用合同”。第六条规定，“女职工在孕期不能适应原劳动的，用人单位应当根据医疗机构的证明，予以减轻劳动量或者安排其他能够适应的劳动。对怀孕 7 个月以上的女职工，用人单位不得延长劳动时间或者安排夜班劳动，并应当在劳动时间内安排一定的休息时间。怀孕女职工在劳动时间内进行产前检查，所需时间计入劳动时间”。第七条规定，“女职工生育享受 98 天产假，其中产前可以休假 15 天；难产的，增加产假 15 天；生育多胞胎的，每多生育 1 个婴儿，增加产假 15 天。女职工怀孕未满 4 个月流产的，享受 15 天产假；怀孕满 4 个月流产的，享受 42 天产假”。第八条规定，“女职工产假期间的生育津贴，对已经参加生育保险的，按照用人单位上年度职工月平均工资的标准由生育保险基金支付；对未参加生育保险的，按照女职工产假前工资的标准由用人单位支付。女职工生育或者流产的医疗费用，按照生育保险规定的项目和标准，对已经参加生育保险的，由生育保险基金支付；对未参加生育保险的，由用人单位支付”。第九条规定，“对哺乳未满 1 周岁婴儿的女职工，用人单位不得延长劳动时间或者安排夜班劳动。用人单位应当在每天的劳动时间内为哺乳期女职工安排 1 小时哺乳时间；女职工生育多胞胎的，每多哺乳 1 个婴儿每天增加 1 小时哺乳时间”。第十条规定，“女职工比较多的用人单位应当根据女职工的需要，建立女职工卫生室、孕妇休息室、哺乳室等设施，妥善解决女职工在生理卫生、哺乳方面的困难”。第十一条规定，“在劳动场所，用人单位应当预防和制止对女职工的性骚扰”。

《未成年工特殊保护规定》对维护未成年工的合法权益，保护其在生产劳动中的健康作出了具体规定。

46 关于职工保险、福利待遇法律法规对用人单位主要有哪些规定？

《劳动法》第七十二条规定，“社会保险基金按照保险类型确定资金来源，逐步实行社会统筹。用人单位和劳动者必须依法参加社会保险，缴纳社会保险费”。第七十三条第四款规定，“劳动者享受的社会保险金必须按时足额支付”。

《社会保险法》第四条规定，“中华人民共和国境内的用人单位和个人依法缴纳社会保险费，有权查询缴费记录、个人权益记录，要求社会保险经办机构提供社会保险咨询等相关服务。个人依法享受社会保险待遇，有权监督本单位为其缴费情况”。第十二条规定，“用人单位应当按照国家规定的本单位职工工资总额的比例缴纳基本养老保险费，记入基本养老保险统筹基金”。

第二十三条规定，“职工应当参加职工基本医疗保险，由用人单位和职工按照国家规定共同缴纳基本医疗保险费”。第三十三条规定，“职工应当参加工伤保险，由用人单位缴纳工伤保险费，职工不缴纳工伤保险费”。第四十四条规定，“职工应当参加失业保险，由用人单位和职工按照国家规定共同缴纳失业保险费”。第五十三条规定，“职工应当参加生育保险，由用人单位按照国家规定缴纳生育保险费，职工不缴纳生育保险费”。第五十八条规定，“用人单位应当自用工之日起三十日内为其职工向社会保险经办机构申请办理社会保险登记。未办理社会保险登记的，由社会保险经办机构核定其应当缴纳的社会保险费”。

《住房公积金管理条例》第十四条规定，“新设立的单位应当自设立之日起 30 日内向住房公积金管理中心办理住房公积金缴存登记，并自登记之日起 20 日内，为本单位职工办理住房公积金账户设立手续。单位合并、分立、撤销、解散或者破产的，应当自发生上述情况之日起 30 日内由原单位或者清算组织向住房公积金管理中心办理变更登记或者注销登记，并自办妥变更登记或者注销登记之日起 20 日内，为本单位职工办理住房公积金账户转移或者封存手续”。第十五条规定，“单位录用职工的，应当自录用之日起 30 日内向住房公积金管理中心办理缴存登记，并办理职工住房公积金账户的设立或者转移手续。单位与职工终止劳动关系的，单位应当自劳动关系终止之日起 30 日内向住房公积金管理中心办理变更登记，并办理职工住房公积金账户转移或者封存手续”。第十六条规定，“职工住房公积金的月缴存额为职工本人上一年度月平均工资乘以职工住房公积金缴存比例。单位为职工缴存的住房公积金的月缴存额为职工本人上一年度月平均工资乘以单位住房公积金缴存比例”。第十七条规定，“新参加工作的职工从参加工作的第二个月开始缴存住房公积金，月缴存额为职工本人当月工资乘以职工住房公积金缴存比例。单位新调入的职工从调入单位发放工资之日起缴存住房公积金，月缴存额为职工本人当月工资乘以职工住房公积金缴存比例”。第十八条规定，“职工和单位住房公积金的缴存比例均不得低于职工上一年度月平均工资的5%；有条件的城市，可以适当提高缴存比例。具体缴存比例由住房公积金管理委员会拟订，经本级人民政府审核后，报省、自治区、直辖市人民政府批准”。第十九条规定，“职工个人缴存的住房公积金，由所在单位每月从其工资中代扣代缴。单位应当于每月发放职工工资之日起5日内将单位缴存的和为职工代缴的住房公积金汇缴到住房公积金专户内，由受委托银行计入职工住房公积金账户”。第二十条规定，“单位应当按时、足额缴存住房公积金，不得逾期缴存或者少缴。对缴存住房公积金确有困难的单位，经本单位职工代表大会或者工会讨论通过，并经住房公积金管理中心审核，报住房公积金管理委员会批准后，可以降低缴存比例或者缓缴；待单位经济效益好转后，再提高缴存比例或者补缴缓缴”。

47 关于制定修改内部规章制度对用人单位主要有哪些规定？

《劳动法》第四条规定，“用人单位应当依法建立和完善规章制度，保障劳动者享有劳动权利和履行劳动义务”。第八条规定，“劳动者依照法律规定，通过职工大会、职工代表大会或者其他形式，参与民主管理或者就保护劳动者合法权益与用人单位进行平等协商”。第八十八条规定，“各级工会依法维护劳动者的合法权益，对用人单位遵守劳动法律、法规的情况进行监督。任何组织和个人对于违反劳动法律、法规的行为有权检举和控告”。第八十九条规定，“用人单位制定的劳动规章制度违反法律、法规规定的，由劳动行政部门给予警告，责令改正；对劳动者造成损害的，应当承担赔偿责任”。

《劳动合同法》第四条规定，“用人单位应当依法建立和完善劳动规章制度，保障劳动者享有劳动权利、履行劳动义务。用人单位在制定、修改或者决定有关劳动报酬、工作时间、休息休假、劳动安全卫生、保险福利、职工培训、劳动纪律以及劳动定额管理等直接涉及劳动者切身利益的规章制度或者重大事项时，应当经职工代表大会或者全体职工讨论，提出方案和意见，与工会或者职工代表平等协商确定。在规章制度和重大事项决定实施过程中，工会或者职工认为不适当的，有权向用人单位提出，通过协商予以修改完善。用人单位应当将直接涉及劳动者切身利益的规章制度和重大事项决定公示，或者告知劳动者”。

《工会法》第六条第一款、第二款规定，“维护职工合法权益、竭诚服务职工群众是工会的基本职责。工会在维护全国人民总体利益的同时，代表和维护职工的合法权益。工会通过平等协商和集体合同制度等，推动健全劳动关系协调机制，维护职工劳动权益，构建和谐劳动关系”。第二十条规定，“企业、事业单位、社会组织违反职工代表大会制度和其他民主管理制度，工会有权要求纠正，保障职工依法行使民主管理的权利。法律、法规规定应当提交职工大会或者职工代表大会审议、通过、决定的事项，企业、事业单位、社会组织应当依法办理”。第二十二条规定，“企业、事业单位、社会组织处分职工，工会认为不适当的，有权提出意见。用人单位单方面解除职工劳动合同时，应当事先将理由通知工会，工会认为用人单位违反法律、法规和有关合同，要求重新研究处理时，用人单位应当研究工会的意见，并将处理结果书面通知工会。职工认为用人单位侵犯其劳动权益而申请劳动争议仲裁或者向人民法院提起诉讼的，工会应当给予支持和帮助”。第三十九条规定，“企业、事业单位、社会组织研究经营管理和发展的重大问题应当听取工会的意见；召开会议讨论有关工资、福利、劳动安全卫生、工作时间、休息休假、女职工保护和社会保险等涉及职工切身利益的问题，必须有工会代表参加。企业、事业单位、社会组织应当支持工会依法开展工作，工会应当支持企业、事业单位、社会组织依法行使经营管理权”。

《公司法》第十七条规定，“公司职工依照《中华人民共和国工会法》组织工会，开展工会活动，维护职工合法权益。公司应当为本公司工会提供必要的活动条件。公司工会代表职工就职工的劳动报酬、工作时间、休息休假、劳动安全卫生和保险福利等事项依法与公司签订集体合同。公司依照宪法和有关法律的规定，建立健全以职工代表大会为基本形式的民主管理制度，通过职工代表大会或者其他形式，实行民主管理。公司研究决定改制、解散、申请破产以及经营方面的重大问题、制定重要的规章制度时，应当听取公司工会的意见，并通过职工代表大会或者其他形式听取职工的意见和建议”。

《最高人民法院关于审理劳动争议案件适用法律问题的解释（一）》第五十条规定，“用人单位根据劳动合同法第四条规定，通过民主程序制定的规章制度，不违反国家法律、行政法规及政策规定，并已向劳动者公示的，可以作为确定双方权利义务的依据。用人单位制定的内部规章制度与集体合同或者劳动合同约定的内容不一致，劳动者请求优先适用合同约定的，人民法院应予支持”。

此外，2012 年中央纪委、中央组织部、国务院国资委、监察部、全国总工会、全国工商联六部门联合印发的《企业民主管理规定》第三条规定，“职工代表大会（或职工大会，下同）是职工行使民主管理权力的机构，是企业民主管理的基本形式。企业应当按照合法、有序、公开、公正的原则，建立以职工代表大会为基本形式的民主管理制度，实行厂务公开，推行民主管理。公司制企业（以下简称公司）应当依法建立职工董事、职工监事制度”。第十三条规定，“职工代表大会行使下列职权：（一）听取企业主要负责人关于企业发展规划、年度生产经营管理情况，企业改革和制定重要规章制度情况，企业用工、劳动合同和集体合同签订履行情况，企业安全生产情况，企业缴纳社会保险费和住房公积金情况等报告，提出意见和建议；审议企业制定、修改或者决定的有关劳动报酬、工作时间、休息休假、劳动安全卫生、保险福利、职工培训、劳动纪律以及劳动定额管理等直接涉及劳动者切身利益的规章制度或者重大事项方案，提出意见和建议”。第三十一条规定，“企业应当建立和实行厂务公开制度，通过职工代表大会和其他形式，将企业生产经营管理的重大事项、涉及职工切身利益的规章制度和经营管理人员廉洁从业相关情况，按照一定程序向职工公开，听取职工意见，接受职工监督”。第三十四条规定，“企业应当向职工公开下列事项：……（三）集体合同文本和劳动规章制度的内容”。

48 关于民主管理对用人单位主要有哪些规定?

《工会法》第六条第三款规定，“工会依照法律规定通过职工代表大会或者其他形式，组织职工参与本单位的民主选举、民主协商、民主决策、民主管理和民主监督”。第二十条规定，“企业、事业单位、社会组织违反职工代表大会制度和其他民主管理制度，工会有权要求纠正，保障职工依法行使民主管理的权利。法律、法规规定应当提交职工大会或者职工代表大会审议、通过、决定的事项，企业、事业单位、社会组织应当依法办理”。第三十六条规定，“国有企业职工代表大会是企业实行民主管理的基本形式，是职工行使民主管理权力的机构，依照法律规定行使职权。国有企业的工会委员会是职工代表大会的工作机构，负责职工代表大会的日常工作，检查、督促职工代表大会决议的执行”。第三十七条规定，“集体企业的工会委员会，应当支持和组织职工参加民主管理和民主监督，维护职工选举和罢免管理人员、决定经营管理的重大问题的权力”。第三十八条规定，“本法第三十六条、第三十七条规定以外的其他企业、事业单位的工会委员会，依照法律规定组织职工采取与企业、事业单位相适应的形式，参与企业、事业单位民主管理”。

《公司法》第十七条第二款、第三款规定，“公司依照宪法和有关法律的规定，建立健全以职工代表大会为基本形式的民主管理制度，通过职工代表大会或者其他形式，实行民主管理。公司研究决定改制、解散、申请破产以及经营方面的重大问题、制定重要的规章制度时，应当听取公司工会的意见，并通过职工代表大会或者其他形式听取职工的意见和建议”。

此外，2012年中央纪委、中央组织部、国务院国资委、监察部、全国总工会、全国工商联六部门联合印发的《企业民主管理规定》第三条规定，“职工代表大会（或职工大会，下同）是职工行使民主管理权力的机构，是企业民主管理的基本形式。企业应当按照合法、有序、公开、公正的原则，建立以职工代表大会为基本形式的民主管理制度，实行厂务公开，推行民主管理。公司制企业（以下简称公司）应当依法建立职工董事、职工监事制度。企业应当尊重和保障职工依法享有的知情权、参与权、表达权和监督权等民主权利，支持职工参加企业管理活动。”

49 关于重大改革调整对用人单位主要有哪些规定?

《工会法》第三十九条规定，“企业、事业单位、社会组织研究经营管理和发展的重大问题应当听取工会的意见；召开会议讨论有关工资、福利、劳动安全卫生、工作时间、休息休假、女职工保护和社会保险等涉及职工切身利益的问题，必须有工会代表参加。企业、事业单位、社会组织应当支持工会依法开展工作，工会应当支持企业、事业单位、社会组织依法行使经营管理权”。

《公司法》第十七条规定，“公司职工依照《中华人民共和国工会法》组织工会，开展工会活动，维护职工合法权益。公司应当为本公司工会提供必要的活动条件。公司工会代表职工就职工的劳动报酬、工作时间、休息休假、劳动安全卫生和保险福利等事项依法与公司签订集体合同。公司依照宪法和有关法律的规定，建立健全以职工代表大会为基本形式的民主管理制度，通过职工代表大会或者其他形式，实行民主管理。公司研究决定改制、解散、申请破产以及经营方面的重大问题、制定重要的规章制度时，应当听取公司工会的意见，并通过职工代表大会或者其他形式听取职工的意见和建议”。

《劳动合同法》第四条规定，“用人单位应当依法建立和完善劳动规章制度，保障劳动者享有劳动权利、履行劳动义务。用人单位在制定、修改或者决定有关劳动报酬、工作时间、休息休假、劳动安全卫生、保险福利、职工培训、劳动纪律以及劳动定额管理等直接涉及劳动者切身利益的规章制度或者重大事项时，应当经职工代表大会或者全体职工讨论，提出方案和意见，与工会或者职工代表平等协商确定。在规章制度和重大事项决定实施过程中，工会或者职工认为不适当的，有权向用人单位提出，通过协商予以修改完善。用人单位应当将直接涉及劳动者切身利益的规章制度和重大事项决定公示，或者告知劳动者”。

《企业国有资产法》第三十七条规定，“国家出资企业的合并、分立、改制、解散、申请破产等重大事项，应当听取企业工会的意见，并通过职工代表大会或者其他形式听取职工的意见和建议”。第四十一条规定，“企业改制应当制定改制方案，载明改制后的企业组织形式、企业资产和债权债务处理方案、股权变动方案、改制的操作程序、资产评估和财务审计等中介机构的选聘等事项。企业改制涉及重新安置企业职工的，还应当制定职工安置方案，并经职工代表大会或者职工大会审议通过”。

此外，2012 年中央纪委、中央组织部、国务院国资委、监察部、全国总工会、全国工商联六部门联合印发的《企业民主管理规定》第三十一条规定，“企业应当建立和实行厂务公开制度，通过职工代表大会和其他形式，将企业生产经营管理的重大事项、涉及职工切身利益的规章制度和经营管理人员廉洁从业相关情况，按照一定程序向职工公开，听取职工意见，接受职工监督”。

第五章 监督保障

50 工会劳动法律监督活动经费如何解决？

中国工会的基本职责是维护职工合法权益、竭诚服务职工群众。《工会法》第四十三条规定，“工会经费主要用于为职工服务和工会活动。经费使用的具体办法由中华全国总工会制定”。依法开展劳动法律监督是工会维护职工群众合法权益的重要手段。2019 年全国总工会印发的《工会预算管理办法》第二十八条规定，各级工会支出预算的编制，应当重点支持维护职工权益、为职工服务和工会活动等工会中心工作。2017 年全国总工会印发的《基层工会经费收支管理办法》第七条规定，“基层工会经费支出范围包括：职工活动支出、维权支出、业务支出、资本性支出、事业支出和其他支出”。据此，《办法》第二十八条规定，“工会开展劳动法律监督活动所需经费纳入本级工会预算”。各级工会应当将劳动法律监督活动所需经费纳入本级工会预算，为劳动法律监督活动开展提供充足的经费保障。

根据有关法律和文件规定，参考地方实践，工会劳动法律监督支出一般包括以下几个方面：（一）工会劳动法律监督组织开展工会劳动法律监督工作所需的行政管理、后勤保障等各项日常支出，包括购买办公用品、差旅费等。（二）各级工会培训工会劳动法律监督员、加强业务能力建设及开展业务工作所发生的各项支出，如会议费、场地费用、讲课费、食宿费等必需的培训费用等。（三）工会劳动法律监督活动费用如工会劳动法律监督员开展劳动法律监督调查时发生的调查费用，工会劳动法律监督组织代表职工与用人单位沟通协商时发生的合理费用，工会对用人单位遵守执行国家有关劳动法律法规情况开展的专项劳动法律监督检查、专题调研等活动的支出等。（四）工会通过聘请律师、购买服务等方式为工会劳动法律监督委员会提供法律服务支出的费用等。（五）地方工会结合实际建立的非公有制企业工会劳动法律监督员配套补助制度所需的费用等。

51 地方工会是否可以建立工会劳动法律监督员配套补助制度？

建立配套补助制度是保障工会劳动法律监督工作顺利开展和激发广大工会劳动法律监督员工作积极性的重要举措。上海、福建等一些地方工会先行先试，对补贴范围、补贴对象、补贴标准、补贴管理作出具体规定，激发了工会劳动法律监督员的工作热情，取得良好效果。如《上海工会劳动法律监督办案补贴办法（试行）》规定，“下列工会劳动法律监督员经培训考核合格，持有工会劳动法律监督证件，在接受工会指派实施工会劳动法律监督后，可申请办案补贴：（一）市、区局（产业）工会不具有公务员、事业编制身份的工作人员；（二）为工会提供法律监督服务的社会律师；（三）受指派办理劳动法律监督案件的劳动关系协调员、劳动监察协管员、社会化工作者”，“本市工会劳动法律监督案件的办案补贴，纳入市总工会劳动关系工作部工会劳动法律监督工作预算管理”。《福建省工会劳动法律监督条例》第十七条规定，“工会应当将实施工会劳动法律监督所需的各项经费依法纳入本级工会预算，给予基层工会劳动法律监督员适当补助”。《内蒙古自治区工会劳动法律监督条例》第三十一条规定，“基层工会可以给予工会劳动法律监督员适当工作补助；根据劳动法律监督成效，给予工会劳动法律监督员表彰和奖励”。

考虑到地方工会劳动法律监督员从事劳动法律监督属本职工作，不宜额外发放补助。参考地方工会有关实践做法，为提高非公有制企业工会劳动法律监督员的工作积极性，《办法》第二十九条规定，“地方工会可以结合实际，建立非公有制企业工会劳动法律监督员配套补助制度”。

52 各级工会如何保障工会劳动法律监督员履职尽责？

根据《办法》规定，工会劳动法律监督委员会可以聘任若干劳动法律监督员。工会劳动法律监督员是工会劳动法律监督活动的具体执行者。工会应当通过各种方式，为工会劳动法律监督员履职尽责提供支持和保障。《办法》第三十条明确规定，各级工会应当为工会劳动法律监督员履职提供必要条件。根据有关规定和实践，主要包括以下几个方面。

（1）各级工会应当为工会劳动法律监督员提供培训机会，提高其履职能力。工会劳动法律监督员的能力素质直接影响到工会劳动法律监督职能的实现。《办法》第十八条规定了工会劳动法律监督员实行先培训合格、后持证上岗制度。各级工会应当定期组织工会劳动法律监督员进行培训，不断提高其开展工会劳动法律监督的能力。

（2）各级工会应当保障工会劳动法律监督员开展工作所需的硬件保障、工作时间等必要条件。开展劳动法律监督，如果没有必要的硬件保障，就很难适应客观形势发展的需要。基层工会劳动法律监督员开展劳动法律监督需要占用工作时间的，可以参照适用《工会法》对工会工作人员的规定。

（3）各级工会对因依法履职受到用人单位打击报复的工会劳动法律监督员，应当及时给予支持帮助。《办法》第三十条规定，“工会劳动法律监督员因依法履职受到打击报复的，有权向本级或上级工会反映，上级工会应当及时给予支持和帮助，依法维护其合法权益”。工会劳动法律监督员在开展监督工作过程中，有可能遭受打击报复或者其他不公正待遇。对此，工会必须旗帜鲜明地维护劳动法律监督员的合法权益，承担起支持和帮助的职责，有效解决工会劳动法律监督员的后顾之忧。

53 用人单位拒绝配合工会劳动法律监督员调查可能承担哪些法律责任?

我国工会的基本职责是维护职工合法权益、竭诚服务职工群众。依法开展劳动法律监督是工会维护职工群众合法权益的重要途径。调查取证是法律赋予工会的职责和权力，是工会深入全面了解用人单位遵守执行劳动法律法规情况的必要手段。《工会法》第二十六条规定，“工会有权对企业、事业单位、社会组织侵犯职工合法权益的问题进行调查，有关单位应当予以协助”。实践中，很多用人单位法治意识淡薄，抵触或拒绝配合调查，拒不提供有关材料，甚至伪造、隐匿、销毁有关证据。依法追究用人单位拒绝配合工会劳动法律监督员调查的法律责任是保障工会劳动法律监督工作取得实效的重要途径，也有利于促进劳动法律法规的贯彻实施。《工会法》第五十四条规定，妨碍工会参加职工因工伤亡事故以及其他侵犯职工合法权益问题的调查处理的，由县级以上人民政府责令改正，依法处理。各地已制定出台的工会劳动法律监督条例对用人单位拒绝配合工会劳动法律监督员调查的法律责任同样有明确规定。如《福建省工会劳动法律监督条例》第二十七条规定，“用人单位伪造、隐匿、毁灭或者拒绝提供资料的，由人力资源和社会保障部门责令限期改正；逾期不改正的，由人力资源和社会保障部门对其处以二千元以上二万元以下罚款”。

54 用人单位打击报复依法履职的工会劳动法律监督员可能承担哪些法律责任？

依法开展劳动法律监督是工会维护职工群众合法权益的重要手段。工会干部和工会劳动法律监督员在开展劳动法律监督、依法维护职工合法权益时，可能与用人单位发生矛盾，受到用人单位的打击报复。如用人单位以各种理由解除工会劳动法律监督员的劳动合同，或者将其调离原工作岗位，或者降低其工资待遇等。有的用人单位甚至对依法履职的工会劳动法律监督员进行侮辱、诽谤、殴打或者故意伤害。

对此，按照《工会法》等法律法规的相关规定，用人单位需承担相应的法律责任。对于同时担任用人单位工会主席、副主席的工会劳动法律监督员，《工会法》第十八条规定，“工会主席、副主席任期未满时，不得随意调动其工作。因工作需要调动时，应当征得本级工会委员会和上一级工会的同意”。对于身为工会工作人员的劳动法律监督员，《工会法》第五十二条规定，“违反本法规定，对依法履行职责的工会工作人员无正当理由调动工作岗位，进行打击报复的，由劳动行政部门责令改正、恢复原工作；造成损失的，给予赔偿。对依法履行职责的工会工作人员进行侮辱、诽谤或者进行人身伤害，构成犯罪的，依法追究刑事责任；尚未构成犯罪的，由公安机关依照治安管理处罚法的规定处罚”。依照《工会法》第五十三条的规定，工会工作人员因履行《工会法》规定的职责而被解除劳动合同的，由劳动行政部门责令恢复其工作，并补发被解除劳动合同期间应得的报酬，或者责令给予本人年收入二倍的赔偿。

广东、江苏、云南、浙江、江西、福建、河北、安徽、天津、内蒙古、山东等地方人大制定的工会劳动法律监督条例均注重保障工会劳动法律监督员依法履职，明确规定用人单位打击报复依法履职的工会劳动法律监督员应当承担的法律责任。如《河北省工会劳动法律监督条例》第三十条规定，“用人单位应当提供必要条件，保障工会劳动法律监督委员会委员、工会劳动法律监督员依法履行监督职责，不得通过无正当理由调动工作岗位、扣减工资福利、降低职级、免除职务、解除劳动合同等方式进行打击报复。”第三十三条规定，“用人单位违反本条例第三十条规定，对依法履行职责的工会劳动法律监督委员会委员、工会劳动法律监督员进行打击报复的，由县级以上人民政府人力资源和社会保障部门责令改正；造成损失的，依法承担赔偿责任。对依法履行职责的工会劳动法律监督委员会委员、工会劳动法律监督员进行侮辱、诽谤、殴打或者故意伤害的，由公安机关依照《中华人民共和国治安管理处罚法》的规定处罚；构成犯罪的，依法追究刑事责任。”

55 工会如何维护受到用人单位打击报复的工会劳动法律监督员的合法权益？

工会劳动法律监督员在开展劳动法律监督工作、维护职工合法权益时，可能受到用人单位的打击报复，面临自身权益如何得到保障的难题。工会劳动法律监督员受到用人单位的打击报复，如果不加以解决，就会直接影响到工会劳动法律监督员的积极性和监督员队伍的稳定，直接影响到工会劳动法律监督工作开展。工会只有依法维护和保障工会劳动法律监督员的合法权益，才能解决工会劳动法律监督员依法开展工作的后顾之忧。

《办法》第三十条规定，“工会劳动法律监督员因依法履职受到打击报复的，有权向本级或上级工会反映，上级工会应当及时给予支持和帮助，依法维护其合法权益”。接到反映后，本级工会和上级工会应当对有关情况积极进行调查核实，主动与用人单位进行交涉。可以向人社部门劳动保障监察机构发出建议，提请依法对用人单位进行查处。必要时，可以为合法权益受到侵害的工会劳动法律监督员指定工会法律援助律师，帮助其通过法律途径维护自身权益。

如《无锡市工会劳动法律监督条例》规定，用人单位阻挠工会劳动法律监督工作、拒绝工会劳动法律监督员进行监督检查和调查、取证，或者对工会劳动法律监督员和举报人打击报复的，工会可以向有关行政部门提出《工会劳动法律监督建议书》，由有关行政部门责令改正，并视情节轻重，依法作出处理。同级人民政府有关行政部门应当在收到《工会劳动法律监督建议书》之日起十五个工作日内将处理情况书面告知工会。

56 工会劳动法律监督员履职不当应当承担哪些责任？

《办法》没有对工会劳动法律监督员履职不当作出直接规定。《工会法》第五十六条规定，“工会工作人员违反本法规定，损害职工或者工会权益的，由同级工会或者上级工会责令改正，或者予以处分；情节严重的，依照《中国工会章程》予以罢免；造成损失的，应当承担赔偿责任；构成犯罪的，依法追究刑事责任”。依照此规定，对于损害职工或者工会权益情节严重的工会劳动法律监督员，应当由原聘任单位，在查清问题明确责任的基础上，免除其工会劳动法律监督员资格，由发证单位收回《其工会劳动法律监督员证书》。构成犯罪的，依法追究刑事责任。

江苏、云南、浙江、江西、福建、安徽、河北、天津、内蒙古等地方人大制定的《工会劳动法律监督条例》中，明确规定了工会劳动法律监督员不当履职，侵害职工或者用人单位合法权益需要承担的法律责任。《福建省工会劳动法律监督条例》第二十九条规定，“工会劳动法律监督员违反本条例规定，损害职工或者用人单位合法权益的，由本级工会责令改正；情节严重的，撤销其工会劳动法律监督员资格，收回《工会劳动法律监督员证》，不得再次担任工会劳动法律监督员；因故意或者重大过失，造成用人单位直接经济损失的，应当依法承担相应的法律责任”。《河北省工会劳动法律监督条例》第三十四条规定，“工会劳动法律监督委员会委员、工会劳动法律监督员违反本条例规定，损害职工或者用人单位合法权益的，由同级工会责令改正；造成损失的，依法承担法律责任”。《内蒙古自治区工会劳动法律监督条例》第三十六条规定，“违反本条例规定，工会劳动法律监督员损害职工或者用人单位合法权益的，由所在工会责令改正；情节严重的，取消其工会劳动法律监督员资格，收回《工会劳动法律监督员证》；造成损失的，依法承担民事责任”。

第六章　附　则

57 《工会劳动法律监督办法》由谁负责解释？

《办法》属于规范性文件。准确把握规范性文件制定的目的和宗旨，统一对规范性文件条文词语的理解，实现规范性文件适用的准确一致，才能真正达到规范性文件制定机关所预期的社会效果。规范性文件在具体贯彻落实中，由于各地现实情况千差万别，需要对规范性文件进行解释。一般而言，规范性文件的解释权属于规范性文件制定机关。《办法》是由全国总工会制定并印发的，《办法》第三十一条规定，“本办法由中华全国总工会负责解释”。各级地方工会在贯彻落实《办法》中遇到条文理解适用问题，应当提请全国总工会解释，具体工作由全国总工会法律工作部门负责。

58 《工会劳动法律监督办法》从什么时候开始施行？

1995 年 8 月，为履行工会对劳动法律法规执行情况进行监督的职责，维护劳动者的合法权益，协调劳动关系，促进企业发展，根据《宪法》《劳动法》《工会法》等法律规定，全国总工会制定了《工会劳动法律监督试行办法》，对工会劳动法律监督的依据、概念、原则、方式、内容、组织等作出规定。近年来，由于工会劳动法律监督实践不断发展，《工会劳动法律监督试行办法》有关内容已不能满足实际需要，亟须修改完善。为适应形势任务发展需要，进一步加强工会劳动法律监督工作，在深入调研的基础上，2021年2月全国总工会对1995年印发的试行办法进行了修订，起草形成了《办法》。2024年初，随着国家法律法规政策和地方相关专项立法的完善，对于工会针对平台企业用工、特殊群体劳动权益保护等情况的劳动法律监督，特别是对于“一函两书”的运用，需要以规范性文件形式予以明确，全国总工会对《办法》的部分条文进行了修改。修改后的《办法》经中华全国总工会第十八届书记处第8次会议审议通过，于2024年2月27日印发，并于印发之日起开始施行。

59 全国已有哪些省（区、市）制定了工会劳动法律监督地方性法规？

近年来，全国各地工会积极推动和参与地方人大立法工作，在工会劳动法律监督立法方面不断取得新的进展，立法质量水平不断提升。截至2024年9月，已有广东（2000年12月）、江苏（2012年1月）、云南（2016年3月）、浙江（2016年9月）、江西（2017年5月）、福建（2017年7月）、河北（2018年7月）、安徽（2019年12月）、天津（2020年12月）、内蒙古（2021年3月）、山东（2021年7月）、湖南（2022年9月）、湖北（2024年9月）、陕西（2024年9月）等14个省（区、市）人大先后出台了工会劳动法律监督条例。总体来看，各地立法以《劳动法》《工会法》等为基本遵循，同时参照全国总工会《工会劳动法律监督办法》等相关文件规定，在立法宗旨、适用范围、体例结构上大体一致，对监督的主体、职责、程序、协作机制及法律责任等内容作了规定，旨在推动各级工会规范有效行使劳动法律监督权利。各地在立法时也注意结合本地经济社会发展现状和工会工作实际，对部分监督事项作了不同规定。这些地方工会劳动法律监督立法突出了推动劳动法律贯彻实施、构建和谐稳定劳动关系的主线。注重健全组织架构、完善工作机制、强化履职保障，力求构建覆盖全面、职责明确、措施可行、协作良好的系统完整的工作体系，从而实现工会劳动法律监督有法可依、有招可用、层层推进、贯穿始终、落到实处。强调采取预防为主、前后延伸、统筹兼顾、刚柔并济的监督方式，从而依法有效、快速妥善预防化解劳动纠纷，更好地维护劳动者合法权益，最大限度地促进劳动关系和谐稳定和经济社会健康发展。

60 如何贯彻落实《工会劳动法律监督办法》？

随着社会主义市场经济体制的不断完善，职工队伍和劳动关系发生了深刻变化，影响劳动者权益实现的不稳定、不确定因素增多，这些都对工会劳动法律监督工作提出了新要求。各级工会应当切实增强做好工会劳动法律监督工作的责任感使命感，结合地方实际，认真学习宣传贯彻落实《工会劳动法律监督办法》。

（1）运用多种形式，广泛宣传《办法》。注重宣传工会劳动法律监督工作在促进用人单位规范劳动用工、推动构建和谐劳动关系、营造稳定社会环境等方面发挥的积极作用，引导用人单位依法用工，引导职工依法理性表达合理诉求。

（2）结合本地区实际，制定具体实施细则。我国幅员辽阔，各地经济社会发展水平参差不齐，职工和用人单位法治意识有差异，各地工会工作面临的实际问题多样。各省、自治区、直辖市总工会可以在深入学习理解《办法》的基础上，结合本地区工会劳动法律监督工作实际制定《办法》的具体实施细则，特别是地方人大尚未制定出台工会劳动法律监督条例的有关省、自治区、直辖市。

（3）加强工会劳动法律监督队伍建设，扎实开展工会劳动法律监督工作。把工会劳动法律监督纳入工会干部培训内容，扩大培训覆盖，提升工会劳动法律监督员能力素质。不断创新工作方式方法，推动工会劳动法律监督工作提质增效，切实维护职工群众劳动经济、民主参与、人格尊严等方面的合法权益。

（4）建立协作联动机制，提升监督工作实效。主动争取参与地方人大执法检查、政协委员视察，加强与人社、法院、检察院等单位的用人单位劳动用工违法行为信息共享、劳动法律法规实施情况联合督查调研、劳动矛盾纠纷共同协调处置等，促进工会劳动法律监督与其他监督形式的有效衔接。

（5）积极宣传推广典型经验，开展相关理论政策研究。建立健全工作激励机制，及时宣传报道工会劳动法律监督工作中的先进做法和典型案例。召开工作研讨交流会，组织有关专家学者、工会干部就工会劳动法律监督工作中的创新做法、取得成效、存在问题等开展深入交流，为工会劳动法律监督创新发展提出对策建议。

（6）强化大数据应用，为监督工作赋能。各省级总工会可以根据本地区实际推进工会数字化建设，推动构建“一函两书”工作数据库，为工会劳动法律监督工作的开展提供数据支撑。

第三部分 附　录

中华人民共和国工会法

（1992 年 4 月 3 日第七届全国人民代表大会第五次会议通过　根据 2001 年 10 月 27 日第九届全国人民代表大会常务委员会第二十四次会议《关于修改〈中华人民共和国工会法〉的决定》第一次修正　根据 2009 年 8 月 27 日第十一届全国人民代表大会常务委员会第十次会议《关于修改部分法律的决定》第二次修正　根据 2021 年 12 月 24 日第十三届全国人民代表大会常务委员会第三十二次会议《关于修改〈中华人民共和国工会法〉的决定》第三次修正）

目　录

第一章　总　则

第一条　为保障工会在国家政治、经济和社会生活中的地位，确定工会的权利与义务，发挥工会在社会主义现代化建设事业中的作用，根据宪法，制定本法。

第二条 工会是中国共产党领导的职工自愿结合的工人阶级群众组织，是中国共产党联系职工群众的桥梁和纽带。

中华全国总工会及其各工会组织代表职工的利益，依法维护职工的合法权益。

第三条 在中国境内的企业、事业单位、机关、社会组织（以下统称用人单位）中以工资收入为主要生活来源的劳动者，不分民族、种族、性别、职业、宗教信仰、教育程度，都有依法参加和组织工会的权利。任何组织和个人不得阻挠和限制。

工会适应企业组织形式、职工队伍结构、劳动关系、就业形态等方面的发展变化，依法维护劳动者参加和组织工会的权利。

第四条 工会必须遵守和维护宪法，以宪法为根本的活动准则，以经济建设为中心，坚持社会主义道路，坚持人民民主专政，坚持中国共产党的领导，坚持马克思列宁主义、毛泽东思想、邓小平理论、“三个代表”重要思想、科学发展观、习近平新时代中国特色社会主义思想，坚持改革开放，保持和增强政治性、先进性、群众性，依照工会章程独立自主地开展工作。

工会会员全国代表大会制定或者修改《中国工会章程》，章程不得与宪法和法律相抵触。

国家保护工会的合法权益不受侵犯。

第五条 工会组织和教育职工依照宪法和法律的规定行使民主权利，发挥国家主人翁的作用，通过各种途径和形式，参与管理国家事务、管理经济和文化事业、管理社会事务；协助人民政府开展工作，维护工人阶级领导的、以工农联盟为基础的人民民主专政的社会主义国家政权。

第六条 维护职工合法权益、竭诚服务职工群众是工会的基本职责。工会在维护全国人民总体利益的同时，代表和维护职工的合法权益。

工会通过平等协商和集体合同制度等，推动健全劳动关系协调机制，维护职工劳动权益，构建和谐劳动关系。

工会依照法律规定通过职工代表大会或者其他形式，组织职工参与本单位的民主选举、民主协商、民主决策、民主管理和民主监督。

工会建立联系广泛、服务职工的工会工作体系，密切联系职工，听取和反映职工的意见和要求，关心职工的生活，帮助职工解决困难，全心全意为职工服务。

第七条 工会动员和组织职工积极参加经济建设，努力完成生产任务和工作任务。教育职工不断提高思想道德、技术业务和科学文化素质，建设有理想、有道德、有文化、有纪律的职工队伍。

第八条 工会推动产业工人队伍建设改革，提高产业工人队伍整体素质，发挥产业工人骨干作用，维护产业工人合法权益，保障产业工人主人翁地位，造就一支有理想守信念、懂技术会创新、敢担当讲奉献的宏大产业工人队伍。

第九条 中华全国总工会根据独立、平等、互相尊重、互不干涉内部事务的原则，加强同各国工会组织的友好合作关系。

第二章 工会组织

第十条 工会各级组织按照民主集中制原则建立。

各级工会委员会由会员大会或者会员代表大会民主选举产生。企业主要负责人的近亲属不得作为本企业基层工会委员会成员的人选。

各级工会委员会向同级会员大会或者会员代表大会负责并报告工作，接受其监督。

工会会员大会或者会员代表大会有权撤换或者罢免其所选举的代表或者工会委员会组成人员。

上级工会组织领导下级工会组织。

第十一条 用人单位有会员二十五人以上的，应当建立基层工会委员会；不足二十五人的，可以单独建立基层工会委员会，也可以由两个以上单位的会员联合建立基层工会委员会，也可以选举组织员一人，组织会员开展活动。女职工人数较多的，可以建立工会女职工委员会，在同级工会领导下开展工作；女职工人数较少的，可以在工会委员会中设女职工委员。

企业职工较多的乡镇、城市街道，可以建立基层工会的联合会。

县级以上地方建立地方各级总工会。

同一行业或者性质相近的几个行业，可以根据需要建立全国的或者地方的产业工会。

全国建立统一的中华全国总工会。

第十二条　基层工会、地方各级总工会、全国或者地方产业工会组织的建立，必须报上一级工会批准。

上级工会可以派员帮助和指导企业职工组建工会，任何单位和个人不得阻挠。

第十三条　任何组织和个人不得随意撤销、合并工会组织。

基层工会所在的用人单位终止或者被撤销，该工会组织相应撤销，并报告上一级工会。

依前款规定被撤销的工会，其会员的会籍可以继续保留，具体管理办法由中华全国总工会制定。

第十四条　职工二百人以上的企业、事业单位、社会组织的工会，可以设专职工会主席。工会专职工作人员的人数由工会与企业、事业单位、社会组织协商确定。

第十五条　中华全国总工会、地方总工会、产业工会具有社会团体法人资格。

基层工会组织具备民法典规定的法人条件的，依法取得社会团体法人资格。

第十六条　基层工会委员会每届任期三年或者五年。各级地方总工会委员会和产业工会委员会每届任期五年。

第十七条 基层工会委员会定期召开会员大会或者会员代表大会，讨论决定工会工作的重大问题。经基层工会委员会或者三分之一以上的工会会员提议，可以临时召开会员大会或者会员代表大会。

第十八条 工会主席、副主席任期未满时，不得随意调动其工作。因工作需要调动时，应当征得本级工会委员会和上一级工会的同意。

罢免工会主席、副主席必须召开会员大会或者会员代表大会讨论，非经会员大会全体会员或者会员代表大会全体代表过半数通过，不得罢免。

第十九条 基层工会专职主席、副主席或者委员自任职之日起，其劳动合同期限自动延长，延长期限相当于其任职期间；非专职主席、副主席或者委员自任职之日起，其尚未履行的劳动合同期限短于任期的，劳动合同期限自动延长至任期期满。但是，任职期间个人严重过失或者达到法定退休年龄的除外。

第三章 工会的权利和义务

第二十条 企业、事业单位、社会组织违反职工代表大会制度和其他民主管理制度，工会有权要求纠正，保障职工依法行使民主管理的权利。

法律、法规规定应当提交职工大会或者职工代表大会审议、通过、决定的事项，企业、事业单位、社会组织应当依法办理。

第二十一条 工会帮助、指导职工与企业、实行企业化管理的事业单位、社会组织签订劳动合同。

工会代表职工与企业、实行企业化管理的事业单位、社会组织进行平等协商，依法签订集体合同。集体合同草案应当提交职工代表大会或者全体职工讨论通过。

工会签订集体合同，上级工会应当给予支持和帮助。

企业、事业单位、社会组织违反集体合同，侵犯职工劳动权益的，工会可以依法要求企业、事业单位、社会组织予以改正并承担责任；因履行集体合同发生争议，经协商解决不成的，工会可以向劳动争议仲裁机构提请仲裁，仲裁机构不予受理或者对仲裁裁决不服的，可以向人民法院提起诉讼。

第二十二条 企业、事业单位、社会组织处分职工，工会认为不适当的，有权提出意见。

用人单位单方面解除职工劳动合同时，应当事先将理由通知工会，工会认为用人单位违反法律、法规和有关合同，要求重新研究处理时，用人单位应当研究工会的意见，并将处理结果书面通知工会。

职工认为用人单位侵犯其劳动权益而申请劳动争议仲裁或者向人民法院提起诉讼的，工会应当给予支持和帮助。

第二十三条 企业、事业单位、社会组织违反劳动法律法规规定，有下列侵犯职工劳动权益情形，工会应当代表职工与企业、事业单位、社会组织交涉，要求企业、事业单位、社会组织采取措施予以改正；企业、事业单位、社会组织应当予以研究处理，并向工会作出答复；企业、事业单位、社会组织拒不改正的，工会可以提请当地人民政府依法作出处理：

（一）克扣、拖欠职工工资的；

（二）不提供劳动安全卫生条件的；

（三）随意延长劳动时间的；

（四）侵犯女职工和未成年工特殊权益的；

（五）其他严重侵犯职工劳动权益的。

第二十四条 工会依照国家规定对新建、扩建企业和技术改造工程中的劳动条件和安全卫生设施与主体工程同时设计、同时施工、同时投产使用进行监督。对工会提出的意见，企业或者主管部门应当认真处理，并将处理结果书面通知工会。

第二十五条 工会发现企业违章指挥、强令工人冒险作业，或者生产过程中发现明显重大事故隐患和职业危害，有权提出解决的建议，企业应当及时研究答复；发现危及职工生命安全的情况时，工会有权向企业建议组织职工撤离危险现场，企业必须及时作出处理决定。

第二十六条 工会有权对企业、事业单位、社会组织侵犯职工合法权益的问题进行调查，有关单位应当予以协助。

第二十七条 职工因工伤亡事故和其他严重危害职工健康问题的调查处理，必须有工会参加。工会应当向有关部门提出处理意见，并有权要求追究直接负责的主管人员和有关责任人员的责任。对工会提出的意见，应当及时研究，给予答复。

第二十八条 企业、事业单位、社会组织发生停工、怠工事件，工会应当代表职工同企业、事业单位、社会组织或者有关方面协商，反映职工的意见和要求并提出解决意见。对于职工的合理要求，企业、事业单位、社会组织应当予以解决。工会协助企业、事业单位、社会组织做好工作，尽快恢复生产、工作秩序。

第二十九条 工会参加企业的劳动争议调解工作。

地方劳动争议仲裁组织应当有同级工会代表参加。

第三十条 县级以上各级总工会依法为所属工会和职工提供法律援助等法律服务。

第三十一条 工会协助用人单位办好职工集体福利事业，做好工资、劳动安全卫生和社会保险工作。

第三十二条 工会会同用人单位加强对职工的思想政治引领，教育职工以国家主人翁态度对待劳动，爱护国家和单位的财产；组织职工开展群众性的合理化建议、技术革新、劳动和技能竞赛活动，进行业余文化技术学习和职工培训，参加职业教育和文化体育活动，推进职业安全健康教育和劳动保护工作。

第三十三条 根据政府委托，工会与有关部门共同做好劳动模范和先进生产（工作）者的评选、表彰、培养和管理工作。

第三十四条 国家机关在组织起草或者修改直接涉及职工切身利益的法律、法规、规章时，应当听取工会意见。

县级以上各级人民政府制定国民经济和社会发展计划，对涉及职工利益的重大问题，应当听取同级工会的意见。

县级以上各级人民政府及其有关部门研究制定劳动就业、工资、劳动安全卫生、社会保险等涉及职工切身利益的政策、措施时，应当吸收同级工会参加研究，听取工会意见。

第三十五条 县级以上地方各级人民政府可以召开会议或者采取适当方式，向同级工会通报政府的重要的工作部署和与工会工作有关的行政措施，研究解决工会反映的职工群众的意见和要求。

各级人民政府劳动行政部门应当会同同级工会和企业方面代表，建立劳动关系三方协商机制，共同研究解决劳动关系方面的重大问题。

第四章 基层工会组织

第三十六条 国有企业职工代表大会是企业实行民主管理的基本形式，是职工行使民主管理权力的机构，依照法律规定行使职权。

国有企业的工会委员会是职工代表大会的工作机构，负责职工代表大会的日常工作，检查、督促职工代表大会决议的执行。

第三十七条 集体企业的工会委员会，应当支持和组织职工参加民主管理和民主监督，维护职工选举和罢免管理人员、决定经营管理的重大问题的权力。

第三十八条 本法第三十六条、第三十七条规定以外的其他企业、事业单位的工会委员会，依照法律规定组织职工采取与企业、事业单位相适应的形式，参与企业、事业单位民主管理。

第三十九条 企业、事业单位、社会组织研究经营管理和发展的重大问题应当听取工会的意见；召开会议讨论有关工资、福利、劳动安全卫生、工作时间、休息休假、女职工保护和社会保险等涉及职工切身利益的问题，必须有工会代表参加。

企业、事业单位、社会组织应当支持工会依法开展工作，工会应当支持企业、事业单位、社会组织依法行使经营管理权。

第四十条 公司的董事会、监事会中职工代表的产生，依照公司法有关规定执行。

第四十一条 基层工会委员会召开会议或者组织职工活动，应当在生产或者工作时间以外进行，需要占用生产或者工作时间的，应当事先征得企业、事业单位、社会组织的同意。

基层工会的非专职委员占用生产或者工作时间参加会议或者从事工会工作，每月不超过三个工作日，其工资照发，其他待遇不受影响。

第四十二条 用人单位工会委员会的专职工作人员的工资、奖励、补贴，由所在单位支付。社会保险和其他福利待遇等，享受本单位职工同等待遇。

第五章 工会的经费和财产

第四十三条 工会经费的来源：

（一）工会会员缴纳的会费；

（二）建立工会组织的用人单位按每月全部职工工资总额的百分之二向工会拨缴的经费；

（三）工会所属的企业、事业单位上缴的收入；

（四）人民政府的补助；

（五）其他收入。

前款第二项规定的企业、事业单位、社会组织拨缴的经费在税前列支。

工会经费主要用于为职工服务和工会活动。经费使用的具体办法由中华全国总工会制定。

第四十四条 企业、事业单位、社会组织无正当理由拖延或者拒不拨缴工会经费，基层工会或者上级工会可以向当地人民法院申请支付令；拒不执行支付令的，工会可以依法申请人民法院强制执行。

第四十五条 工会应当根据经费独立原则，建立预算、决算和经费审查监督制度。

各级工会建立经费审查委员会。

各级工会经费收支情况应当由同级工会经费审查委员会审查，并且定期向会员大会或者会员代表大会报告，接受监督。工会会员大会或者会员代表大会有权对经费使用情况提出意见。

工会经费的使用应当依法接受国家的监督。

第四十六条 各级人民政府和用人单位应当为工会办公和开展活动，提供必要的设施和活动场所等物质条件。

第四十七条 工会的财产、经费和国家拨给工会使用的不动产，任何组织和个人不得侵占、挪用和任意调拨。

第四十八条 工会所属的为职工服务的企业、事业单位，其隶属关系不得随意改变。

第四十九条 县级以上各级工会的离休、退休人员的待遇，与国家机关工作人员同等对待。

第六章 法律责任

第五十条 工会对违反本法规定侵犯其合法权益的，有权提请人民政府或者有关部门予以处理，或者向人民法院提起诉讼。

第五十一条 违反本法第三条、第十二条规定，阻挠职工依法参加和组织工会或者阻挠上级工会帮助、指导职工筹建工会的，由劳动行政部门责令其改正；拒不改正的，由劳动行政部门提请县级以上人民政府处理；以暴力、威胁等手段阻挠造成严重后果，构成犯罪的，依法追究刑事责任。

第五十二条 违反本法规定，对依法履行职责的工会工作人员无正当理由调动工作岗位，进行打击报复的，由劳动行政部门责令改正、恢复原工作；造成损失的，给予赔偿。

对依法履行职责的工会工作人员进行侮辱、诽谤或者进行人身伤害，构成犯罪的，依法追究刑事责任；尚未构成犯罪的，由公安机关依照治安管理处罚法的规定处罚。

第五十三条 违反本法规定，有下列情形之一的，由劳动行政部门责令恢复其工作，并补发被解除劳动合同期间应得的报酬，或者责令给予本人年收入二倍的赔偿：

（一）职工因参加工会活动而被解除劳动合同的；

（二）工会工作人员因履行本法规定的职责而被解除劳动合同的。

第五十四条 违反本法规定，有下列情形之一的，由县级以上人民政府责令改正，依法处理：

（一）妨碍工会组织职工通过职工代表大会和其他形式依法行使民主权利的；

（二）非法撤销、合并工会组织的；

（三）妨碍工会参加职工因工伤亡事故以及其他侵犯职工合法权益问题的调查处理的；

（四）无正当理由拒绝进行平等协商的。

第五十五条 违反本法第四十七条规定，侵占工会经费和财产拒不返还的，工会可以向人民法院提起诉讼，要求返还，并赔偿损失。

第五十六条 工会工作人员违反本法规定，损害职工或者工会权益的，由同级工会或者上级工会责令改正，或者予以处分；情节严重的，依照《中国工会章程》予以罢免；造成损失的，应当承担赔偿责任；构成犯罪的，依法追究刑事责任。

第七章　附　　则

第五十七条　中华全国总工会会同有关国家机关制定机关工会实施本法的具体办法。

第五十八条　本法自公布之日起施行。1950 年 6 月 29 日中央人民政府颁布的《中华人民共和国工会法》同时废止。

中华人民共和国劳动法

（1994年7月5日第八届全国人民代表大会常务委员会第八次会议通过 根据2009年8月27日第十一届全国人民代表大会常务委员会第十次会议《关于修改部分法律的决定》第一次修正 根据2018年12月29日第十三届全国人民代表大会常务委员会第七次会议《关于修改〈中华人民共和国劳动法〉等七部法律的决定》第二次修正）

目 录

第一章　总　　则

第一条　为了保护劳动者的合法权益，调整劳动关系，建立和维护适应社会主义市场经济的劳动制度，促进经济发展和社会进步，根据宪法，制定本法。

第二条　在中华人民共和国境内的企业、个体经济组织（以下统称用人单位）和与之形成劳动关系的劳动者，适用本法。

国家机关、事业组织、社会团体和与之建立劳动合同关系的劳动者，依照本法执行。

第三条　劳动者享有平等就业和选择职业的权利、取得劳动报酬的权利、休息休假的权利、获得劳动安全卫生保护的权利、接受职业技能培训的权利、享受社会保险和福利的权利、提请劳动争议处理的权利以及法律规定的其他劳动权利。

劳动者应当完成劳动任务，提高职业技能，执行劳动安全卫生规程，遵守劳动纪律和职业道德。

第四条　用人单位应当依法建立和完善规章制度，保障劳动者享有劳动权利和履行劳动义务。

第五条　国家采取各种措施，促进劳动就业，发展职业教育，制定劳动标准，调节社会收入，完善社会保险，协调劳动关系，逐步提高劳动者的生活水平。

第六条　国家提倡劳动者参加社会义务劳动，开展劳动竞赛和合理化建议活动，鼓励和保护劳动者进行科学研究、技术革新和发明创造，表彰和奖励劳动模范和先进工作者。

第七条　劳动者有权依法参加和组织工会。

工会代表和维护劳动者的合法权益，依法独立自主地开展活动。

第八条　劳动者依照法律规定，通过职工大会、职工代表大会或者其他形式，参与民主管理或者就保护劳动者合法权益与用人单位进行平等协商。

第九条 国务院劳动行政部门主管全国劳动工作。

县级以上地方人民政府劳动行政部门主管本行政区域内的劳动工作。

第二章 促进就业

第十条 国家通过促进经济和社会发展，创造就业条件，扩大就业机会。

国家鼓励企业、事业组织、社会团体在法律、行政法规规定的范围内兴办产业或者拓展经营，增加就业。

国家支持劳动者自愿组织起来就业和从事个体经营实现就业。

第十一条 地方各级人民政府应当采取措施，发展多种类型的职业介绍机构，提供就业服务。

第十二条 劳动者就业，不因民族、种族、性别、宗教信仰不同而受歧视。

第十三条 妇女享有与男子平等的就业权利。在录用职工时，除国家规定的不适合妇女的工种或者岗位外，不得以性别为由拒绝录用妇女或者提高对妇女的录用标准。

第十四条 残疾人、少数民族人员、退出现役的军人的就业，法律、法规有特别规定的，从其规定。

第十五条 禁止用人单位招用未满十六周岁的未成年人。

文艺、体育和特种工艺单位招用未满十六周岁的未成年人，必须遵守国家有关规定，并保障其接受义务教育的权利。

第三章 劳动合同和集体合同

第十六条 劳动合同是劳动者与用人单位确立劳动关系、明确双方权利和义务的协议。

建立劳动关系应当订立劳动合同。

第十七条 订立和变更劳动合同，应当遵循平等自愿、协商一致的原则，不得违反法律、行政法规的规定。

劳动合同依法订立即具有法律约束力，当事人必须履行劳动合同规定的义务。

第十八条 下列劳动合同无效：

（一）违反法律、行政法规的劳动合同；

（二）采取欺诈、威胁等手段订立的劳动合同。

无效的劳动合同，从订立的时候起，就没有法律约束力。确认劳动合同部分无效的，如果不影响其余部分的效力，其余部分仍然有效。

劳动合同的无效，由劳动争议仲裁委员会或者人民法院确认。

第十九条 劳动合同应当以书面形式订立，并具备以下条款：

（一）劳动合同期限；

（二）工作内容；

（三）劳动保护和劳动条件；

（四）劳动报酬；

（五）劳动纪律；

（六）劳动合同终止的条件；

（七）违反劳动合同的责任。

劳动合同除前款规定的必备条款外，当事人可以协商约定其他内容。

第二十条 劳动合同的期限分为有固定期限、无固定期限和以完成一定的工作为期限。

劳动者在同一用人单位连续工作满十年以上，当事人双方同意续延劳动合同的，如果劳动者提出订立无固定期限的劳动合同，应当订立无固定期限的劳动合同。

第二十一条 劳动合同可以约定试用期。试用期最长不得超过六个月。

第二十二条 劳动合同当事人可以在劳动合同中约定保守用人单位商业秘密的有关事项。

第二十三条 劳动合同期满或者当事人约定的劳动合同终止条件出现，劳动合同即行终止。

第二十四条 经劳动合同当事人协商一致，劳动合同可以解除。

第二十五条 劳动者有下列情形之一的，用人单位可以解除劳动合同：

（一）在试用期间被证明不符合录用条件的；

（二）严重违反劳动纪律或者用人单位规章制度的；

（三）严重失职，营私舞弊，对用人单位利益造成重大损害的；

（四）被依法追究刑事责任的。

第二十六条 有下列情形之一的，用人单位可以解除劳动合同，但是应当提前三十日以书面形式通知劳动者本人：

（一）劳动者患病或者非因工负伤，医疗期满后，不能从事原工作也不能从事由用人单位另行安排的工作的；

（二）劳动者不能胜任工作，经过培训或者调整工作岗位，仍不能胜任工作的；

（三）劳动合同订立时所依据的客观情况发生重大变化，致使原劳动合同无法履行，经当事人协商不能就变更劳动合同达成协议的。

第二十七条 用人单位濒临破产进行法定整顿期间或者生产经营状况发生严重困难，确需裁减人员的，应当提前三十日向工会或者全体职工说明情况，听取工会或者职工的意见，经向劳动行政部门报告后，可以裁减人员。

用人单位依据本条规定裁减人员，在六个月内录用人员的，应当优先录用被裁减的人员。

第二十八条 用人单位依据本法第二十四条、第二十六条、第二十七条的规定解除劳动合同的，应当依照国家有关规定给予经济补偿。

第二十九条 劳动者有下列情形之一的，用人单位不得依据本法第二十六条、第二十七条的规定解除劳动合同：

（一）患职业病或者因工负伤并被确认丧失或者部分丧失劳动能力的；

（二）患病或者负伤，在规定的医疗期内的；

（三）女职工在孕期、产期、哺乳期内的；

（四）法律、行政法规规定的其他情形。

第三十条 用人单位解除劳动合同，工会认为不适当的，有权提出意见。如果用人单位违反法律、法规或者劳动合同，工会有权要求重新处理；劳动者申请仲裁或者提起诉讼的，工会应当依法给予支持和帮助。

第三十一条 劳动者解除劳动合同，应当提前三十日以书面形式通知用人单位。

第三十二条 有下列情形之一的，劳动者可以随时通知用人单位解除劳动合同：

（一）在试用期内的；

（二）用人单位以暴力、威胁或者非法限制人身自由的手段强迫劳动的；

（三）用人单位未按照劳动合同约定支付劳动报酬或者提供劳动条件的。

第三十三条 企业职工一方与企业可以就劳动报酬、工作时间、休息休假、劳动安全卫生、保险福利等事项，签订集体合同。集体合同草案应当提交职工代表大会或者全体职工讨论通过。

集体合同由工会代表职工与企业签订；没有建立工会的企业，由职工推举的代表与企业签订。

第三十四条 集体合同签订后应当报送劳动行政部门；劳动行政部门自收到集体合同文本之日起十五日内未提出异议的，集体合同即行生效。

第三十五条 依法签订的集体合同对企业和企业全体职工具有约束力。职工个人与企业订立的劳动合同中劳动条件和劳动报酬等标准不得低于集体合同的规定。

第四章 工作时间和休息休假

第三十六条 国家实行劳动者每日工作时间不超过八小时、平均每周工作时间不超过四十四小时的工时制度。

第三十七条 对实行计件工作的劳动者，用人单位应当根据本法第三十六条规定的工时制度合理确定其劳动定额和计件报酬标准。

第三十八条 用人单位应当保证劳动者每周至少休息一日。

第三十九条 企业因生产特点不能实行本法第三十六条、第三十八条规定的，经劳动行政部门批准，可以实行其他工作和休息办法。

第四十条 用人单位在下列节日期间应当依法安排劳动者休假：

（一）元旦；

（二）春节；

（三）国际劳动节；

（四）国庆节；

（五）法律、法规规定的其他休假节日。

第四十一条 用人单位由于生产经营需要，经与工会和劳动者协商后可以延长工作时间，一般每日不得超过一小时；因特殊原因需要延长工作时间的，在保障劳动者身体健康的条件下延长工作时间每日不得超过三小时，但是每月不得超过三十六小时。

第四十二条 有下列情形之一的，延长工作时间不受本法第四十一条规定的限制：

（一）发生自然灾害、事故或者因其他原因，威胁劳动者生命健康和财产安全，需要紧急处理的；

（二）生产设备、交通运输线路、公共设施发生故障，影响生产和公众利益，必须及时抢修的；

（三）法律、行政法规规定的其他情形。

第四十三条 用人单位不得违反本法规定延长劳动者的工作时间。

第四十四条 有下列情形之一的，用人单位应当按照下列标准支付高于劳动者正常工作时间工资的工资报酬：

（一）安排劳动者延长工作时间的，支付不低于工资的百分之一百五十的工资报酬；

（二）休息日安排劳动者工作又不能安排补休的，支付不低于工资的百分之二百的工资报酬；

（三）法定休假日安排劳动者工作的，支付不低于工资的百分之三百的工资报酬。

第四十五条 国家实行带薪年休假制度。

劳动者连续工作一年以上的，享受带薪年休假。具体办法由国务院规定。

第五章 工 资

第四十六条 工资分配应当遵循按劳分配原则，实行同工同酬。

工资水平在经济发展的基础上逐步提高。国家对工资总量实行宏观调控。

第四十七条 用人单位根据本单位的生产经营特点和经济效益，依法自主确定本单位的工资分配方式和工资水平。

第四十八条 国家实行最低工资保障制度。最低工资的具体标准由省、自治区、直辖市人民政府规定，报国务院备案。

用人单位支付劳动者的工资不得低于当地最低工资标准。

第四十九条 确定和调整最低工资标准应当综合参考下列因素：

（一）劳动者本人及平均赡养人口的最低生活费用；

（二）社会平均工资水平；

（三）劳动生产率；

（四）就业状况；

（五）地区之间经济发展水平的差异。

第五十条 工资应当以货币形式按月支付给劳动者本人。不得克扣或者无故拖欠劳动者的工资。

第五十一条 劳动者在法定休假日和婚丧假期间以及依法参加社会活动期间，用人单位应当依法支付工资。

第六章 劳动安全卫生

第五十二条 用人单位必须建立、健全劳动安全卫生制度，严格执行国家劳动安全卫生规程和标准，对劳动者进行劳动安全卫生教育，防止劳动过程中的事故，减少职业危害。

第五十三条 劳动安全卫生设施必须符合国家规定的标准。

新建、改建、扩建工程的劳动安全卫生设施必须与主体工程同时设计、同时施工、同时投入生产和使用。

第五十四条 用人单位必须为劳动者提供符合国家规定的劳动安全卫生条件和必要的劳动防护用品，对从事有职业危害作业的劳动者应当定期进行健康检查。

第五十五条 从事特种作业的劳动者必须经过专门培训并取得特种作业资格。

第五十六条 劳动者在劳动过程中必须严格遵守安全操作规程。

劳动者对用人单位管理人员违章指挥、强令冒险作业，有权拒绝执行；对危害生命安全和身体健康的行为，有权提出批评、检举和控告。

第五十七条 国家建立伤亡事故和职业病统计报告和处理制度。县级以上各级人民政府劳动行政部门、有关部门和用人单位应当依法对劳动者在劳动过程中发生的伤亡事故和劳动者的职业病状况，进行统计、报告和处理。

第七章　女职工和未成年工特殊保护

第五十八条　国家对女职工和未成年工实行特殊劳动保护。

未成年工是指年满十六周岁未满十八周岁的劳动者。

第五十九条　禁止安排女职工从事矿山井下、国家规定的第四级体力劳动强度的劳动和其他禁忌从事的劳动。

第六十条　不得安排女职工在经期从事高处、低温、冷水作业和国家规定的第三级体力劳动强度的劳动。

第六十一条　不得安排女职工在怀孕期间从事国家规定的第三级体力劳动强度的劳动和孕期禁忌从事的劳动。对怀孕七个月以上的女职工，不得安排其延长工作时间和夜班劳动。

第六十二条　女职工生育享受不少于九十天的产假。

第六十三条　不得安排女职工在哺乳未满一周岁的婴儿期间从事国家规定的第三级体力劳动强度的劳动和哺乳期禁忌从事的其他劳动，不得安排其延长工作时间和夜班劳动。

第六十四条　不得安排未成年工从事矿山井下、有毒有害、国家规定的第四级体力劳动强度的劳动和其他禁忌从事的劳动。

第六十五条　用人单位应当对未成年工定期进行健康检查。

第八章　职业培训

第六十六条　国家通过各种途径，采取各种措施，发展职业培训事业，开发劳动者的职业技能，提高劳动者素质，增强劳动者的就业能力和工作能力。

第六十七条　各级人民政府应当把发展职业培训纳入社会经济发展的规划，鼓励和支持有条件的企业、事业组织、社会团体和个人进行各种形式的职业培训。

第六十八条 用人单位应当建立职业培训制度，按照国家规定提取和使用职业培训经费，根据本单位实际，有计划地对劳动者进行职业培训。

从事技术工种的劳动者，上岗前必须经过培训。

第六十九条 国家确定职业分类，对规定的职业制定职业技能标准，实行职业资格证书制度，由经备案的考核鉴定机构负责对劳动者实施职业技能考核鉴定。

第九章 社会保险和福利

第七十条 国家发展社会保险事业，建立社会保险制度，设立社会保险基金，使劳动者在年老、患病、工伤、失业、生育等情况下获得帮助和补偿。

第七十一条 社会保险水平应当与社会经济发展水平和社会承受能力相适应。

第七十二条 社会保险基金按照保险类型确定资金来源，逐步实行社会统筹。用人单位和劳动者必须依法参加社会保险，缴纳社会保险费。

第七十三条 劳动者在下列情形下，依法享受社会保险待遇：

（一）退休；

（二）患病、负伤；

（三）因工伤残或者患职业病；

（四）失业；

（五）生育。

劳动者死亡后，其遗属依法享受遗属津贴。

劳动者享受社会保险待遇的条件和标准由法律、法规规定。

劳动者享受的社会保险金必须按时足额支付。

第七十四条 社会保险基金经办机构依照法律规定收支、管理和运营社会保险基金，并负有使社会保险基金保值增值的责任。

社会保险基金监督机构依照法律规定，对社会保险基金的收支、管理和运营实施监督。

社会保险基金经办机构和社会保险基金监督机构的设立和职能由法律规定。

任何组织和个人不得挪用社会保险基金。

第七十五条 国家鼓励用人单位根据本单位实际情况为劳动者建立补充保险。

国家提倡劳动者个人进行储蓄性保险。

第七十六条 国家发展社会福利事业，兴建公共福利设施，为劳动者休息、休养和疗养提供条件。

用人单位应当创造条件，改善集体福利，提高劳动者的福利待遇。

第十章 劳动争议

第七十七条 用人单位与劳动者发生劳动争议，当事人可以依法申请调解、仲裁、提起诉讼，也可以协商解决。

调解原则适用于仲裁和诉讼程序。

第七十八条 解决劳动争议，应当根据合法、公正、及时处理的原则，依法维护劳动争议当事人的合法权益。

第七十九条 劳动争议发生后，当事人可以向本单位劳动争议调解委员会申请调解；调解不成，当事人一方要求仲裁的，可以向劳动争议仲裁委员会申请仲裁。当事人一方也可以直接向劳动争议仲裁委员会申请仲裁。对仲裁裁决不服的，可以向人民法院提起诉讼。

第八十条 在用人单位内，可以设立劳动争议调解委员会。劳动争议调解委员会由职工代表、用人单位代表和工会代表组成。劳动争议调解委员会主任由工会代表担任。

劳动争议经调解达成协议的，当事人应当履行。

第八十一条　劳动争议仲裁委员会由劳动行政部门代表、同级工会代表、用人单位方面的代表组成。劳动争议仲裁委员会主任由劳动行政部门代表担任。

第八十二条　提出仲裁要求的一方应当自劳动争议发生之日起六十日内向劳动争议仲裁委员会提出书面申请。仲裁裁决一般应在收到仲裁申请的六十日内作出。对仲裁裁决无异议的，当事人必须履行。

第八十三条　劳动争议当事人对仲裁裁决不服的，可以自收到仲裁裁决书之日起十五日内向人民法院提起诉讼。一方当事人在法定期限内不起诉又不履行仲裁裁决的，另一方当事人可以申请人民法院强制执行。

第八十四条　因签订集体合同发生争议，当事人协商解决不成的，当地人民政府劳动行政部门可以组织有关各方协调处理。

因履行集体合同发生争议，当事人协商解决不成的，可以向劳动争议仲裁委员会申请仲裁；对仲裁裁决不服的，可以自收到仲裁裁决书之日起十五日内向人民法院提起诉讼。

第十一章　监督检查

第八十五条　县级以上各级人民政府劳动行政部门依法对用人单位遵守劳动法律、法规的情况进行监督检查，对违反劳动法律、法规的行为有权制止，并责令改正。

第八十六条　县级以上各级人民政府劳动行政部门监督检查人员执行公务，有权进入用人单位了解执行劳动法律、法规的情况，查阅必要的资料，并对劳动场所进行检查。

县级以上各级人民政府劳动行政部门监督检查人员执行公务，必须出示证件，秉公执法并遵守有关规定。

第八十七条　县级以上各级人民政府有关部门在各自职责范围内，对用人单位遵守劳动法律、法规的情况进行监督。

第八十八条 各级工会依法维护劳动者的合法权益，对用人单位遵守劳动法律、法规的情况进行监督。

任何组织和个人对于违反劳动法律、法规的行为有权检举和控告。

第十二章 法律责任

第八十九条 用人单位制定的劳动规章制度违反法律、法规规定的，由劳动行政部门给予警告，责令改正；对劳动者造成损害的，应当承担赔偿责任。

第九十条 用人单位违反本法规定，延长劳动者工作时间的，由劳动行政部门给予警告，责令改正，并可以处以罚款。

第九十一条 用人单位有下列侵害劳动者合法权益情形之一的，由劳动行政部门责令支付劳动者的工资报酬、经济补偿，并可以责令支付赔偿金：

（一）克扣或者无故拖欠劳动者工资的；

（二）拒不支付劳动者延长工作时间工资报酬的；

（三）低于当地最低工资标准支付劳动者工资的；

（四）解除劳动合同后，未依照本法规定给予劳动者经济补偿的。

第九十二条 用人单位的劳动安全设施和劳动卫生条件不符合国家规定或者未向劳动者提供必要的劳动防护用品和劳动保护设施的，由劳动行政部门或者有关部门责令改正，可以处以罚款；情节严重的，提请县级以上人民政府决定责令停产整顿；对事故隐患不采取措施，致使发生重大事故，造成劳动者生命和财产损失的，对责任人员依照刑法有关规定追究刑事责任。

第九十三条 用人单位强令劳动者违章冒险作业，发生重大伤亡事故，造成严重后果的，对责任人员依法追究刑事责任。

第九十四条 用人单位非法招用未满十六周岁的未成年人的，由劳动行政部门责令改正，处以罚款；情节严重的，由市场监督管理部门吊销营业执照。

第九十五条　用人单位违反本法对女职工和未成年工的保护规定，侵害其合法权益的，由劳动行政部门责令改正，处以罚款；对女职工或者未成年工造成损害的，应当承担赔偿责任。

第九十六条　用人单位有下列行为之一，由公安机关对责任人员处以十五日以下拘留、罚款或者警告；构成犯罪的，对责任人员依法追究刑事责任：

（一）以暴力、威胁或者非法限制人身自由的手段强迫劳动的；

（二）侮辱、体罚、殴打、非法搜查和拘禁劳动者的。

第九十七条　由于用人单位的原因订立的无效合同，对劳动者造成损害的，应当承担赔偿责任。

第九十八条　用人单位违反本法规定的条件解除劳动合同或者故意拖延不订立劳动合同的，由劳动行政部门责令改正；对劳动者造成损害的，应当承担赔偿责任。

第九十九条　用人单位招用尚未解除劳动合同的劳动者，对原用人单位造成经济损失的，该用人单位应当依法承担连带赔偿责任。

第一百条　用人单位无故不缴纳社会保险费的，由劳动行政部门责令其限期缴纳；逾期不缴的，可以加收滞纳金。

第一百零一条　用人单位无理阻挠劳动行政部门、有关部门及其工作人员行使监督检查权，打击报复举报人员的，由劳动行政部门或者有关部门处以罚款；构成犯罪的，对责任人员依法追究刑事责任。

第一百零二条　劳动者违反本法规定的条件解除劳动合同或者违反劳动合同中约定的保密事项，对用人单位造成经济损失的，应当依法承担赔偿责任。

第一百零三条　劳动行政部门或者有关部门的工作人员滥用职权、玩忽职守、徇私舞弊，构成犯罪的，依法追究刑事责任；不构成犯罪的，给予行政处分。

第一百零四条 国家工作人员和社会保险基金经办机构的工作人员挪用社会保险基金，构成犯罪的，依法追究刑事责任。

第一百零五条 违反本法规定侵害劳动者合法权益，其他法律、行政法规已规定处罚的，依照该法律、行政法规的规定处罚。

第十三章 附 则

第一百零六条 省、自治区、直辖市人民政府根据本法和本地区的实际情况，规定劳动合同制度的实施步骤，报国务院备案。

第一百零七条 本法自 1995 年 1 月 1 日起施行。

中华人民共和国劳动合同法

（2007 年 6 月 29 日第十届全国人民代表大会常务委员会第二十八次会议通过　根据 2012 年 12 月 28 日第十一届全国人民代表大会常务委员会第三十次会议《关于修改〈中华人民共和国劳动合同法〉的决定》修正）

第一章　总　　则

第一条　为了完善劳动合同制度，明确劳动合同双方当事人的权利和义务，保护劳动者的合法权益，构建和发展和谐稳定的劳动关系，制定本法。

第二条　中华人民共和国境内的企业、个体经济组织、民办非企业单位等组织（以下称用人单位）与劳动者建立劳动关系，订立、履行、变更、解除或者终止劳动合同，适用本法。

国家机关、事业单位、社会团体和与其建立劳动关系的劳动者，订立、履行、变更、解除或者终止劳动合同，依照本法执行。

第三条　订立劳动合同，应当遵循合法、公平、平等自愿、协商一致、诚实信用的原则。

依法订立的劳动合同具有约束力，用人单位与劳动者应当履行劳动合同约定的义务。

第四条　用人单位应当依法建立和完善劳动规章制度，保障劳动者享有劳动权利、履行劳动义务。

用人单位在制定、修改或者决定有关劳动报酬、工作时间、休息休假、劳动安全卫生、保险福利、职工培训、劳动纪律以及劳动定额管理等直接涉及劳动者切身利益的规章制度或者重大事项时，应当经职工代表大会或者全体职工讨论，提出方案和意见，与工会或者职工代表平等协商确定。

在规章制度和重大事项决定实施过程中，工会或者职工认为不适当的，有权向用人单位提出，通过协商予以修改完善。

用人单位应当将直接涉及劳动者切身利益的规章制度和重大事项决定公示，或者告知劳动者。

第五条 县级以上人民政府劳动行政部门会同工会和企业方面代表，建立健全协调劳动关系三方机制，共同研究解决有关劳动关系的重大问题。

第六条 工会应当帮助、指导劳动者与用人单位依法订立和履行劳动合同，并与用人单位建立集体协商机制，维护劳动者的合法权益。

第二章 劳动合同的订立

第七条 用人单位自用工之日起即与劳动者建立劳动关系。用人单位应当建立职工名册备查。

第八条 用人单位招用劳动者时，应当如实告知劳动者工作内容、工作条件、工作地点、职业危害、安全生产状况、劳动报酬，以及劳动者要求了解的其他情况；用人单位有权了解劳动者与劳动合同直接相关的基本情况，劳动者应当如实说明。

第九条 用人单位招用劳动者，不得扣押劳动者的居民身份证和其他证件，不得要求劳动者提供担保或者以其他名义向劳动者收取财物。

第十条 建立劳动关系，应当订立书面劳动合同。

已建立劳动关系，未同时订立书面劳动合同的，应当自用工之日起一个月内订立书面劳动合同。

用人单位与劳动者在用工前订立劳动合同的，劳动关系自用工之日起建立。

第十一条 用人单位未在用工的同时订立书面劳动合同，与劳动者约定的劳动报酬不明确的，新招用的劳动者的劳动报酬按照集体合同规定的标准执行；没有集体合同或者集体合同未规定的，实行同工同酬。

第十二条 劳动合同分为固定期限劳动合同、无固定期限劳动合同和以完成一定工作任务为期限的劳动合同。

第十三条 固定期限劳动合同，是指用人单位与劳动者约定合同终止时间的劳动合同。

用人单位与劳动者协商一致，可以订立固定期限劳动合同。

第十四条 无固定期限劳动合同，是指用人单位与劳动者约定无确定终止时间的劳动合同。

用人单位与劳动者协商一致，可以订立无固定期限劳动合同。有下列情形之一，劳动者提出或者同意续订、订立劳动合同的，除劳动者提出订立固定期限劳动合同外，应当订立无固定期限劳动合同：

（一）劳动者在该用人单位连续工作满十年的；

（二）用人单位初次实行劳动合同制度或者国有企业改制重新订立劳动合同时，劳动者在该用人单位连续工作满十年且距法定退休年龄不足十年的；

（三）连续订立二次固定期限劳动合同，且劳动者没有本法第三十九条和第四十条第一项、第二项规定的情形，续订劳动合同的。

用人单位自用工之日起满一年不与劳动者订立书面劳动合同的，视为用人单位与劳动者已订立无固定期限劳动合同。

第十五条 以完成一定工作任务为期限的劳动合同，是指用人单位与劳动者约定以某项工作的完成为合同期限的劳动合同。

用人单位与劳动者协商一致，可以订立以完成一定工作任务为期限的劳动合同。

第十六条 劳动合同由用人单位与劳动者协商一致，并经用人单位与劳动者在劳动合同文本上签字或者盖章生效。

劳动合同文本由用人单位和劳动者各执一份。

第十七条 劳动合同应当具备以下条款：

（一）用人单位的名称、住所和法定代表人或者主要负责人；

（二）劳动者的姓名、住址和居民身份证或者其他有效身份证件号码；

（三）劳动合同期限；

（四）工作内容和工作地点；

（五）工作时间和休息休假；

（六）劳动报酬；

（七）社会保险；

（八）劳动保护、劳动条件和职业危害防护；

（九）法律、法规规定应当纳入劳动合同的其他事项。

劳动合同除前款规定的必备条款外，用人单位与劳动者可以约定试用期、培训、保守秘密、补充保险和福利待遇等其他事项。

第十八条 劳动合同对劳动报酬和劳动条件等标准约定不明确，引发争议的，用人单位与劳动者可以重新协商；协商不成的，适用集体合同规定；没有集体合同或者集体合同未规定劳动报酬的，实行同工同酬；没有集体合同或者集体合同未规定劳动条件等标准的，适用国家有关规定。

第十九条 劳动合同期限三个月以上不满一年的，试用期不得超过一个月；劳动合同期限一年以上不满三年的，试用期不得超过二个月；三年以上固定期限和无固定期限的劳动合同，试用期不得超过六个月。

同一用人单位与同一劳动者只能约定一次试用期。

以完成一定工作任务为期限的劳动合同或者劳动合同期限不满三个月的，不得约定试用期。

试用期包含在劳动合同期限内。劳动合同仅约定试用期的，试用期不成立，该期限为劳动合同期限。

第二十条 劳动者在试用期的工资不得低于本单位相同岗位最低档工资

或者劳动合同约定工资的百分之八十，并不得低于用人单位所在地的最低工资标准。

第二十一条 在试用期中，除劳动者有本法第三十九条和第四十条第一项、第二项规定的情形外，用人单位不得解除劳动合同。用人单位在试用期解除劳动合同的，应当向劳动者说明理由。

第二十二条 用人单位为劳动者提供专项培训费用，对其进行专业技术培训的，可以与该劳动者订立协议，约定服务期。

劳动者违反服务期约定的，应当按照约定向用人单位支付违约金。违约金的数额不得超过用人单位提供的培训费用。用人单位要求劳动者支付的违约金不得超过服务期尚未履行部分所应分摊的培训费用。

用人单位与劳动者约定服务期的，不影响按照正常的工资调整机制提高劳动者在服务期期间的劳动报酬。

第二十三条 用人单位与劳动者可以在劳动合同中约定保守用人单位的商业秘密和与知识产权相关的保密事项。

对负有保密义务的劳动者，用人单位可以在劳动合同或者保密协议中与劳动者约定竞业限制条款，并约定在解除或者终止劳动合同后，在竞业限制期限内按月给予劳动者经济补偿。劳动者违反竞业限制约定的，应当按照约定向用人单位支付违约金。

第二十四条 竞业限制的人员限于用人单位的高级管理人员、高级技术人员和其他负有保密义务的人员。竞业限制的范围、地域、期限由用人单位与劳动者约定，竞业限制的约定不得违反法律、法规的规定。

在解除或者终止劳动合同后，前款规定的人员到与本单位生产或者经营同类产品、从事同类业务的有竞争关系的其他用人单位，或者自己开业生产或者经营同类产品、从事同类业务的竞业限制期限，不得超过二年。

第二十五条 除本法第二十二条和第二十三条规定的情形外，用人单位不得与劳动者约定由劳动者承担违约金。

第二十六条　下列劳动合同无效或者部分无效：

（一）以欺诈、胁迫的手段或者乘人之危，使对方在违背真实意思的情况下订立或者变更劳动合同的；

（二）用人单位免除自己的法定责任、排除劳动者权利的；

（三）违反法律、行政法规强制性规定的。

对劳动合同的无效或者部分无效有争议的，由劳动争议仲裁机构或者人民法院确认。

第二十七条　劳动合同部分无效，不影响其他部分效力的，其他部分仍然有效。

第二十八条　劳动合同被确认无效，劳动者已付出劳动的，用人单位应当向劳动者支付劳动报酬。劳动报酬的数额，参照本单位相同或者相近岗位劳动者的劳动报酬确定。

第三章　劳动合同的履行和变更

第二十九条　用人单位与劳动者应当按照劳动合同的约定，全面履行各自的义务。

第三十条　用人单位应当按照劳动合同约定和国家规定，向劳动者及时足额支付劳动报酬。

用人单位拖欠或者未足额支付劳动报酬的，劳动者可以依法向当地人民法院申请支付令，人民法院应当依法发出支付令。

第三十一条　用人单位应当严格执行劳动定额标准，不得强迫或者变相强迫劳动者加班。用人单位安排加班的，应当按照国家有关规定向劳动者支付加班费。

第三十二条　劳动者拒绝用人单位管理人员违章指挥、强令冒险作业的，不视为违反劳动合同。

劳动者对危害生命安全和身体健康的劳动条件，有权对用人单位提出批评、检举和控告。

第三十三条 用人单位变更名称、法定代表人、主要负责人或者投资人等事项，不影响劳动合同的履行。

第三十四条 用人单位发生合并或者分立等情况，原劳动合同继续有效，劳动合同由承继其权利和义务的用人单位继续履行。

第三十五条 用人单位与劳动者协商一致，可以变更劳动合同约定的内容。变更劳动合同，应当采用书面形式。

变更后的劳动合同文本由用人单位和劳动者各执一份。

第四章 劳动合同的解除和终止

第三十六条 用人单位与劳动者协商一致，可以解除劳动合同。

第三十七条 劳动者提前三十日以书面形式通知用人单位，可以解除劳动合同。劳动者在试用期内提前三日通知用人单位，可以解除劳动合同。

第三十八条 用人单位有下列情形之一的，劳动者可以解除劳动合同：

（一）未按照劳动合同约定提供劳动保护或者劳动条件的；

（二）未及时足额支付劳动报酬的；

（三）未依法为劳动者缴纳社会保险费的；

（四）用人单位的规章制度违反法律、法规的规定，损害劳动者权益的；

（五）因本法第二十六条第一款规定的情形致使劳动合同无效的；

（六）法律、行政法规规定劳动者可以解除劳动合同的其他情形。

用人单位以暴力、威胁或者非法限制人身自由的手段强迫劳动者劳动的，或者用人单位违章指挥、强令冒险作业危及劳动者人身安全的，劳动者可以立即解除劳动合同，不需事先告知用人单位。

第三十九条 劳动者有下列情形之一的，用人单位可以解除劳动合同：

（一）在试用期间被证明不符合录用条件的；

（二）严重违反用人单位的规章制度的；

（三）严重失职，营私舞弊，给用人单位造成重大损害的；

（四）劳动者同时与其他用人单位建立劳动关系，对完成本单位的工作任务造成严重影响，或者经用人单位提出，拒不改正的；

（五）因本法第二十六条第一款第一项规定的情形致使劳动合同无效的；

（六）被依法追究刑事责任的。

第四十条 有下列情形之一的，用人单位提前三十日以书面形式通知劳动者本人或者额外支付劳动者一个月工资后，可以解除劳动合同：

（一）劳动者患病或者非因工负伤，在规定的医疗期满后不能从事原工作，也不能从事由用人单位另行安排的工作的；

（二）劳动者不能胜任工作，经过培训或者调整工作岗位，仍不能胜任工作的；

（三）劳动合同订立时所依据的客观情况发生重大变化，致使劳动合同无法履行，经用人单位与劳动者协商，未能就变更劳动合同内容达成协议的。

第四十一条 有下列情形之一，需要裁减人员二十人以上或者裁减不足二十人但占企业职工总数百分之十以上的，用人单位提前三十日向工会或者全体职工说明情况，听取工会或者职工的意见后，裁减人员方案经向劳动行政部门报告，可以裁减人员：

（一）依照企业破产法规定进行重整的；

（二）生产经营发生严重困难的；

（三）企业转产、重大技术革新或者经营方式调整，经变更劳动合同后，仍需裁减人员的；

（四）其他因劳动合同订立时所依据的客观经济情况发生重大变化，致使劳动合同无法履行的。

裁减人员时，应当优先留用下列人员：

（一）与本单位订立较长期限的固定期限劳动合同的；

（二）与本单位订立无固定期限劳动合同的；

（三）家庭无其他就业人员，有需要扶养的老人或者未成年人的。

用人单位依照本条第一款规定裁减人员，在六个月内重新招用人员的，应当通知被裁减的人员，并在同等条件下优先招用被裁减的人员。

第四十二条 劳动者有下列情形之一的，用人单位不得依照本法第四十条、第四十一条的规定解除劳动合同：

（一）从事接触职业病危害作业的劳动者未进行离岗前职业健康检查，或者疑似职业病病人在诊断或者医学观察期间的；

（二）在本单位患职业病或者因工负伤并被确认丧失或者部分丧失劳动能力的；

（三）患病或者非因工负伤，在规定的医疗期内的；

（四）女职工在孕期、产期、哺乳期的；

（五）在本单位连续工作满十五年，且距法定退休年龄不足五年的；

（六）法律、行政法规规定的其他情形。

第四十三条 用人单位单方解除劳动合同，应当事先将理由通知工会。用人单位违反法律、行政法规规定或者劳动合同约定的，工会有权要求用人单位纠正。用人单位应当研究工会的意见，并将处理结果书面通知工会。

第四十四条 有下列情形之一的，劳动合同终止：

（一）劳动合同期满的；

（二）劳动者开始依法享受基本养老保险待遇的；

（三）劳动者死亡，或者被人民法院宣告死亡或者宣告失踪的；

（四）用人单位被依法宣告破产的；

（五）用人单位被吊销营业执照、责令关闭、撤销或者用人单位决定提前解散的；

（六）法律、行政法规规定的其他情形。

第四十五条 劳动合同期满，有本法第四十二条规定情形之一的，劳动合同应当续延至相应的情形消失时终止。但是，本法第四十二条第二项规定丧失或者部分丧失劳动能力劳动者的劳动合同的终止，按照国家有关工伤保险的规定执行。

第四十六条 有下列情形之一的，用人单位应当向劳动者支付经济补偿：

（一）劳动者依照本法第三十八条规定解除劳动合同的；

（二）用人单位依照本法第三十六条规定向劳动者提出解除劳动合同并与劳动者协商一致解除劳动合同的；

（三）用人单位依照本法第四十条规定解除劳动合同的；

（四）用人单位依照本法第四十一条第一款规定解除劳动合同的；

（五）除用人单位维持或者提高劳动合同约定条件续订劳动合同，劳动者不同意续订的情形外，依照本法第四十四条第一项规定终止固定期限劳动合同的；

（六）依照本法第四十四条第四项、第五项规定终止劳动合同的；

（七）法律、行政法规规定的其他情形。

第四十七条 经济补偿按劳动者在本单位工作的年限，每满一年支付一个月工资的标准向劳动者支付。六个月以上不满一年的，按一年计算；不满六个月的，向劳动者支付半个月工资的经济补偿。

劳动者月工资高于用人单位所在直辖市、设区的市级人民政府公布的本地区上年度职工月平均工资三倍的，向其支付经济补偿的标准按职工月平均工资三倍的数额支付，向其支付经济补偿的年限最高不超过十二年。

本条所称月工资是指劳动者在劳动合同解除或者终止前十二个月的平均工资。

第四十八条 用人单位违反本法规定解除或者终止劳动合同，劳动者要求继续履行劳动合同的，用人单位应当继续履行；劳动者不要求继续履行劳动合同或者劳动合同已经不能继续履行的，用人单位应当依照本法第八十七条规定支付赔偿金。

第四十九条 国家采取措施，建立健全劳动者社会保险关系跨地区转移接续制度。

第五十条 用人单位应当在解除或者终止劳动合同时出具解除或者终止劳动合同的证明，并在十五日内为劳动者办理档案和社会保险关系转移手续。

劳动者应当按照双方约定，办理工作交接。用人单位依照本法有关规定应当向劳动者支付经济补偿的，在办结工作交接时支付。

用人单位对已经解除或者终止的劳动合同的文本，至少保存二年备查。

第五章 特别规定

第一节 集体合同

第五十一条 企业职工一方与用人单位通过平等协商，可以就劳动报酬、工作时间、休息休假、劳动安全卫生、保险福利等事项订立集体合同。集体合同草案应当提交职工代表大会或者全体职工讨论通过。

集体合同由工会代表企业职工一方与用人单位订立；尚未建立工会的用人单位，由上级工会指导劳动者推举的代表与用人单位订立。

第五十二条 企业职工一方与用人单位可以订立劳动安全卫生、女职工权益保护、工资调整机制等专项集体合同。

第五十三条 在县级以下区域内，建筑业、采矿业、餐饮服务业等行业可以由工会与企业方面代表订立行业性集体合同，或者订立区域性集体合同。

第五十四条 集体合同订立后，应当报送劳动行政部门；劳动行政部门自收到集体合同文本之日起十五日内未提出异议的，集体合同即行生效。

依法订立的集体合同对用人单位和劳动者具有约束力。行业性、区域性集体合同对当地本行业、本区域的用人单位和劳动者具有约束力。

第五十五条 集体合同中劳动报酬和劳动条件等标准不得低于当地人民政府规定的最低标准；用人单位与劳动者订立的劳动合同中劳动报酬和劳动条件等标准不得低于集体合同规定的标准。

第五十六条 用人单位违反集体合同，侵犯职工劳动权益的，工会可以依法要求用人单位承担责任；因履行集体合同发生争议，经协商解决不成的，工会可以依法申请仲裁、提起诉讼。

第二节 劳务派遣

第五十七条 经营劳务派遣业务应当具备下列条件：

（一）注册资本不得少于人民币二百万元；

（二）有与开展业务相适应的固定的经营场所和设施；

（三）有符合法律、行政法规规定的劳务派遣管理制度；

（四）法律、行政法规规定的其他条件。

经营劳务派遣业务，应当向劳动行政部门依法申请行政许可；经许可的，依法办理相应的公司登记。未经许可，任何单位和个人不得经营劳务派遣业务。

第五十八条 劳务派遣单位是本法所称用人单位，应当履行用人单位对劳动者的义务。劳务派遣单位与被派遣劳动者订立的劳动合同，除应当载明本法第十七条规定的事项外，还应当载明被派遣劳动者的用工单位以及派遣期限、工作岗位等情况。

劳务派遣单位应当与被派遣劳动者订立二年以上的固定期限劳动合同，按月支付劳动报酬；被派遣劳动者在无工作期间，劳务派遣单位应当按照所在地人民政府规定的最低工资标准，向其按月支付报酬。

第五十九条 劳务派遣单位派遣劳动者应当与接受以劳务派遣形式用工的单位（以下称用工单位）订立劳务派遣协议。劳务派遣协议应当约定派遣岗位和人员数量、派遣期限、劳动报酬和社会保险费的数额与支付方式以及违反协议的责任。

用工单位应当根据工作岗位的实际需要与劳务派遣单位确定派遣期限，不得将连续用工期限分割订立数个短期劳务派遣协议。

第六十条 劳务派遣单位应当将劳务派遣协议的内容告知被派遣劳动者。

劳务派遣单位不得克扣用工单位按照劳务派遣协议支付给被派遣劳动者的劳动报酬。

劳务派遣单位和用工单位不得向被派遣劳动者收取费用。

第六十一条 劳务派遣单位跨地区派遣劳动者的，被派遣劳动者享有的劳动报酬和劳动条件，按照用工单位所在地的标准执行。

第六十二条 用工单位应当履行下列义务：

（一）执行国家劳动标准，提供相应的劳动条件和劳动保护；

（二）告知被派遣劳动者的工作要求和劳动报酬；

（三）支付加班费、绩效奖金，提供与工作岗位相关的福利待遇；

（四）对在岗被派遣劳动者进行工作岗位所必需的培训；

（五）连续用工的，实行正常的工资调整机制。

用工单位不得将被派遣劳动者再派遣到其他用人单位。

第六十三条 被派遣劳动者享有与用工单位的劳动者同工同酬的权利。用工单位应当按照同工同酬原则，对被派遣劳动者与本单位同类岗位的劳动者实行相同的劳动报酬分配办法。用工单位无同类岗位劳动者的，参照用工单位所在地相同或者相近岗位劳动者的劳动报酬确定。

劳务派遣单位与被派遣劳动者订立的劳动合同和与用工单位订立的劳务派遣协议，载明或者约定的向被派遣劳动者支付的劳动报酬应当符合前款规定。

第六十四条 被派遣劳动者有权在劳务派遣单位或者用工单位依法参加或者组织工会，维护自身的合法权益。

第六十五条 被派遣劳动者可以依照本法第三十六条、第三十八条的规定与劳务派遣单位解除劳动合同。

被派遣劳动者有本法第三十九条和第四十条第一项、第二项规定情形的，用工单位可以将劳动者退回劳务派遣单位，劳务派遣单位依照本法有关规定，可以与劳动者解除劳动合同。

第六十六条 劳动合同用工是我国的企业基本用工形式。劳务派遣用工是补充形式，只能在临时性、辅助性或者替代性的工作岗位上实施。

前款规定的临时性工作岗位是指存续时间不超过六个月的岗位；辅助性工作岗位是指为主营业务岗位提供服务的非主营业务岗位；替代性工作岗位是指用工单位的劳动者因脱产学习、休假等原因无法工作的一定期间内，可以由其他劳动者替代工作的岗位。

用工单位应当严格控制劳务派遣用工数量，不得超过其用工总量的一定比例，具体比例由国务院劳动行政部门规定。

第六十七条 用人单位不得设立劳务派遣单位向本单位或者所属单位派遣劳动者。

第三节 非全日制用工

第六十八条 非全日制用工，是指以小时计酬为主，劳动者在同一用人单位一般平均每日工作时间不超过四小时，每周工作时间累计不超过二十四小时的用工形式。

第六十九条 非全日制用工双方当事人可以订立口头协议。

从事非全日制用工的劳动者可以与一个或者一个以上用人单位订立劳动合同；但是，后订立的劳动合同不得影响先订立的劳动合同的履行。

第七十条 非全日制用工双方当事人不得约定试用期。

第七十一条 非全日制用工双方当事人任何一方都可以随时通知对方终止用工。终止用工，用人单位不向劳动者支付经济补偿。

第七十二条 非全日制用工小时计酬标准不得低于用人单位所在地人民政府规定的最低小时工资标准。

非全日制用工劳动报酬结算支付周期最长不得超过十五日。

第六章 监督检查

第七十三条 国务院劳动行政部门负责全国劳动合同制度实施的监督管理。

县级以上地方人民政府劳动行政部门负责本行政区域内劳动合同制度实施的监督管理。

县级以上各级人民政府劳动行政部门在劳动合同制度实施的监督管理工作中，应当听取工会、企业方面代表以及有关行业主管部门的意见。

第七十四条 县级以上地方人民政府劳动行政部门依法对下列实施劳动合同制度的情况进行监督检查：

（一）用人单位制定直接涉及劳动者切身利益的规章制度及其执行的情况；

（二）用人单位与劳动者订立和解除劳动合同的情况；

（三）劳务派遣单位和用工单位遵守劳务派遣有关规定的情况；

（四）用人单位遵守国家关于劳动者工作时间和休息休假规定的情况；

（五）用人单位支付劳动合同约定的劳动报酬和执行最低工资标准的情况；

（六）用人单位参加各项社会保险和缴纳社会保险费的情况；

（七）法律、法规规定的其他劳动监察事项。

第七十五条 县级以上地方人民政府劳动行政部门实施监督检查时，有权查阅与劳动合同、集体合同有关的材料，有权对劳动场所进行实地检查，用人单位和劳动者都应当如实提供有关情况和材料。

劳动行政部门的工作人员进行监督检查，应当出示证件，依法行使职权，文明执法。

第七十六条 县级以上人民政府建设、卫生、安全生产监督管理等有关主管部门在各自职责范围内，对用人单位执行劳动合同制度的情况进行监督管理。

第七十七条 劳动者合法权益受到侵害的，有权要求有关部门依法处理，或者依法申请仲裁、提起诉讼。

第七十八条 工会依法维护劳动者的合法权益，对用人单位履行劳动合同、集体合同的情况进行监督。用人单位违反劳动法律、法规和劳动合同、集体合同的，工会有权提出意见或者要求纠正；劳动者申请仲裁、提起诉讼的，工会依法给予支持和帮助。

第七十九条 任何组织或者个人对违反本法的行为都有权举报，县级以上人民政府劳动行政部门应当及时核实、处理，并对举报有功人员给予奖励。

第七章 法律责任

第八十条 用人单位直接涉及劳动者切身利益的规章制度违反法律、法规规定的，由劳动行政部门责令改正，给予警告；给劳动者造成损害的，应当承担赔偿责任。

第八十一条 用人单位提供的劳动合同文本未载明本法规定的劳动合同必备条款或者用人单位未将劳动合同文本交付劳动者的，由劳动行政部门责令改正；给劳动者造成损害的，应当承担赔偿责任。

第八十二条 用人单位自用工之日起超过一个月不满一年未与劳动者订立书面劳动合同的，应当向劳动者每月支付二倍的工资。

用人单位违反本法规定不与劳动者订立无固定期限劳动合同的，自应当订立无固定期限劳动合同之日起向劳动者每月支付二倍的工资。

第八十三条 用人单位违反本法规定与劳动者约定试用期的，由劳动行政部门责令改正；违法约定的试用期已经履行的，由用人单位以劳动者试用期满月工资为标准，按已经履行的超过法定试用期的期间向劳动者支付赔偿金。

第八十四条 用人单位违反本法规定，扣押劳动者居民身份证等证件的，由劳动行政部门责令限期退还劳动者本人，并依照有关法律规定给予处罚。

用人单位违反本法规定，以担保或者其他名义向劳动者收取财物的，由劳动行政部门责令限期退还劳动者本人，并以每人五百元以上二千元以下的标准处以罚款；给劳动者造成损害的，应当承担赔偿责任。

劳动者依法解除或者终止劳动合同，用人单位扣押劳动者档案或者其他物品的，依照前款规定处罚。

第八十五条 用人单位有下列情形之一的，由劳动行政部门责令限期支付劳动报酬、加班费或者经济补偿；劳动报酬低于当地最低工资标准的，应当支付其差额部分；逾期不支付的，责令用人单位按应付金额百分之五十以上百分之一百以下的标准向劳动者加付赔偿金：

（一）未按照劳动合同的约定或者国家规定及时足额支付劳动者劳动报酬的；

（二）低于当地最低工资标准支付劳动者工资的；

（三）安排加班不支付加班费的；

（四）解除或者终止劳动合同，未依照本法规定向劳动者支付经济补偿的。

第八十六条 劳动合同依照本法第二十六条规定被确认无效，给对方造成损害的，有过错的一方应当承担赔偿责任。

第八十七条 用人单位违反本法规定解除或者终止劳动合同的，应当依照本法第四十七条规定的经济补偿标准的二倍向劳动者支付赔偿金。

第八十八条 用人单位有下列情形之一的，依法给予行政处罚；构成犯罪的，依法追究刑事责任；给劳动者造成损害的，应当承担赔偿责任：

（一）以暴力、威胁或者非法限制人身自由的手段强迫劳动的；

（二）违章指挥或者强令冒险作业危及劳动者人身安全的；

（三）侮辱、体罚、殴打、非法搜查或者拘禁劳动者的；

（四）劳动条件恶劣、环境污染严重，给劳动者身心健康造成严重损害的。

第八十九条 用人单位违反本法规定未向劳动者出具解除或者终止劳动合同的书面证明，由劳动行政部门责令改正；给劳动者造成损害的，应当承担赔偿责任。

第九十条 劳动者违反本法规定解除劳动合同，或者违反劳动合同中约定的保密义务或者竞业限制，给用人单位造成损失的，应当承担赔偿责任。

第九十一条 用人单位招用与其他用人单位尚未解除或者终止劳动合同的劳动者，给其他用人单位造成损失的，应当承担连带赔偿责任。

第九十二条 违反本法规定，未经许可，擅自经营劳务派遣业务的，由劳动行政部门责令停止违法行为，没收违法所得，并处违法所得一倍以上五倍以下的罚款；没有违法所得的，可以处五万元以下的罚款。

劳务派遣单位、用工单位违反本法有关劳务派遣规定的，由劳动行政部门责令限期改正；逾期不改正的，以每人五千元以上一万元以下的标准处以罚款，对劳务派遣单位，吊销其劳务派遣业务经营许可证。用工单位给被派遣劳动者造成损害的，劳务派遣单位与用工单位承担连带赔偿责任。

第九十三条 对不具备合法经营资格的用人单位的违法犯罪行为，依法追究法律责任；劳动者已经付出劳动的，该单位或者其出资人应当依照本法有关规定向劳动者支付劳动报酬、经济补偿、赔偿金；给劳动者造成损害的，应当承担赔偿责任。

第九十四条 个人承包经营违反本法规定招用劳动者，给劳动者造成损害的，发包的组织与个人承包经营者承担连带赔偿责任。

第九十五条 劳动行政部门和其他有关主管部门及其工作人员玩忽职守、不履行法定职责，或者违法行使职权，给劳动者或者用人单位造成损害的，应当承担赔偿责任；对直接负责的主管人员和其他直接责任人员，依法给予行政处分；构成犯罪的，依法追究刑事责任。

第八章 附 则

第九十六条 事业单位与实行聘用制的工作人员订立、履行、变更、解除或者终止劳动合同，法律、行政法规或者国务院另有规定的，依照其规定；未作规定的，依照本法有关规定执行。

第九十七条 本法施行前已依法订立且在本法施行之日存续的劳动合同，继续履行；本法第十四条第二款第三项规定连续订立固定期限劳动合同的次数，自本法施行后续订固定期限劳动合同时开始计算。

本法施行前已建立劳动关系，尚未订立书面劳动合同的，应当自本法施行之日起一个月内订立。

本法施行之日存续的劳动合同在本法施行后解除或者终止，依照本法第四十六条规定应当支付经济补偿的，经济补偿年限自本法施行之日起计算；本法施行前按照当时有关规定，用人单位应当向劳动者支付经济补偿的，按照当时有关规定执行。

第九十八条 本法自2008年1月1日起施行。

劳动保障监察条例

（2004 年 11 月 1 日中华人民共和国国务院令第 423 号公布）

第一章　总　　则

第一条　为了贯彻实施劳动和社会保障（以下称劳动保障）法律、法规和规章，规范劳动保障监察工作，维护劳动者的合法权益，根据劳动法和有关法律，制定本条例。

第二条　对企业和个体工商户（以下称用人单位）进行劳动保障监察，适用本条例。

对职业介绍机构、职业技能培训机构和职业技能考核鉴定机构进行劳动保障监察，依照本条例执行。

第三条　国务院劳动保障行政部门主管全国的劳动保障监察工作。县级以上地方各级人民政府劳动保障行政部门主管本行政区域内的劳动保障监察工作。

县级以上各级人民政府有关部门根据各自职责，支持、协助劳动保障行政部门的劳动保障监察工作。

第四条　县级、设区的市级人民政府劳动保障行政部门可以委托符合监察执法条件的组织实施劳动保障监察。

劳动保障行政部门和受委托实施劳动保障监察的组织中的劳动保障监察员应当经过相应的考核或者考试录用。

劳动保障监察证件由国务院劳动保障行政部门监制。

第五条　县级以上地方各级人民政府应当加强劳动保障监察工作。劳动保障监察所需经费列入本级财政预算。

第六条　用人单位应当遵守劳动保障法律、法规和规章，接受并配合劳动保障监察。

第七条　各级工会依法维护劳动者的合法权益，对用人单位遵守劳动保障法律、法规和规章的情况进行监督。

劳动保障行政部门在劳动保障监察工作中应当注意听取工会组织的意见和建议。

第八条　劳动保障监察遵循公正、公开、高效、便民的原则。

实施劳动保障监察，坚持教育与处罚相结合，接受社会监督。

第九条　任何组织或者个人对违反劳动保障法律、法规或者规章的行为，有权向劳动保障行政部门举报。

劳动者认为用人单位侵犯其劳动保障合法权益的，有权向劳动保障行政部门投诉。

劳动保障行政部门应当为举报人保密；对举报属实，为查处重大违反劳动保障法律、法规或者规章的行为提供主要线索和证据的举报人，给予奖励。

第二章　劳动保障监察职责

第十条　劳动保障行政部门实施劳动保障监察，履行下列职责：

（一）宣传劳动保障法律、法规和规章，督促用人单位贯彻执行；

（二）检查用人单位遵守劳动保障法律、法规和规章的情况；

（三）受理对违反劳动保障法律、法规或者规章的行为的举报、投诉；

（四）依法纠正和查处违反劳动保障法律、法规或者规章的行为。

第十一条　劳动保障行政部门对下列事项实施劳动保障监察：

（一）用人单位制定内部劳动保障规章制度的情况；

（二）用人单位与劳动者订立劳动合同的情况；

（三）用人单位遵守禁止使用童工规定的情况；

（四）用人单位遵守女职工和未成年工特殊劳动保护规定的情况；

（五）用人单位遵守工作时间和休息休假规定的情况；

（六）用人单位支付劳动者工资和执行最低工资标准的情况；

（七）用人单位参加各项社会保险和缴纳社会保险费的情况；

（八）职业介绍机构、职业技能培训机构和职业技能考核鉴定机构遵守国家有关职业介绍、职业技能培训和职业技能考核鉴定的规定的情况；

（九）法律、法规规定的其他劳动保障监察事项。

第十二条 劳动保障监察员依法履行劳动保障监察职责，受法律保护。

劳动保障监察员应当忠于职守，秉公执法，勤政廉洁，保守秘密。

任何组织或者个人对劳动保障监察员的违法违纪行为，有权向劳动保障行政部门或者有关机关检举、控告。

第三章 劳动保障监察的实施

第十三条 对用人单位的劳动保障监察，由用人单位用工所在地的县级或者设区的市级劳动保障行政部门管辖。

上级劳动保障行政部门根据工作需要，可以调查处理下级劳动保障行政部门管辖的案件。劳动保障行政部门对劳动保障监察管辖发生争议的，报请共同的上一级劳动保障行政部门指定管辖。

省、自治区、直辖市人民政府可以对劳动保障监察的管辖制定具体办法。

第十四条 劳动保障监察以日常巡视检查、审查用人单位按照要求报送的书面材料以及接受举报投诉等形式进行。

劳动保障行政部门认为用人单位有违反劳动保障法律、法规或者规章的行为，需要进行调查处理的，应当及时立案。

劳动保障行政部门或者受委托实施劳动保障监察的组织应当设立举报、投诉信箱和电话。

对因违反劳动保障法律、法规或者规章的行为引起的群体性事件，劳动保障行政部门应当根据应急预案，迅速会同有关部门处理。

第十五条 劳动保障行政部门实施劳动保障监察，有权采取下列调查、检查措施：

（一）进入用人单位的劳动场所进行检查；

（二）就调查、检查事项询问有关人员；

（三）要求用人单位提供与调查、检查事项相关的文件资料，并作出解释和说明，必要时可以发出调查询问书；

（四）采取记录、录音、录像、照相或者复制等方式收集有关情况和资料；

（五）委托会计师事务所对用人单位工资支付、缴纳社会保险费的情况进行审计；

（六）法律、法规规定可以由劳动保障行政部门采取的其他调查、检查措施。

劳动保障行政部门对事实清楚、证据确凿、可以当场处理的违反劳动保障法律、法规或者规章的行为有权当场予以纠正。

第十六条 劳动保障监察员进行调查、检查，不得少于2人，并应当佩戴劳动保障监察标志、出示劳动保障监察证件。

劳动保障监察员办理的劳动保障监察事项与本人或者其近亲属有直接利害关系的，应当回避。

第十七条 劳动保障行政部门对违反劳动保障法律、法规或者规章的行为的调查，应当自立案之日起60个工作日内完成；对情况复杂的，经劳动保障行政部门负责人批准，可以延长30个工作日。

第十八条 劳动保障行政部门对违反劳动保障法律、法规或者规章的行为，根据调查、检查的结果，作出以下处理：

（一）对依法应当受到行政处罚的，依法作出行政处罚决定；

（二）对应当改正未改正的，依法责令改正或者作出相应的行政处理决定；

（三）对情节轻微且已改正的，撤销立案。

发现违法案件不属于劳动保障监察事项的，应当及时移送有关部门处理；涉嫌犯罪的，应当依法移送司法机关。

第十九条 劳动保障行政部门对违反劳动保障法律、法规或者规章的行为作出行政处罚或者行政处理决定前，应当听取用人单位的陈述、申辩；作出行政处罚或者行政处理决定，应当告知用人单位依法享有申请行政复议或者提起行政诉讼的权利。

第二十条 违反劳动保障法律、法规或者规章的行为在2年内未被劳动保障行政部门发现，也未被举报、投诉的，劳动保障行政部门不再查处。

前款规定的期限，自违反劳动保障法律、法规或者规章的行为发生之日起计算；违反劳动保障法律、法规或者规章的行为有连续或者继续状态的，自行为终了之日起计算。

第二十一条 用人单位违反劳动保障法律、法规或者规章，对劳动者造成损害的，依法承担赔偿责任。劳动者与用人单位就赔偿发生争议的，依照国家有关劳动争议处理的规定处理。

对应当通过劳动争议处理程序解决的事项或者已经按照劳动争议处理程序申请调解、仲裁或者已经提起诉讼的事项，劳动保障行政部门应当告知投诉人依照劳动争议处理或者诉讼的程序办理。

第二十二条 劳动保障行政部门应当建立用人单位劳动保障守法诚信档案。用人单位有重大违反劳动保障法律、法规或者规章的行为的，由有关的劳动保障行政部门向社会公布。

第四章 法律责任

第二十三条 用人单位有下列行为之一的，由劳动保障行政部门责令改正，按照受侵害的劳动者每人1000元以上5000元以下的标准计算，处以罚款：

（一）安排女职工从事矿山井下劳动、国家规定的第四级体力劳动强度的劳动或者其他禁忌从事的劳动的；

（二）安排女职工在经期从事高处、低温、冷水作业或者国家规定的第三级体力劳动强度的劳动的；

（三）安排女职工在怀孕期间从事国家规定的第三级体力劳动强度的劳动或者孕期禁忌从事的劳动的；

（四）安排怀孕 7 个月以上的女职工夜班劳动或者延长其工作时间的；

（五）女职工生育享受产假少于 90 天的；

（六）安排女职工在哺乳未满 1 周岁的婴儿期间从事国家规定的第三级体力劳动强度的劳动或者哺乳期禁忌从事的其他劳动，以及延长其工作时间或者安排其夜班劳动的；

（七）安排未成年工从事矿山井下、有毒有害、国家规定的第四级体力劳动强度的劳动或者其他禁忌从事的劳动的；

（八）未对未成年工定期进行健康检查的。

第二十四条 用人单位与劳动者建立劳动关系不依法订立劳动合同的，由劳动保障行政部门责令改正。

第二十五条 用人单位违反劳动保障法律、法规或者规章延长劳动者工作时间的，由劳动保障行政部门给予警告，责令限期改正，并可以按照受侵害的劳动者每人 100 元以上 500 元以下的标准计算，处以罚款。

第二十六条 用人单位有下列行为之一的，由劳动保障行政部门分别责令限期支付劳动者的工资报酬、劳动者工资低于当地最低工资标准的差额或者解除劳动合同的经济补偿；逾期不支付的，责令用人单位按照应付金额 50% 以上 1 倍以下的标准计算，向劳动者加付赔偿金：

（一）克扣或者无故拖欠劳动者工资报酬的；

（二）支付劳动者的工资低于当地最低工资标准的；

（三）解除劳动合同未依法给予劳动者经济补偿的。

第二十七条 用人单位向社会保险经办机构申报应缴纳的社会保险费数额时，瞒报工资总额或者职工人数的，由劳动保障行政部门责令改正，并处瞒报工资数额 1 倍以上 3 倍以下的罚款。

骗取社会保险待遇或者骗取社会保险基金支出的，由劳动保障行政部门责令退还，并处骗取金额 1 倍以上 3 倍以下的罚款；构成犯罪的，依法追究刑事责任。

第二十八条 职业介绍机构、职业技能培训机构或者职业技能考核鉴定机构违反国家有关职业介绍、职业技能培训或者职业技能考核鉴定的规定的，由劳动保障行政部门责令改正，没收违法所得，并处 1 万元以上 5 万元以下的罚款；情节严重的，吊销许可证。

未经劳动保障行政部门许可，从事职业介绍、职业技能培训或者职业技能考核鉴定的组织或者个人，由劳动保障行政部门、工商行政管理部门依照国家有关无照经营查处取缔的规定查处取缔。

第二十九条 用人单位违反《中华人民共和国工会法》，有下列行为之一的，由劳动保障行政部门责令改正：

（一）阻挠劳动者依法参加和组织工会，或者阻挠上级工会帮助、指导劳动者筹建工会的；

（二）无正当理由调动依法履行职责的工会工作人员的工作岗位，进行打击报复的；

（三）劳动者因参加工会活动而被解除劳动合同的；

（四）工会工作人员因依法履行职责被解除劳动合同的。

第三十条 有下列行为之一的，由劳动保障行政部门责令改正；对有第（一）项、第（二）项或者第（三）项规定的行为的，处 2000 元以上 2 万元以下的罚款：

（一）无理抗拒、阻挠劳动保障行政部门依照本条例的规定实施劳动保障监察的；

（二）不按照劳动保障行政部门的要求报送书面材料，隐瞒事实真相，出具伪证或者隐匿、毁灭证据的；

（三）经劳动保障行政部门责令改正拒不改正，或者拒不履行劳动保障行政部门的行政处理决定的；

（四）打击报复举报人、投诉人的。

违反前款规定，构成违反治安管理行为的，由公安机关依法给予治安管理处罚；构成犯罪的，依法追究刑事责任。

第三十一条 劳动保障监察员滥用职权、玩忽职守、徇私舞弊或者泄露在履行职责过程中知悉的商业秘密的，依法给予行政处分；构成犯罪的，依法追究刑事责任。

劳动保障行政部门和劳动保障监察员违法行使职权，侵犯用人单位或者劳动者的合法权益的，依法承担赔偿责任。

第三十二条 属于本条例规定的劳动保障监察事项，法律、其他行政法规对处罚另有规定的，从其规定。

第五章 附 则

第三十三条 对无营业执照或者已被依法吊销营业执照，有劳动用工行为的，由劳动保障行政部门依照本条例实施劳动保障监察，并及时通报工商行政管理部门予以查处取缔。

第三十四条 国家机关、事业单位、社会团体执行劳动保障法律、法规和规章的情况，由劳动保障行政部门根据其职责，依照本条例实施劳动保障监察。

第三十五条 劳动安全卫生的监督检查，由卫生部门、安全生产监督管理部门、特种设备安全监督管理部门等有关部门依照有关法律、行政法规的规定执行。

第三十六条 本条例自 2004 年 12 月 1 日起施行。

人力资源社会保障部
关于实施《劳动保障监察条例》若干规定

（2004 年 12 月 31 日中华人民共和国劳动保障部令第 25 号公布　根据 2022 年 1 月 7 日《人力资源社会保障部关于修改部分规章的决定》第一次修订）

第一章　总　　则

第一条　为了实施《劳动保障监察条例》，规范劳动保障监察行为，制定本规定。

第二条　劳动保障行政部门及所属劳动保障监察机构对企业和个体工商户（以下称用人单位）遵守劳动保障法律、法规和规章（以下简称劳动保障法律）的情况进行监察，适用本规定；对职业介绍机构、职业技能培训机构和职业技能考核鉴定机构进行劳动保障监察，依照本规定执行；对国家机关、事业单位、社会团体执行劳动保障法律情况进行劳动保障监察，根据劳动保障行政部门的职责，依照本规定执行。

第三条　劳动保障监察遵循公正、公开、高效、便民的原则。

实施劳动保障行政处罚坚持以事实为依据，以法律为准绳，坚持教育与处罚相结合，接受社会监督。

第四条　劳动保障监察实行回避制度。

第五条　县级以上劳动保障行政部门设立的劳动保障监察行政机构和劳动保障行政部门依法委托实施劳动保障监察的组织（以下统称劳动保障监察

机构）具体负责劳动保障监察管理工作。

第二章 一般规定

第六条 劳动保障行政部门对用人单位及其劳动场所的日常巡视检查，应当制定年度计划和中长期规划，确定重点检查范围，并按照现场检查的规定进行。

第七条 劳动保障行政部门对用人单位按照要求报送的有关遵守劳动保障法律情况的书面材料应进行审查，并对审查中发现的问题及时予以纠正和查处。

第八条 劳动保障行政部门可以针对劳动保障法律实施中存在的重点问题集中组织专项检查活动，必要时，可以联合有关部门或组织共同进行。

第九条 劳动保障行政部门应当设立举报、投诉信箱，公开举报、投诉电话，依法查处举报和投诉反映的违反劳动保障法律的行为。

第三章 受理与立案

第十条 任何组织或个人对违反劳动保障法律的行为，有权向劳动保障行政部门举报。

第十一条 劳动保障行政部门对举报人反映的违反劳动保障法律的行为应当依法予以查处，并为举报人保密；对举报属实，为查处重大违反劳动保障法律的行为提供主要线索和证据的举报人，给予奖励。

第十二条 劳动者对用人单位违反劳动保障法律、侵犯其合法权益的行为，有权向劳动保障行政部门投诉。对因同一事由引起的集体投诉，投诉人可推荐代表投诉。

第十三条 投诉应当由投诉人向劳动保障行政部门递交投诉文书。书写投诉文书确有困难的，可以口头投诉，由劳动保障监察机构进行笔录，并由投诉人签字。

第十四条 投诉文书应当载明下列事项：

（一）投诉人的姓名、性别、年龄、职业、工作单位、住所和联系方式，被投诉用人单位的名称、住所、法定代表人或者主要负责人的姓名、职务；

（二）劳动保障合法权益受到侵害的事实和投诉请求事项。

第十五条 有下列情形之一的投诉，劳动保障行政部门应当告知投诉人依照劳动争议处理或者诉讼程序办理：

（一）应当通过劳动争议处理程序解决的；

（二）已经按照劳动争议处理程序申请调解、仲裁的；

（三）已经提起劳动争议诉讼的。

第十六条 下列因用人单位违反劳动保障法律行为对劳动者造成损害，劳动者与用人单位就赔偿发生争议的，依照国家有关劳动争议处理的规定处理：

（一）因用人单位制定的劳动规章制度违反法律、法规规定，对劳动者造成损害的；

（二）因用人单位违反对女职工和未成年工的保护规定，对女职工和未成年工造成损害的；

（三）因用人单位原因订立无效合同，对劳动者造成损害的；

（四）因用人单位违法解除劳动合同或者故意拖延不订立劳动合同，对劳动者造成损害的；

（五）法律、法规和规章规定的其他因用人单位违反劳动保障法律的行为，对劳动者造成损害的。

第十七条 劳动者或者用人单位与社会保险经办机构发生的社会保险行政争议，按照《社会保险行政争议处理办法》处理。

第十八条 对符合下列条件的投诉，劳动保障行政部门应当在接到投诉之日起 5 个工作日内依法受理，并于受理之日立案查处：

（一）违反劳动保障法律的行为发生在两年内的；

（二）有明确的被投诉用人单位，且投诉人的合法权益受到侵害是被投诉用人单位违反劳动保障法律的行为所造成的；

（三）属于劳动保障监察职权范围并由受理投诉的劳动保障行政部门管辖。

对不符合第一款第（一）项规定的投诉，劳动保障行政部门应当在接到投诉之日起 5 个工作日内决定不予受理，并书面通知投诉人。

对不符合第一款第（二）项规定的投诉，劳动保障监察机构应当告知投诉人补正投诉材料。

对不符合第一款第（三）项规定的投诉，即对不属于劳动保障监察职权范围的投诉，劳动保障监察机构应当告诉投诉人；对属于劳动保障监察职权范围但不属于受理投诉的劳动保障行政部门管辖的投诉，应当告知投诉人向有关劳动保障行政部门提出。

第十九条　劳动保障行政部门通过日常巡视检查、书面审查、举报等发现用人单位有违反劳动保障法律的行为，需要进行调查处理的，应当及时立案查处。

立案应当填写立案审批表，报劳动保障监察机构负责人审查批准。劳动保障监察机构负责人批准之日即为立案之日。

第四章　调查与检查

第二十条　劳动保障监察员进行调查、检查不得少于两人。

劳动保障监察机构应指定其中 1 名为主办劳动保障监察员。

第二十一条　劳动保障监察员对用人单位遵守劳动保障法律情况进行监察时，应当遵循以下规定：

（一）进入用人单位时，应佩戴劳动保障监察执法标志，出示劳动保障监察证件，并说明身份；

（二）就调查事项制作笔录，应由劳动保障监察员和被调查人（或其委托代理人）签名或盖章。被调查人拒不签名、盖章的，应注明拒签情况。

第二十二条　劳动保障监察员进行调查、检查时，承担下列义务：

（一）依法履行职责，秉公执法；

（二）保守在履行职责过程中获知的商业秘密；

（三）为举报人保密。

第二十三条 劳动保障监察员在实施劳动保障监察时，有下列情形之一的，应当回避：

（一）本人是用人单位法定代表人或主要负责人的近亲属的；

（二）本人或其近亲属与承办查处的案件事项有直接利害关系的；

（三）因其他原因可能影响案件公正处理的。

第二十四条 当事人认为劳动保障监察员符合本规定第二十三条规定应当回避的，有权向劳动保障行政部门申请，要求其回避。当事人申请劳动保障监察员回避，应当采用书面形式。

第二十五条 劳动保障行政部门应当在收到回避申请之日起 3 个工作日内依法审查，并由劳动保障行政部门负责人作出回避决定。决定作出前，不停止实施劳动保障监察。回避决定应当告知申请人。

第二十六条 劳动保障行政部门实施劳动保障监察，有权采取下列措施：

（一）进入用人单位的劳动场所进行检查；

（二）就调查、检查事项询问有关人员；

（三）要求用人单位提供与调查、检查事项相关的文件资料，必要时可以发出调查询问书；

（四）采取记录、录音、录像、照像和复制等方式收集有关的情况和资料；

（五）对事实确凿、可以当场处理的违反劳动保障法律、法规或规章的行为当场予以纠正；

（六）可以委托注册会计师事务所对用人单位工资支付、缴纳社会保险费的情况进行审计；

（七）法律、法规规定可以由劳动保障行政部门采取的其他调查、检查措施。

第二十七条 劳动保障行政部门调查、检查时，有下列情形之一的可以采取证据登记保存措施：

（一）当事人可能对证据采取伪造、变造、毁灭行为的；

（二）当事人采取措施不当可能导致证据灭失的；

（三）不采取证据登记保存措施以后难以取得的；

（四）其他可能导致证据灭失的情形的。

第二十八条 采取证据登记保存措施应当按照下列程序进行：

（一）劳动保障监察机构根据本规定第二十七条的规定，提出证据登记保存申请，报劳动保障行政部门负责人批准；

（二）劳动保障监察员将证据登记保存通知书及证据登记清单交付当事人，由当事人签收。当事人拒不签名或者盖章的，由劳动保障监察员注明情况；

（三）采取证据登记保存措施后，劳动保障行政部门应当在 7 日内及时作出处理决定，期限届满后应当解除证据登记保存措施。

在证据登记保存期内，当事人或者有关人员不得销毁或者转移证据；劳动保障监察机构及劳动保障监察员可以随时调取证据。

第二十九条 劳动保障行政部门在实施劳动保障监察中涉及异地调查取证的，可以委托当地劳动保障行政部门协助调查。受委托方的协助调查应在双方商定的时间内完成。

第三十条 劳动保障行政部门对违反劳动保障法律的行为的调查，应当自立案之日起 60 个工作日内完成；情况复杂的，经劳动保障行政部门负责人批准，可以延长 30 个工作日。

第五章 案件处理

第三十一条 对用人单位存在的违反劳动保障法律的行为事实确凿并有

法定处罚（处理）依据的，可以当场作出限期整改指令或依法当场作出行政处罚决定。

当场作出限期整改指令或行政处罚决定的，劳动保障监察员应当填写预定格式、编有号码的限期整改指令书或行政处罚决定书，当场交付当事人。

第三十二条　当场处以警告或罚款处罚的，应当按照下列程序进行：

（一）口头告知当事人违法行为的基本事实、拟作出的行政处罚、依据及其依法享有的权利；

（二）听取当事人的陈述和申辩；

（三）填写预定格式的处罚决定书；

（四）当场处罚决定书应当由劳动保障监察员签名或者盖章；

（五）将处罚决定书当场交付当事人，由当事人签收。

劳动保障监察员应当在两日内将当场限期整改指令和行政处罚决定书存档联交所属劳动保障行政部门存档。

第三十三条　对不能当场作出处理的违法案件，劳动保障监察员经调查取证，应当提出初步处理建议，并填写案件处理报批表。

案件处理报批表应写明被处理单位名称、案由、违反劳动保障法律行为事实、被处理单位的陈述、处理依据、建议处理意见。

第三十四条　对违反劳动保障法律的行为作出行政处罚或者行政处理决定前，应当告知用人单位，听取其陈述和申辩；法律、法规规定应当依法听证的，应当告知用人单位有权依法要求举行听证；用人单位要求听证的，劳动保障行政部门应当组织听证。

第三十五条　劳动保障行政部门对违反劳动保障法律的行为，根据调查、检查的结果，作出以下处理：

（一）对依法应当受到行政处罚的，依法作出行政处罚决定；

（二）对应当改正未改正的，依法责令改正或者作出相应的行政处理决定；

（三）对情节轻微，且已改正的，撤销立案。

经调查、检查，劳动保障行政部门认定违法事实不能成立的，也应当撤销立案。

发现违法案件不属于劳动保障监察事项的，应当及时移送有关部门处理；涉嫌犯罪的，应当依法移送司法机关。

第三十六条 劳动保障监察行政处罚（处理）决定书应载明下列事项：

（一）被处罚（处理）单位名称、法定代表人、单位地址；

（二）劳动保障行政部门认定的违法事实和主要证据；

（三）劳动保障行政处罚（处理）的种类和依据；

（四）处罚（处理）决定的履行方式和期限；

（五）不服行政处罚（处理）决定，申请行政复议或者提起行政诉讼的途径和期限；

（六）作出处罚（处理）决定的行政机关名称和作出处罚（处理）决定的日期。

劳动保障行政处罚（处理）决定书应当加盖劳动保障行政部门印章。

第三十七条 劳动保障行政部门立案调查完成，应在15个工作日内作出行政处罚（行政处理或者责令改正）或者撤销立案决定；特殊情况，经劳动保障行政部门负责人批准可以延长。

第三十八条 劳动保障监察限期整改指令书、劳动保障行政处理决定书、劳动保障行政处罚决定书应当在宣告后当场交付当事人；当事人不在场的，劳动保障行政部门应当在7日内依照《中华人民共和国民事诉讼法》的有关规定，将劳动保障监察限期整改指令书、劳动保障行政处理决定书、劳动保障行政处罚决定书送达当事人。

第三十九条 作出行政处罚、行政处理决定的劳动保障行政部门发现决定不适当的，应当予以纠正并及时告知当事人。

第四十条 劳动保障监察案件结案后应建立档案。档案资料应当至少保存 3 年。

第四十一条 劳动保障行政处理或处罚决定依法作出后，当事人应当在决定规定的期限内予以履行。

第四十二条 当事人对劳动保障行政处理或行政处罚决定不服申请行政复议或者提起行政诉讼的，行政处理或行政处罚决定不停止执行。法律另有规定的除外。

第四十三条 当事人确有经济困难，需要延期或者分期缴纳罚款的，经当事人申请和劳动保障行政部门批准，可以暂缓或者分期缴纳。

第四十四条 当事人对劳动保障行政部门作出的行政处罚决定、责令支付劳动者工资报酬、赔偿金或者征缴社会保险费等行政处理决定逾期不履行的，劳动保障行政部门可以申请人民法院强制执行，或者依法强制执行。

第四十五条 除依法当场收缴的罚款外，作出罚款决定的劳动保障行政部门及其劳动保障监察员不得自行收缴罚款。当事人应当自收到行政处罚决定书之日起 15 日内，到指定银行缴纳罚款。

第四十六条 地方各级劳动保障行政部门应当按照劳动保障部有关规定对承办的案件进行统计并填表上报。

地方各级劳动保障行政部门制作的行政处罚决定书，应当在 10 个工作日内报送上一级劳动保障行政部门备案。

第六章 附　　则

第四十七条 对无营业执照或者已被依法吊销营业执照，有劳动用工行为的，由劳动保障行政部门依照本规定实施劳动保障监察。

第四十八条 本规定自 2005 年 2 月 1 日起施行。原《劳动监察规定》（劳部发〔1993〕167 号）、《劳动监察程序规定》（劳部发〔1995〕457 号）、《处理举报劳动违法行为规定》（劳动部令第 5 号，1996 年 12 月 17 日）同时废止。

重大劳动保障违法行为社会公布办法

（2016年9月1日中华人民共和国人力资源和社会保障部令第29号公布）

第一条 为加强对重大劳动保障违法行为的惩戒，强化社会舆论监督，促进用人单位遵守劳动保障法律、法规和规章，根据《劳动保障监察条例》《企业信息公示暂行条例》等有关规定，制定本办法。

第二条 人力资源社会保障行政部门依法向社会公布用人单位重大劳动保障违法行为，适用本办法。

第三条 人力资源社会保障行政部门向社会公布重大劳动保障违法行为，应当遵循依法依规、公平公正、客观真实的原则。

第四条 人力资源社会保障部负责指导监督全国重大劳动保障违法行为社会公布工作，并向社会公布在全国有重大影响的劳动保障违法行为。

省、自治区、直辖市人力资源社会保障行政部门负责指导监督本行政区域重大劳动保障违法行为社会公布工作，并向社会公布在本行政区域有重大影响的劳动保障违法行为。

地市级、县级人力资源社会保障行政部门依据行政执法管辖权限，负责本辖区的重大劳动保障违法行为社会公布工作。

第五条 人力资源社会保障行政部门对下列已经依法查处并作出处理决定的重大劳动保障违法行为，应当向社会公布：

（一）克扣、无故拖欠劳动者劳动报酬，数额较大的；拒不支付劳动报酬，依法移送司法机关追究刑事责任的；

（二）不依法参加社会保险或者不依法缴纳社会保险费，情节严重的；

（三）违反工作时间和休息休假规定，情节严重的；

（四）违反女职工和未成年工特殊劳动保护规定，情节严重的；

（五）违反禁止使用童工规定的；

（六）因劳动保障违法行为造成严重不良社会影响的；

（七）其他重大劳动保障违法行为。

第六条 向社会公布重大劳动保障违法行为，应当列明下列事项：

（一）违法主体全称、统一社会信用代码（或者注册号）及地址；

（二）法定代表人或者负责人姓名；

（三）主要违法事实；

（四）相关处理情况。

涉及国家秘密、商业秘密以及个人隐私的信息不得公布。

第七条 重大劳动保障违法行为应当在人力资源社会保障行政部门门户网站公布，并在本行政区域主要报刊、电视等媒体予以公布。

第八条 地市级、县级人力资源社会保障行政部门对本辖区发生的重大劳动保障违法行为每季度向社会公布一次。

人力资源社会保障部和省级人力资源社会保障行政部门每半年向社会公布一次重大劳动保障违法行为。

根据工作需要，对重大劳动保障违法行为可随时公布。

第九条 县级以上地方人力资源社会保障行政部门在向社会公布重大劳动保障违法行为之前，应当将公布的信息报告上一级人力资源社会保障行政部门。

第十条 人力资源社会保障行政部门应当将重大劳动保障违法行为及其社会公布情况记入用人单位劳动保障守法诚信档案，纳入人力资源社会保障信用体系，并与其他部门和社会组织依法依规实施信息共享和联合惩戒。

第十一条 用人单位对社会公布内容有异议的，由负责查处的人力资源社会保障行政部门自收到申请之日起 15 个工作日内予以复核和处理，并通知用人单位。

重大劳动保障违法行为处理决定被依法变更或者撤销的，负责查处的人力资源社会保障行政部门应当自变更或者撤销之日起 10 个工作日内，对社会公布内容予以更正。

第十二条 人力资源社会保障行政部门工作人员在重大劳动保障违法行为社会公布中滥用职权、玩忽职守、徇私舞弊的，依法予以处理。

第十三条 本办法自 2017 年 1 月 1 日起施行。

劳动和社会保障部　中华全国总工会关于加强劳动保障监察与工会劳动保障法律监督相互协调配合工作的通知

（劳社部发〔2001〕18号　2001年11月13日）

各省、自治区、直辖市劳动和社会保障厅（局）、总工会：

《中华人民共和国劳动法》（以下简称《劳动法》）公布实施以来，各地、各有关部门和多数用人单位认真贯彻落实，劳动者的合法权益基本得到保障。但在一些地区和部分企业仍然存在着违反《劳动法》规定，侵害劳动者合法权益的现象。为加大劳动保障监察执法和工会劳动保障法律监督的力度，切实维护劳动者的合法权益，根据《劳动法》、《中华人民共和国工会法》，现就加强劳动保障监察与工会劳动保障法律监督协调配合工作，推进劳动保障法律监督制度建设的有关问题通知如下：

一、进一步加强劳动保障监察与工会劳动保障法律监督的协调配合工作。劳动保障监察是国家赋予劳动保障行政部门依法对用人单位遵守劳动保障法律法规情况进行监督检查，并对违法行为进行行政处理或行政处罚的行政执法活动。工会劳动保障法律监督是工会依法组织职工对劳动保障法律法规的贯彻实施情况进行的监督活动。这两者都是我国劳动保障法律监督体系的重要组成部分。在贯彻实施劳动保障法律法规的工作中，劳动保障行政部门和工会组织要认真履行各自的职责，同时要按照相互支持、相互协调、密切配合的原则，逐步建立相关的工作制度，形成优势互补的工作格局，推进劳动保障法律监督制度建设和工作开展。

二、建立情况通报制度和工作例会制度。县级以上劳动保障监察机构和工会劳动保障法律监督组织应定期召开联席会议或工作例会，通报工作情况，分析研究劳动保障法律法规贯彻实施中存在的问题，提出加强劳动保障法律监督工作的意见和具体措施。要做好信息的收集、分析和统计工作，加强信息交流，尤其要做好重大事件和重要信息的通报工作。

三、开展对职工合法权益重大问题的监督和调查研究。工会依法维护职工合法权益，对用人单位遵守劳动保障法律法规情况进行监督。劳动保障行政部门与工会组织可就贯彻实施劳动保障法律法规，维护职工合法权益问题共同开展调查研究，针对侵犯职工合法权益和影响社会稳定的问题，提出解决措施和建议。

四、建立案件处理反馈制度。县级以上工会劳动保障法律监督组织在开展劳动保障法律法规监督活动中，对用人单位违反劳动保障法律法规的行为，可提请有管辖权的劳动保障行政部门处理。劳动保障行政部门的监察机构应及时对工会反映的情况进行调查，并将处理结果反馈给工会劳动保障法律监督组织。

五、建立工会劳动保障法律监督员制度。地方各级劳动保障行政部门可以在同级工会组织中聘请劳动保障法律监督员。工会组织中被聘请的劳动保障法律监督员由县级以上劳动保障行政部门和工会组织培训，经考核合格后，由县级以上劳动保障行政部门、工会组织统一颁发证件。劳动保障法律监督员发现用人单位违反劳动保障法律法规的行为，应及时向其提出整改意见或建议，如用人单位拒不整改，劳动保障法律监督员应当向劳动保障监察机构和工会劳动保障法律监督组织报告。劳动保障行政部门对工会劳动保障法律监督员反映的违法问题应及时进行调查处理。

六、发挥企业工会劳动保障法律监督组织对本单位遵守劳动保障法律法规情况的监督作用。县级以上各级工会劳动保障法律监督委员会要加强对企业工会劳动保障法律监督委员会的工作指导，督促其对本企业遵守劳动保障法律法规情况进行经常性的监督。企业工会在工作中发现的问题，应及时向用人单位提出整改意见；对重大问题，应通过平等协商提出议案，经职工代表大会做出决议，并监督用人单位执行。企业分厂、车间和班组的工会劳动保障法律监督员应搞好日常监督，对在生产劳动过程中发现的违反劳动保障法律法规的现象和行为，应及时向企业工会劳动保障法律监督委员会报告。对重大问题，企业工会劳动保障法律监督组织应及时向上级工会和当地劳动保障行政部门报告，劳动保障行政部门应当认真查处。

七、各级劳动保障行政部门要进一步加大劳动保障监察执法力度。要继续加强劳动保障监察机构建设，充实人员，保证执法力量。劳动保障行政部门要严格执法，对侵犯劳动者合法权益的行为和责任者，必须严肃查处，把维护劳动者合法权益的工作落到实处。劳动保障行政部门在作出重大行政处罚决定前，应认真执行听证制度，充分听取当事人的意见，并根据案件审查需要，征求工会组织等有关方面的意见，确保劳动保障行政部门行政处罚决定的公正性。

八、各级劳动保障行政部门和工会组织要结合实际情况制定具体的措施和办法，建立和完善劳动保障法律监督体系，不断探索劳动保障监察与工会劳动保障法律监督协调配合开展工作的形式和途径，共同推进劳动保障法律法规的全面贯彻执行。

劳动和社会保障部办公厅关于规范聘请劳动保障法律监督员工作的通知

（劳社厅发〔2001〕7号 2001年12月5日）

各省、自治区、直辖市劳动和社会保障厅（局）：

为进一步贯彻实施劳动保障法律法规，加大劳动保障监察执法力度，加强与有关部门和群众组织的配合和协作，推进劳动保障法律监督制度建设，各级劳动保障行政部门可以根据工作需要从有关单位聘请劳动保障法律监督员。现就规范聘请劳动保障法律监督员工作的有关问题通知如下：

一、劳动保障法律监督员是指县级以上劳动保障行政部门，从有关政府部门和工会、妇联、共青团、新闻单位、企业等单位的工作人员、新闻工作者、劳资管理人员中，聘请对劳动保障法律法规贯彻实施情况进行监督的人员。各地劳动保障行政部门应当做好聘请劳动保障法律监督员的工作，充分发挥劳动保障法律监督员在宣传劳动保障法律知识和协助查处劳动保障违法行为等方面的重要作用。

二、劳动保障法律监督员必须具备的条件是：坚持四项基本原则，遵守宪法和法律；熟悉劳动保障法规政策和业务工作；遵守监督工作纪律，保守工作秘密；坚持原则，公道正派；经过劳动和社会保障部或省级劳动保障行政部门劳动保障法律与监察知识培训，并考试合格。

三、劳动保障法律监督员的主要职责是：宣传劳动保障法律法规和国家劳动保障政策；依法对各类用人单位和个人遵守劳动保障法律法规情况进行监督；反映、转递人民群众对违反劳动保障法律法规行为的检举、控告；反映人民群众对贯彻实施劳动保障法律法规和加强劳动保障监察执法工作的建议、意见和要求。

四、聘请劳动保障法律监督员应当由所在单位推荐人选，经县级以上劳动保障行政部门的劳动保障监察机构审核后，报劳动保障行政部门领导批准。经批准聘任的劳动保障法律监督员由劳动保障监察机构办理颁发劳动保障法律监督员证件手续。劳动保障法律监督员证由劳动和社会保障部统一监制。

劳动保障法律监督员的聘任期限一般为三年；根据工作需要并征得本人及其所在单位同意，聘任期满并经考核合格后，可以续聘并换发新证。部分地方劳动保障行政部门过去以劳动保障协察员、助理劳动保障监察员等名义聘请的劳动保障法律监督人员，在今后续聘时应使用劳动保障法律监督员称谓，统一颁发劳动保障法律监督员证。

五、劳动保障行政部门劳动保障监察机构具体负责劳动保障法律监督员管理工作，主要内容是：根据工作需要召开劳动保障法律监督员座谈会，通报贯彻实施劳动保障法律法规情况；及时调查处理劳动保障法律监督员反映的违法问题，并向其通报调查处理结果；建立劳动保障法律监督员工作档案，定期考核和通报本人工作情况；加强对劳动保障法律监督员的培训，不断提高他们的政治素质和业务素质。

六、各级劳动保障行政部门要重视聘请劳动保障法律监督员的工作，把这项工作作为建立和完善劳动保障法律监督制度的重要工作来抓。加强与有关部门和工会、妇联、共青团组织的配合与协作，不断探索开展劳动保障法律监督的形式和途径，共同推进劳动保障法律法规的贯彻实施。

最高人民检察院　中华全国总工会关于协同推进运用"一函两书"制度保障劳动者权益工作的通知

（高检发办字〔2024〕27号　2024年2月7日）

各省、自治区、直辖市人民检察院、总工会：

为深入贯彻落实党的二十大精神和习近平总书记在同全国总工会新一届领导班子成员集体谈话时的重要讲话精神，牢牢把握新时代"枫桥经验"的科学内涵和实践要求，充分发挥检察机关与工会在维护劳动者合法权益、构建和谐劳动关系中协同作用，有效预防和化解劳动领域矛盾纠纷，及时纠正用工违法行为，特别是推动根治欠薪、违法安排超时加班等社会关注问题，切实维护好劳动者的合法权益，现就检察机关与工会协同推进运用"一函两书"制度保障劳动者权益等工作通知如下。

一、"一函两书"制度基本内涵

本通知所指"一函两书"制度，是工会及相关单位为提醒用人单位落实好劳动法律法规，或纠正其违法劳动用工行为而适用相关文书的制度简称。"一函"指的是劳动法律监督提示函，"两书"指的是劳动法律监督意见书和劳动法律监督建议书。"一函两书"制度重在源头预防，目的是通过协调协商方式将劳动关系矛盾纠纷化解在基层，化解在萌芽状态。

二、主要目标

发挥检察机关法律监督职能优势和工会在发现、排查劳动领域风险隐患中的第一道防线作用，立足预防、立足调解、立足法治、立足基层，落实“枫桥经验”关于预防在前、调解优先、运用法治、就地解决矛盾纠纷等要求，凝聚工作合力，进一步提高检察机关与工会的协作配合质效，健全工作机制，推动劳动法律法规贯彻执行，保障劳动者合法权益，推动构建和谐劳动关系，促进社会和谐稳定。

三、“一函两书”制度适用范围

（一）用人单位涉及职工利益的内部规章制度的制定、修改、执行情况；工资集体协商和集体合同制度的建立和执行情况；职工代表大会制度的建立和落实情况；

（二）劳动合同的订立、履行、变更、解除和终止情况；劳动报酬分配、调整、支付和社会保险、福利待遇的落实情况；工作时间、休息和休假制度的执行情况；

（三）安全生产、职业病防治等劳动安全卫生的执行情况；女职工、未成年工、残疾职工及老年劳动者特殊权益保护的情况；职工教育培训及其经费提取、使用的情况；

（四）劳务派遣单位和用工单位遵守劳动法律法规、保障被派遣人员合法权益的情况；

（五）用人单位违反《工会法》，阻挠劳动者参加和组织工会，或因工会工作人员依法履职进行打击报复、解除劳动合同等情况；

（六）法律法规规定的其他情况。

四、检察监督与“一函两书”衔接协作

（一）加强事前监督和风险提示

工会劳动法律监督委员会认为用人单位可能违反或者出现违反有关劳动法律法规情况时可以给予口头提示、沟通协商；必要时，发出《工会劳动法律监督提示函》。检察机关可就发现或掌握的劳动用工违法线索与工会及时会商，推动问题解决。工会在“两节”等重要时间节点，聚焦治理欠薪、违法安排超时加班等重点问题，可面向本地区相关用人单位公开发布《工会劳动法律监督提示函》。各级检察机关可结合法律监督职能，就办案中发现的重点问题面向本地区发布相应法律风险提示或合规倡议，提醒、警示企业遵守相关劳动法律法规，推动企业依法合规健康发展。

（二）协同协作保护劳动者权益

按照“一函两书”制度要求，当用人单位存在违反劳动法律法规、侵害职工合法权益行为，与用人单位经提示、协商无效的，由该用人单位所在地县级以上总工会向用人单位发出《工会劳动法律监督意见书》，提出改正意见。涉及新就业形态劳动者和女性、未成年、残疾、老年劳动者等重点群体权益，或者涉及社保欠缴、拖欠农民工工资等群体性纠纷且用人单位不予配合的，县级以上总工会可同时将《工会劳动法律监督意见书》抄送同级检察机关，并移送相关线索材料，由检察机关依法启动法律监督程序，各级工会应当积极配合检察机关开展办案工作，通过个案办理推动类案监督促进综合治理，共同维护劳动者合法权益。检察机关在办理涉及劳动者权益保护的案件时，可以将相关法律文书抄送同级地方总工会，协同协作推进案件办理。

（三）促进依法行政

用人单位无正当理由未在规定期限内答复，或者无正当理由拒不改正的，地方总工会向同级政府执法部门发出《工会劳动法律监督建议书》，可同时抄送同级检察机关，并移送相关线索材料，由检察机关依法开展法律监

督，支持工会代表劳动者提出的权益维护诉求。县级以上总工会可商请同级检察机关派员提前介入办理劳动者权益维护相关工作，推动依法解决社保欠缴、农民工工资拖欠等问题，加强对损害国家利益或者社会公共利益、严重损害劳动者合法权益、造成重大社会影响等违法行为的监督。对于某地区一定时期内违法用工案件多发、频发，或者已发生的案件暴露出明显的劳动用工管理监督漏洞，需要督促行业主管部门加强和改进管理监督工作的；或政府执法部门不依法及时履行职责，致使劳动者合法权益受到损害或者存在损害危险，需要及时整改消除等情形，检察机关可以向有关单位和部门提出检察建议。

五、工作要求

（一）加强组织领导。各级检察机关、工会要进一步提高认识，深入贯彻落实习近平法治思想，深刻领会党的二十大精神，以全面推行“一函两书”制度为抓手，立足工作实际，加强协作配合，形成上下联动、层层推进的工作格局，切实维护好劳动者合法权益，推动构建和谐劳动关系，服务经济高质量发展。

（二）落实目标责任。各级检察机关、工会应切实加强领导，主动组织实施，积极开展工作。定期进行分析，认真总结经验，及时发现问题，并将有关情况报各自上级主管单位。必要时，各级检察机关与工会可联合组织开展劳动法律监督专项执法检查行动。最高检与全国总工会每年对“一函两书”实施情况进行总结和通报，联合评选典型案例、优秀文书并宣传推广。各级工会要建立“一函两书”工作台账，工会发出的提示函、意见书、建议书应当一式两份，作好档案管理。

（三）加强沟通协作。各级工会要紧密结合自身职责，主动加强与当地检察机关及政府各相关部门的沟通协作，切实发挥好各方面积极性，形成合力，协调推进。各级检察机关、工会要坚持上下联动，加强上下业务交流，对落实中存在的问题及时研究、协调解决，有计划、有步骤地全面推行“一函两书”制度。按照重心下移、监督力量下沉要求，加强基层检察院和基层工会运用“一函两书”制度规范化建设。有条件的地方工会可先行先试，探索建立“一函两书”数据库，打通数据壁垒，让数据为劳动法律监督工作赋能。

各省级检察机关、总工会可以依据本意见，结合本地区实际制定实施细则。

中华全国总工会　最高人民法院
关于协同推进“一函两书”工作的通知

（总工发〔2024〕7号　2024年3月26日）

各省、自治区、直辖市总工会、高级人民法院，解放军军事法院，新疆维吾尔自治区高级人民法院生产建设兵团分院：

为贯彻落实新时代“枫桥经验”实践要求，落实《最高人民法院 中华全国总工会工作交流会商会会议纪要》有关部署，有效预防和化解劳动领域矛盾纠纷，充分发挥工会与人民法院各自优势，增强“一函两书”落地效能，推动劳动纠纷诉源治理，现就工会与人民法院协同推进“一函两书”工作通知如下。

一、主要目标

以习近平新时代中国特色社会主义思想为指导，全面贯彻落实党的二十大精神，牢牢把握新时代“枫桥经验”的科学内涵和实践要求，通过协同推进“一函两书”工作，发挥工会贴近职工、贴近一线，在发现和掌握劳动领域风险隐患中的重要作用，立足人民法院专业优势，发挥能动司法作用，形成工作合力，进一步提高协作质效，健全工作机制，推动劳动法律法规贯彻执行，服务经济社会高质量发展。

二、基本内容

本通知中“一函两书”是指《工会劳动法律监督提示函》《工会劳动法律监督意见书》和《工会劳动法律监督建议书》。适用范围主要是：用人单位劳动规章制度的制定、修改、执行情况；劳动合同、劳动报酬、工作时间、休息休假等法律制度执行情况；安全生产、职业病防治等法律制度执行情况；劳动者参加和组织工会等权利落实及工会工作人员履职保护等法律制度执行情况。

三、工作举措

（一）建立双向通报和信息共享机制。

围绕元旦、春节等重要时间节点，聚焦欠薪、违法安排超时加班等突出问题，县级以上地方总工会与同级人民法院建立重大 / 敏感信息预警机制。工会发现劳动用工违法线索、重大敏感信息，向用人单位发出《工会劳动法律监督提示函》《工会劳动法律监督意见书》时，可同步将相关信息通报人民法院。人民法院就案件审理中发现的劳动权益保护类型化问题、重大敏感问题，及时向同级工会通报，加强矛盾纠纷预防化解指导；支持工会发布公开提示函，提醒、警示用人单位遵守劳动法律法规，推动劳动领域存在法律风险的普遍性问题实现诉源治理。

（二）探索建立司法建议与工会监督衔接机制。

人民法院可以根据辖区内类案办理情况，针对劳动用工违法行为等突出问题向有关用人单位发出司法建议书。人民法院可将司法建议书同步抄送用人单位所在地的县级以上地方总工会，县级以上地方总工会可以运用“一函两书”开展监督，并将结果及时反馈人民法院。工会和人民法院要强化工作协同，加强涉及新就业形态劳动者、老年劳动者、女性劳动者、农民工等群体权益的司法保障和劳动法律监督。鼓励和引导当事人通过非诉讼方式解决纠纷，积极预防和妥善化解劳动关系领域重大风险，维护劳动关系和谐与社会稳定。

（三）加强业务指导与培训。

县级以上地方总工会发出《工会劳动法律监督意见书》后，用人单位仍拒不改正违法用工行为的，工会可以积极协调检察机关支持劳动者提出权益维护诉求，人民法院依法公正高效审理劳动争议案件，不断提升审判质量和效率。县级以上地方总工会可以商请人民法院派员开展业务指导，对工会劳动法律监督员队伍开展业务培训，提升工会依法开展劳动法律监督的能力水平。

四、工作要求

地方各级总工会、人民法院要牢牢把握新时代“枫桥经验”的丰富内涵和实践要求，以全面推行“一函两书”为抓手，立足工作实际，加强协作配合，将有关情况定期报各自上级单位，形成上下联动、层层推进的工作格局。全国总工会与最高人民法院每年对“一函两书”实施情况进行总结和通报，联合评选典型案例、优秀文书，进行宣传推广。

各省级总工会、人民法院可以依据本通知，结合本地区实际制定具体工作方案。

人力资源社会保障部关于印发《企业劳动保障守法诚信等级评价办法》的通知

（人社部规〔2016〕1号 2016年7月25日）

各省、自治区、直辖市及新疆生产建设兵团人力资源社会保障厅（局）：

现将《企业劳动保障守法诚信等级评价办法》印发给你们，请遵照执行。

企业劳动保障守法诚信等级评价办法

第一条 为增强劳动保障监察的针对性和效率，实行企业分类监管，督促企业遵守劳动保障法律规定，履行守法诚信义务，根据《劳动保障监察条例》有关规定，制定本办法。

第二条 企业劳动保障守法诚信等级评价是根据企业遵守劳动保障法律、法规和规章的情况，对企业进行劳动保障守法诚信等级评价的行为。

第三条 开展企业劳动保障守法诚信等级评价，应当根据事实，遵循依法、公正原则。

第四条 县级以上地方人力资源社会保障行政部门按照劳动保障监察管辖范围负责企业劳动保障守法诚信等级评价工作，由劳动保障监察机构负责组织实施，每年开展一次评价。

第五条 企业劳动保障守法诚信等级评价主要依据日常巡视检查、书面材料审查、举报投诉查处以及专项检查等劳动保障监察和其他有关工作中取得的企业上一年度信用记录进行。

开展企业劳动保障守法诚信等级评价应注意听取当地政府有关部门及工会组织的意见和建议。

第六条 人力资源社会保障行政部门根据下列情况对企业劳动保障守法诚信等级进行评价：

（一）制定内部劳动保障规章制度的情况；

（二）与劳动者订立劳动合同的情况；

（三）遵守劳务派遣规定的情况；

（四）遵守禁止使用童工规定的情况；

（五）遵守女职工和未成年工特殊劳动保护规定的情况；

（六）遵守工作时间和休息休假规定的情况；

（七）支付劳动者工资和执行最低工资标准的情况；

（八）参加各项社会保险和缴纳社会保险费的情况；

（九）其他遵守劳动保障法律、法规和规章的情况。

第七条 企业劳动保障守法诚信等级划分为 A、B、C 三级：

（一）企业遵守劳动保障法律、法规和规章，未因劳动保障违法行为被查处的，评为 A 级。

（二）企业因劳动保障违法行为被查处，但不属于 C 级所列情形的，评为 B 级。

（三）企业存在下列情形之一的，评为 C 级。

1. 因劳动保障违法行为被查处三次以上（含三次）的；

2. 因劳动保障违法行为引发群体性事件、极端事件或造成严重不良社会影响的；

3. 因使用童工、强迫劳动等严重劳动保障违法行为被查处的；

4. 拒不履行劳动保障监察限期整改指令、行政处理决定或者行政处罚决定的；

5. 无理抗拒、阻挠人力资源社会保障行政部门实施劳动保障监察的；

6. 因劳动保障违法行为被追究刑事责任的。

第八条 作出劳动保障守法诚信等级评价的人力资源社会保障行政部门可以适当方式将评价结果告知企业。

第九条 劳动保障守法诚信等级评价结果应归入企业劳动保障守法诚信档案，至少保留 3 年。

第十条 人力资源社会保障行政部门根据企业劳动保障守法诚信等级评价情况，对劳动保障监察管辖范围内的企业实行分类监管。

对于被评为 A 级的企业，适当减少劳动保障监察日常巡视检查频次。

对于被评为 B 级的企业，适当增加劳动保障监察日常巡视检查频次。

对于被评为 C 级的企业，列入劳动保障监察重点对象，强化劳动保障监察日常巡视检查。

第十一条 对于被评为 C 级的企业，人力资源社会保障行政部门应对其主要负责人、直接责任人进行约谈，敦促其遵守劳动保障法律、法规和规章。

第十二条 企业劳动保障守法诚信等级评价结果确定后，发生劳动保障违法行为需要降级的，作出评价的人力资源社会保障行政部门应当重新评价，及时调整其劳动保障守法诚信等级。

第十三条 人力资源社会保障行政部门应当与工商、金融、住房城乡建设、税务等部门和工会组织建立信用信息交换共享机制，对企业实行守信联合激励和失信联合惩戒。

第十四条 人力资源社会保障行政部门应当加强劳动保障监察管理信息系统建设，充分利用信息技术和手段，整合信息资源，提高企业劳动保障守法诚信等级评价工作效率。

第十五条 人力资源社会保障行政部门工作人员在企业劳动保障守法诚信等级评价工作中滥用职权、玩忽职守、徇私舞弊的，按照有关规定给予处分。

第十六条 对其他劳动保障监察对象开展劳动保障守法诚信等级评价工作，依照本办法执行。

第十七条 省级人力资源社会保障行政部门可根据本办法和本地实际，制定实施办法。

第十八条 本办法自 2017 年 1 月 1 日起施行。

人力资源社会保障部　国家发展改革委
交通运输部　应急部　市场监管总局
国家医保局　最高人民法院　全国总工会关于
维护新就业形态劳动者劳动保障权益的指导意见

（人社部发〔2021〕56号　2021年7月16日）

各省、自治区、直辖市人民政府、高级人民法院、总工会，新疆生产建设兵团，新疆维吾尔自治区高级人民法院生产建设兵团分院，新疆生产建设兵团总工会：

近年来，平台经济迅速发展，创造了大量就业机会，依托互联网平台就业的网约配送员、网约车驾驶员、货车司机、互联网营销师等新就业形态劳动者数量大幅增加，维护劳动者劳动保障权益面临新情况新问题。为深入贯彻落实党中央、国务院决策部署，支持和规范发展新就业形态，切实维护新就业形态劳动者劳动保障权益，促进平台经济规范健康持续发展，经国务院同意，现提出以下意见：

一、规范用工，明确劳动者权益保障责任

（一）指导和督促企业依法合规用工，积极履行用工责任，稳定劳动者队伍。主动关心关爱劳动者，努力改善劳动条件，拓展职业发展空间，逐步提高劳动者权益保障水平。培育健康向上的企业文化，推动劳动者共享企业发展成果。

（二）符合确立劳动关系情形的，企业应当依法与劳动者订立劳动合同。不完全符合确立劳动关系情形但企业对劳动者进行劳动管理（以下简称不完全符合确立劳动关系情形）的，指导企业与劳动者订立书面协议，合理确定企业与劳动者的权利义务。个人依托平台自主开展经营活动、从事自由职业等，按照民事法律调整双方的权利义务。

（三）平台企业采取劳务派遣等合作用工方式组织劳动者完成平台工作的，应选择具备合法经营资质的企业，并对其保障劳动者权益情况进行监督。平台企业采用劳务派遣方式用工的，依法履行劳务派遣用工单位责任。对采取外包等其他合作用工方式，劳动者权益受到损害的，平台企业依法承担相应责任。

二、健全制度，补齐劳动者权益保障短板

（四）落实公平就业制度，消除就业歧视。企业招用劳动者不得违法设置性别、民族、年龄等歧视性条件，不得以缴纳保证金、押金或者其他名义向劳动者收取财物，不得违法限制劳动者在多平台就业。

（五）健全最低工资和支付保障制度，推动将不完全符合确立劳动关系情形的新就业形态劳动者纳入制度保障范围。督促企业向提供正常劳动的劳动者支付不低于当地最低工资标准的劳动报酬，按时足额支付，不得克扣或者无故拖欠。引导企业建立劳动报酬合理增长机制，逐步提高劳动报酬水平。

（六）完善休息制度，推动行业明确劳动定员定额标准，科学确定劳动者工作量和劳动强度。督促企业按规定合理确定休息办法，在法定节假日支付高于正常工作时间劳动报酬的合理报酬。

（七）健全并落实劳动安全卫生责任制，严格执行国家劳动安全卫生保护标准。企业要牢固树立安全“红线”意识，不得制定损害劳动者安全健康的考核指标。要严格遵守安全生产相关法律法规，落实全员安全生产责任

制，建立健全安全生产规章制度和操作规程，配备必要的劳动安全卫生设施和劳动防护用品，及时对劳动工具的安全和合规状态进行检查，加强安全生产和职业卫生教育培训，重视劳动者身心健康，及时开展心理疏导。强化恶劣天气等特殊情形下的劳动保护，最大限度减少安全生产事故和职业病危害。

（八）完善基本养老保险、医疗保险相关政策，各地要放开灵活就业人员在就业地参加基本养老、基本医疗保险的户籍限制，个别超大型城市难以一步实现的，要结合本地实际，积极创造条件逐步放开。组织未参加职工基本养老、职工基本医疗保险的灵活就业人员，按规定参加城乡居民基本养老、城乡居民基本医疗保险，做到应保尽保。督促企业依法参加社会保险。企业要引导和支持不完全符合确立劳动关系情形的新就业形态劳动者根据自身情况参加相应的社会保险。

（九）强化职业伤害保障，以出行、外卖、即时配送、同城货运等行业的平台企业为重点，组织开展平台灵活就业人员职业伤害保障试点，平台企业应当按规定参加。采取政府主导、信息化引领和社会力量承办相结合的方式，建立健全职业伤害保障管理服务规范和运行机制。鼓励平台企业通过购买人身意外、雇主责任等商业保险，提升平台灵活就业人员保障水平。

（十）督促企业制定修订平台进入退出、订单分配、计件单价、抽成比例、报酬构成及支付、工作时间、奖惩等直接涉及劳动者权益的制度规则和平台算法，充分听取工会或劳动者代表的意见建议，将结果公示并告知劳动者。工会或劳动者代表提出协商要求的，企业应当积极响应，并提供必要的信息和资料。指导企业建立健全劳动者申诉机制，保障劳动者的申诉得到及时回应和客观公正处理。

三、提升效能，优化劳动者权益保障服务

（十一）创新方式方法，积极为各类新就业形态劳动者提供个性化职业

介绍、职业指导、创业培训等服务，及时发布职业薪酬和行业人工成本信息等，为企业和劳动者提供便捷化的劳动保障、税收、市场监管等政策咨询服务，便利劳动者求职就业和企业招工用工。

（十二）优化社会保险经办，探索适合新就业形态的社会保险经办服务模式，在参保缴费、权益查询、待遇领取和结算等方面提供更加便捷的服务，做好社会保险关系转移接续工作，提高社会保险经办服务水平，更好保障参保人员公平享受各项社会保险待遇。

（十三）建立适合新就业形态劳动者的职业技能培训模式，保障其平等享有培训的权利。对各类新就业形态劳动者在就业地参加职业技能培训的，优化职业技能培训补贴申领、发放流程，加大培训补贴资金直补企业工作力度，符合条件的按规定给予职业技能培训补贴。健全职业技能等级制度，支持符合条件的企业按规定开展职业技能等级认定。完善职称评审政策，畅通新就业形态劳动者职称申报评价渠道。

（十四）加快城市综合服务网点建设，推动在新就业形态劳动者集中居住区、商业区设置临时休息场所，解决停车、充电、饮水、如厕等难题，为新就业形态劳动者提供工作生活便利。

（十五）保障符合条件的新就业形态劳动者子女在常住地平等接受义务教育的权利。推动公共文体设施向劳动者免费或低收费开放，丰富公共文化产品和服务供给。

四、齐抓共管，完善劳动者权益保障工作机制

（十六）保障新就业形态劳动者权益是稳定就业、改善民生、加强社会治理的重要内容。各地区要加强组织领导，强化责任落实，切实做好新就业形态劳动者权益保障各项工作。人力资源社会保障部、国家发展改革委、交通运输部、应急部、市场监管总局、国家医保局、最高人民法院、全国总工会等部门和单位要认真履行职责，强化工作协同，将保障劳动者权益纳入数

字经济协同治理体系，建立平台企业用工情况报告制度，健全劳动者权益保障联合激励惩戒机制，完善相关政策措施和司法解释。

（十七）各级工会组织要加强组织和工作有效覆盖，拓宽维权和服务范围，积极吸纳新就业形态劳动者加入工会。加强对劳动者的思想政治引领，引导劳动者理性合法维权。监督企业履行用工责任，维护好劳动者权益。积极与行业协会、头部企业或企业代表组织开展协商，签订行业集体合同或协议，推动制定行业劳动标准。

（十八）各级法院和劳动争议调解仲裁机构要加强劳动争议办案指导，畅通裁审衔接，根据用工事实认定企业和劳动者的关系，依法依规处理新就业形态劳动者劳动保障权益案件。各类调解组织、法律援助机构及其他专业化社会组织要依法为新就业形态劳动者提供更加便捷、优质高效的纠纷调解、法律咨询、法律援助等服务。

（十九）各级人力资源社会保障行政部门要加大劳动保障监察力度，督促企业落实新就业形态劳动者权益保障责任，加强治理拖欠劳动报酬、违法超时加班等突出问题，依法维护劳动者权益。各级交通运输、应急、市场监管等职能部门和行业主管部门要规范企业经营行为，加大监管力度，及时约谈、警示、查处侵害劳动者权益的企业。

各地区各有关部门要认真落实本意见要求，出台具体实施办法，加强政策宣传，积极引导社会舆论，增强新就业形态劳动者职业荣誉感，努力营造良好环境，确保各项劳动保障权益落到实处。

人力资源社会保障部办公厅关于印发《新就业形态劳动者休息和劳动报酬权益保障指引》《新就业形态劳动者劳动规则公示指引》《新就业形态劳动者权益维护服务指南》的通知

（人社厅发〔2023〕50 号　2023 年 11 月 8 日）

各省、自治区、直辖市及新疆生产建设兵团人力资源社会保障厅（局）：

为深入贯彻落实党的二十大精神，支持和规范发展新就业形态，加强新就业形态劳动者权益保障，根据劳动法律法规和《关于维护新就业形态劳动者劳动保障权益的指导意见》，我们编制了《新就业形态劳动者休息和劳动报酬权益保障指引》《新就业形态劳动者劳动规则公示指引》《新就业形态劳动者权益维护服务指南》，现印发给你们。

各地要准确理解指引指南内容，做好宣传解读工作，指导企业依法规范用工、新就业形态劳动者依法维权，切实维护好新就业形态劳动者基本权益。

新就业形态劳动者休息和劳动报酬权益保障指引

第一章 总 则

第一条 为支持和规范发展新就业形态，维护新就业形态劳动者休息和劳动报酬权益，根据国家有关法律法规和政策，制定本指引。

第二条 本指引所称新就业形态劳动者，主要指线上接受互联网平台发布的配送、出行、运输、家政服务等工作任务，按照平台要求提供平台网约服务，通过劳动获取劳动报酬的劳动者。本指引所称企业是指平台企业和平台用工合作企业。

第二章 工作时间和休息

第三条 企业要制定完善新就业形态劳动者休息办法，科学确定劳动者工作量和劳动强度，确保劳动者获得必要休息时间，防止劳动者过度劳动，保障劳动者身体健康。

第四条 新就业形态劳动者每日工作时间包括当日累计接单时间和适当考虑劳动者必要的在线等单、服务准备、生理需求等因素确定的宽放时间。企业明确要求新就业形态劳动者在线时间或在指定时间前往指定场所接受常规管理的，企业要求的在线时间和线下接受常规管理时间计入工作时间。

接单时间是指劳动者自执行订单任务时起至完成任务时止的全部时间。劳动者同一时间接两个及以上订单，接单时间不重复计算。劳动者因作业性质和特点，在接单时间内执行订单任务期间可获得连续较长休息时间的，该休息时间可不计入工作时间。

宽放时间由企业与工会或新就业形态劳动者代表结合行业实际，平等协商合理确定。

第五条 企业与工会或新就业形态劳动者代表要根据法律法规精神和行业管理规定，结合行业特点和企业实际，平等协商合理确定新就业形态劳动者连续最长接单时间和每日最长工作时间。劳动者达到连续最长接单时间和每日最长工作时间的，系统应推送休息提示，并停止推送订单一定时间。若劳动者当时正在执行订单任务过程中，从该订单任务完成后开始计算停止推送订单时长。

第六条 企业要建立新就业形态劳动者工作时间、接单时间台账，确保劳动者可通过应用程序自主查询本人工作时间、接单时间等完整记录。

第三章 劳动报酬

第七条 企业与工会或新就业形态劳动者代表结合行业特点和企业实际，平等协商制定新就业形态劳动者劳动报酬规则，明确劳动定额标准、抽成比例、计件单价、劳动报酬支付周期、考核办法等，确保新就业形态劳动者提供劳动获得合理劳动报酬。

第八条 不完全符合确立劳动关系情形但企业对劳动者进行劳动管理的新就业形态劳动者，适用劳动者实际工作地人民政府规定的小时最低工资标准。

第九条 新就业形态劳动者在法定节假日工作的，企业应向劳动者支付高于正常工作时间劳动报酬的合理报酬。

第十条 企业要以货币形式将劳动报酬支付给新就业形态劳动者本人，不得以实物及有价证券替代货币支付。

第十一条 企业应按时足额支付新就业形态劳动者劳动报酬，不得克扣或无故拖欠。企业支付劳动报酬时，应向劳动者提供本人的劳动报酬清单。

第十二条 平台企业要对用工合作企业按时足额发放新就业形态劳动者劳动报酬等情况进行监督。

第四章 附 则

第十三条 符合确立劳动关系情形的新就业形态劳动者，休息和适用最低工资标准等按照《中华人民共和国劳动法》《最低工资规定》等法律法规规章执行。

第十四条 个人依托互联网平台完全自主开展经营活动的，不适用本指引。

新就业形态劳动者劳动规则公示指引

第一条 为引导平台企业依法合规制定和修订新就业形态劳动者劳动规则，保障新就业形态劳动者知情权和参与权，根据国家有关法律法规和政策，制定本指引。

第二条 本指引所称新就业形态劳动者，主要指线上接受互联网平台发布的配送、出行、运输、家政服务等工作任务，按照平台要求提供平台网约服务，通过劳动获取劳动报酬的劳动者。本指引所称企业是指平台企业和平台用工合作企业。

第三条 本指引所称劳动规则是指平台企业组织新就业形态劳动者提供网约服务，进行工作调度和劳动管理时所依据的规章制度、格式合同条款和算法规则等。

第四条 平台企业制定或修订平台劳动规则要遵循合法规范、公平公正、透明可释、科学合理、诚实信用的原则，依法履行民主程序。

第五条 平台企业要向依托平台就业的新就业形态劳动者公开订单分配、报酬及支付、工作时间和休息、职业健康与安全、服务规范等与劳动者基本权益直接相关的规章制度、格式合同条款、算法规则及其运行机制等。

包括并不限于：

（一）新就业形态劳动者进入、退出平台规则；

（二）平台订单分配规则，包括订单分配的基本原则、订单优先分配或差别性分配规则等；

（三）报酬规则，包括计件单价及确定因素，抽成比例及确定因素，报酬构成及支付周期、支付方式等；

（四）工作时间和休息规则，包括任务完成时限要求及其确定依据和主要影响因素等，为防止疲劳对每日（或周/月）累计最长工作时间、停止推送订单休息等限制性规定；

（五）奖惩规则，包括服务要求和规范，考核制度，奖励和惩戒的情形、方式、标准，劳动者的申诉渠道和企业处理申诉的程序、结果反馈方式等；

（六）其他直接涉及劳动者切身利益的规则。

第六条 平台企业制定或修订直接涉及新就业形态劳动者权益的劳动规则，要提前通过应用程序弹窗等显著方式向劳动者公开征求意见，充分听取工会或劳动者代表的意见建议，将采纳情况告知劳动者。确定实施前，至少提前七日向劳动者予以公示。

第七条 平台企业拟调整经营方式或制定、修订劳动规则对新就业形态劳动者权益有重大影响的，了解或应当了解平台用工合作企业涉及新就业形态劳动者权益的重大制度规则调整的，要开展风险评估，并提前七日向服务所在地人力资源社会保障行政部门和相关主管部门报告，听取意见建议。

第八条 平台企业要在应用程序等显著位置，以清晰易懂的语言，真实、准确地持续公示有关内容，确保新就业形态劳动者能够随时方便查看完整内容，并提供反馈有关意见建议的渠道。

新就业形态劳动者权益维护服务指南

第一章 总 则

第一条 为健全新就业形态劳动者权益维护机制，畅通维权渠道，及时、便捷、高质量化解涉新就业形态劳动纠纷，切实维护好新就业形态劳动者权益，促进平台经济持续健康发展，制定本指南。

第二条 政府行政部门、法院、工会、企业代表组织、平台企业等要不断探索创新适合新就业形态特点的劳动者维权服务方式，改进和优化对新就业形态劳动者的维权服务。

第三条 新就业形态劳动者维护自身权益时应当依法合理表达诉求，不得采取违法和过激形式。

第二章 企业内部劳动纠纷化解机制

第四条 平台企业要建立健全与新就业形态劳动者的常态化沟通机制和新就业形态劳动者申诉机制，畅通线上和线下沟通渠道。

第五条 新就业形态劳动者可向平台企业反映对平台劳动规则的意见建议或其他合理诉求，平台企业要认真听取并作出回应。

第六条 新就业形态劳动者认为平台用工合作企业侵犯其合法权益的，可向平台企业投诉。平台企业要积极核查，协调处理。情况属实的，要督促用工合作企业及时整改。

第七条 新就业形态劳动者对报酬计算、服务时长、服务费用扣减、奖惩、平台用工合作企业管理服务等有异议的，或遭遇职场欺凌、骚扰的，可向平台企业反映或申诉，平台企业要在承诺时间内予以回应并公正处理。

第八条 新就业形态劳动者认为自身劳动权益受到侵害时，可优先与企业协商解决，也可请工会或第三方组织共同与企业协商解决。

第九条 鼓励平台企业成立由工会代表、新就业形态劳动者代表和企业代表参加的企业内部劳动纠纷调解委员会，提供涉新就业形态劳动者劳动纠纷调解服务。新就业形态劳动者认为自身劳动权益受到侵害时，可向企业劳动纠纷调解委员会提出。调解委员会应当及时核实情况，协调企业进行整改或者向劳动者做出说明。

第三章 工会权益维护服务

第十条 新就业形态劳动者有权加入工会。工会组织要积极吸收新就业形态劳动者入会。

第十一条 工会组织要及时帮助新就业形态劳动者解决生活和工作中遇到的困难。新就业形态劳动者在生活和工作中遇到困难，可向所在工会组织或当地工会组织予以支持和帮助。

第十二条 工会组织要对平台企业、平台用工合作企业展行用工责任情况进行监督。平台企业、平台用工合作企业违反新就业形态劳动者权益保障相关法律法规政策，工会组织要提出意见或者要求纠正。新就业形态劳动者可向工会组织反映对企业劳动管理的意见建议。工会组织要收集新就业形态劳动者意见，并及时向企业反馈。对工会提出的意见和收集的新就业形态劳动者的意见建议，企业要及时研究，给予答复。

第十三条 工会组织要推动平台企业建立常态化的沟通协商机制，代表或组织新就业形态劳动者就涉及劳动者切身利益的事项与平台企业沟通、协商，订立集体合同或协议。新就业形态劳动者有权参与工会与企业组织的恳谈会、集体协商等活动，平台企业、平台用工合作企业应提供便利条件。

第十四条 新就业形态劳动者认为平台企业、平台用工合作企业侵犯自身劳动权益申请劳动争议仲裁或者向人民法院提起诉讼的，可向工会组织申请法律援助等服务。

第十五条 新就业形态劳动者可就近在工会组织等建立的服务站点申请协调解决权益维护问题。

第四章 相关部门机构权益维护服务

第十六条 新就业形态劳动者与企业发生纠纷，可向人民调解委员会和各级各类专业性劳动争议调解组织申请调解。经调解达成的调解协议，具有法律约束力，当事人应按照约定履行。符合条件的，可向人民法院申请司法确认或向劳动争议仲裁机构申请置换。

第十七条 发生争议后调解不成或当事人不愿调解，符合劳动争议受案范围的，新就业形态劳动者可向实际工作地的劳动争议仲裁机构申请劳动争议仲裁。不符合劳动争议受案范围的，新就业形态劳动者可向人民法院起诉，人民法院应当依法受理。

第十八条 符合劳动保障监察职权范围的事项，新就业形态劳动者可向人力资源社会保障行政部门举报投诉。各地人力资源社会保障行政部门应当畅通举报投诉渠道，及时受理新就业形态劳动者的举报投诉，依法维护劳动者合法权益。

第十九条 新就业形态劳动者可依法向法律援助机构申请法律援助。鼓励法律援助机构在新就业形态劳动者集中工作地或休息地设立法律援助站或者联络点，就近提供法律援助服务，开设新就业形态劳动者法律援助“绿色通道”，提供便捷高效服务。

第二十条 各地要积极构建新就业形态劳动纠纷多元调解机制，加强劳动人事争议调解与人民调解、行政调解、司法调解协调联动。

鼓励有条件的地方探索创新新就业形态劳动纠纷调处机制，联通法院、人力资源社会保障、司法行政、工会、企业代表组织等各类争议处理资源，建立“一站式”的新就业形态争议调处机构。

鼓励新就业形态劳动者比较集中的市、区以及有条件的县和乡镇、街道，联合相关资源力量，组建集咨询疏导、争议调解、劳动仲裁、法律援助、专业审判于一体的新就业形态劳动用工争议多元化解中心。

第二十一条 新就业形态劳动者生活困难需要救助的，可向有关部门申请救助。

第五章 附 则

第二十二条 涉新就业形态商事纠纷不适用本指南。

中国工会章程

（中国工会第十八次全国代表大会部分修改，2023 年 10 月 12 日通过）

总　则

中国工会是中国共产党领导的职工自愿结合的工人阶级群众组织，是党联系职工群众的桥梁和纽带，是国家政权的重要社会支柱，是会员和职工利益的代表。

中国工会以宪法为根本活动准则，按照《中华人民共和国工会法》和本章程独立自主地开展工作，依法行使权利和履行义务。

工人阶级是我国的领导阶级，是先进生产力和生产关系的代表，是中国共产党最坚实最可靠的阶级基础，是改革开放和社会主义现代化建设的主力军，是维护社会安定的强大而集中的社会力量。中国工会高举中国特色社会主义伟大旗帜，坚持马克思列宁主义、毛泽东思想、邓小平理论、“三个代表”重要思想、科学发展观，全面贯彻习近平新时代中国特色社会主义思想，贯彻执行党的以经济建设为中心，坚持四项基本原则，坚持改革开放的基本路线，保持和增强政治性、先进性、群众性，坚定不移地走中国特色社会主义工会发展道路，推动党的全心全意依靠工人阶级的根本指导方针的贯彻落实，全面履行工会的社会职能，在维护全国人民总体利益的同时，更好地表达和维护职工的具体利益，团结和动员全国职工自力更生、艰苦创业，坚持和发展中国特色社会主义，为全面建成社会主义现代化强国、实现第二个百年奋斗目标，以中国式现代化全面推进中华民族伟大复兴而奋斗。

中国工会坚持自觉接受中国共产党的领导，承担团结引导职工群众听党话、跟党走的政治责任，巩固和扩大党执政的阶级基础和群众基础。

中国工会的基本职责是维护职工合法权益、竭诚服务职工群众。

中国工会按照中国特色社会主义事业“五位一体”总体布局和“四个全面”战略布局，贯彻创新、协调、绿色、开放、共享的新发展理念，把握为实现中华民族伟大复兴的中国梦而奋斗的工人运动时代主题，弘扬劳模精神、劳动精神、工匠精神，动员和组织职工积极参加建设和改革，努力促进经济、政治、文化、社会和生态文明建设；发展全过程人民民主，代表和组织职工参与管理国家事务、管理经济和文化事业、管理社会事务，参与企业、事业单位、机关、社会组织的民主管理；教育职工践行社会主义核心价值观，不断提高思想道德素质、科学文化素质和技术技能素质，建设有理想、有道德、有文化、有纪律的职工队伍，不断发展工人阶级先进性。

中国工会以忠诚党的事业、竭诚服务职工为己任，坚持组织起来、切实维权的工作方针，坚持以职工为本、主动依法科学维权的维权观，促进完善社会主义劳动法律，维护职工的经济、政治、文化和社会权利，参与协调劳动关系和社会利益关系，推动构建和谐劳动关系，促进经济高质量发展和社会的长期稳定，维护工人阶级和工会组织的团结统一，为构建社会主义和谐社会作贡献。

中国工会维护工人阶级领导的、以工农联盟为基础的人民民主专政的社会主义国家政权，协助人民政府开展工作，依法发挥民主参与和社会监督作用。

中国工会推动产业工人队伍建设改革，强化产业工人思想政治引领，提高产业工人队伍整体素质，发挥产业工人骨干作用，维护产业工人合法权益，保障产业工人主人翁地位，造就一支有理想守信念、懂技术会创新、敢担当讲奉献的宏大产业工人队伍。

中国工会在企业、事业单位、社会组织中，按照促进企事业和社会组织发展、维护职工权益的原则，支持行政依法行使管理权力，组织职工参与本单位民主选举、民主协商、民主决策、民主管理和民主监督，与行政方面建立协商制度，保障职工的合法权益，调动职工的积极性，促进企业、事业单位、社会组织的发展。

中国工会实行产业和地方相结合的组织领导原则，坚持民主集中制。

中国工会坚持以改革创新精神加强自身建设，健全联系广泛、服务职工的工作体系，增强团结教育、维护权益、服务职工的功能，坚持群众化、民主化，保持同会员群众的密切联系，依靠会员群众开展工会工作。各级工会领导机关坚持把工作重点放到基层，着力扩大覆盖面、增强代表性，着力强化服务意识、提高维权能力，着力加强队伍建设、提升保障水平，坚持服务职工群众的工作生命线，全心全意为基层、为职工服务，构建智慧工会，增强基层工会的吸引力凝聚力战斗力，把工会组织建设得更加充满活力、更加坚强有力，成为深受职工群众信赖的学习型、服务型、创新型“职工之家”。

工会兴办的企业、事业单位，坚持公益性、服务性，坚持为改革开放和发展社会生产力服务，为职工群众服务，为推进工运事业服务。

中国工会努力巩固和发展工农联盟，坚持最广泛的爱国统一战线，加强包括香港特别行政区同胞、澳门特别行政区同胞、台湾同胞和海外侨胞在内的全国各族人民的大团结，促进祖国的统一、繁荣和富强。

中国工会在国际事务中坚持独立自主、互相尊重、求同存异、加强合作、增进友谊的方针，在独立、平等、互相尊重、互不干涉内部事务的原则基础上，广泛建立和发展同国际和各国工会组织的友好关系，积极参与“一带一路”建设，增进我国工人阶级同各国工人阶级的友谊，同全世界工人和工会一起，在推动构建人类命运共同体中发挥作用，为世界的和平、发展、合作、工人权益和社会进步而共同努力。

中国工会深入学习贯彻习近平总书记关于党的建设的重要思想，落实新时代党的建设总要求，贯彻全面从严治党战略方针，以党的政治建设为统领，加强党的建设，深刻领悟“两个确立”的决定性意义，增强“四个意识”、坚定“四个自信”、做到“两个维护”，在思想上政治上行动上同以习近平同志为核心的党中央保持高度一致。

第一章 会 员

第一条 凡在中国境内的企业、事业单位、机关、社会组织中，以工资收入为主要生活来源或者与用人单位建立劳动关系的劳动者，不分民族、种族、性别、职业、宗教信仰、教育程度，承认工会章程，都可以加入工会为会员。

工会适应企业组织形式、职工队伍结构、劳动关系、就业形态等方面的发展变化，依法维护劳动者参加和组织工会的权利。

第二条 职工加入工会，由本人自愿申请，经基层工会委员会批准并发给会员证。

第三条 会员享有以下权利：

（一）选举权、被选举权和表决权。

（二）对工会工作进行监督，提出意见和建议，要求撤换或者罢免不称职的工会工作人员。

（三）对国家和社会生活问题及本单位工作提出批评与建议，要求工会组织向有关方面如实反映。

（四）在合法权益受到侵犯时，要求工会给予保护。

（五）工会提供的文化、教育、体育、旅游、疗休养、互助保障、生活救助、法律服务、就业服务等优惠待遇；工会给予的各种奖励。

（六）在工会会议和工会媒体上，参加关于工会工作和职工关心问题的讨论。

第四条 会员履行下列义务：

（一）认真学习贯彻习近平新时代中国特色社会主义思想，学习政治、经济、文化、法律、科技和工会基本知识等。

（二）积极参加民主管理，努力完成生产和工作任务，立足本职岗位建功立业。

（三）遵守宪法和法律，践行社会主义核心价值观，弘扬中华民族传统美德，恪守社会公德、职业道德、家庭美德、个人品德，遵守劳动纪律。

（四）正确处理国家、集体、个人三者利益关系，向危害国家、社会利益的行为作斗争。

（五）维护中国工人阶级和工会组织的团结统一，发扬阶级友爱，搞好互助互济。

（六）遵守工会章程，执行工会决议，参加工会活动，按月交纳会费。

第五条 会员组织关系随劳动（工作）关系变动，凭会员证明接转。

第六条 会员有退会自由。会员退会由本人向工会小组提出，由基层工会委员会宣布其退会并收回会员证。

会员没有正当理由连续六个月不交纳会费、不参加工会组织生活，经教育拒不改正，应当视为自动退会。

第七条 对不执行工会决议、违反工会章程的会员，给予批评教育。对严重违法犯罪并受到刑事处罚的会员，开除会籍。开除会员会籍，须经工会小组讨论，提出意见，由基层工会委员会决定，报上一级工会备案。

第八条 会员离休、退休和失业，可保留会籍。保留会籍期间免交会费。

工会组织要关心离休、退休和失业会员的生活，积极向有关方面反映他们的愿望和要求。

第二章 组织制度

第九条 中国工会实行民主集中制，主要内容是：

（一）个人服从组织，少数服从多数，下级组织服从上级组织。

（二）工会的各级领导机关，除它们派出的代表机关外，都由民主选举产生。

（三）工会的最高领导机关，是工会的全国代表大会和它所产生的中华全国总工会执行委员会。工会的地方各级领导机关，是工会的地方各级代表大会和它所产生的总工会委员会。

（四）工会各级委员会，向同级会员大会或者会员代表大会负责并报告工作，接受会员监督。会员大会和会员代表大会有权撤换或者罢免其所选举的代表和工会委员会组成人员。

（五）工会各级委员会，实行集体领导和分工负责相结合的制度。凡属重大问题由委员会民主讨论，作出决定，委员会成员根据集体的决定和分工，履行自己的职责。

（六）工会各级领导机关，加强对下级组织的领导和服务，经常向下级组织通报情况，听取下级组织和会员的意见，研究和解决他们提出的问题。下级组织应及时向上级组织请示报告工作。

第十条 工会各级代表大会的代表和委员会的产生，要充分体现选举人的意志。候选人名单，要反复酝酿，充分讨论。选举采用无记名投票方式，可以直接采用候选人数多于应选人数的差额选举办法进行正式选举，也可以先采用差额选举办法进行预选，产生候选人名单，然后进行正式选举。任何组织和个人，不得以任何方式强迫选举人选举或不选举某个人。

第十一条 中国工会实行产业和地方相结合的组织领导原则。同一企业、事业单位、机关、社会组织中的会员，组织在一个基层工会组织中；同一行业或者性质相近的几个行业，根据需要建立全国的或者地方的产业工会组织。除少数行政管理体制实行垂直管理的产业，其产业工会实行产业工会和地方工会双重领导，以产业工会领导为主外，其他产业工会均实行以地方工会领导为主，同时接受上级产业工会领导的体制。各产业工会的领导体制，由中华全国总工会确定。

省、自治区、直辖市，设区的市和自治州，县（旗）、自治县、不设区的市建立地方总工会。地方总工会是当地地方工会组织和产业工会地方组织的领导机关。全国建立统一的中华全国总工会。中华全国总工会是各级地方总工会和各产业工会全国组织的领导机关。

中华全国总工会执行委员会委员和产业工会全国委员会委员实行替补制，各级地方总工会委员会委员和地方产业工会委员会委员，也可以实行替补制。

第十二条 县和县以上各级地方总工会委员会，根据工作需要可以派出代表机关。

县和县以上各级工会委员会，在两次代表大会之间，认为有必要时，可以召集代表会议，讨论和决定需要及时解决的重大问题。代表会议代表的名额和产生办法，由召集代表会议的总工会决定。

全国产业工会、各级地方产业工会、乡镇工会、城市街道工会和区域性、行业性工会联合会的委员会，可以按照联合制、代表制原则，由下一级工会组织民主选举的主要负责人和适当比例的有关方面代表组成。

上级工会可以派员帮助和指导用人单位的职工组建工会。

第十三条 各级工会代表大会选举产生同级经费审查委员会。中华全国总工会经费审查委员会设常务委员会，省、自治区、直辖市总工会经费审查委员会和独立管理经费的全国产业工会经费审查委员会，应当设常务委员会。经费审查委员会负责审查同级工会组织及其直属企业、事业单位的经费收支和资产管理情况，监督财经法纪的贯彻执行和工会经费的使用，并接受上级工会经费审查委员会的指导和监督。工会经费审查委员会向同级会员大会或会员代表大会负责并报告工作；在大会闭会期间，向同级工会委员会负责并报告工作。

上级经费审查委员会应当对下一级工会及其直属企业、事业单位的经费收支和资产管理情况进行审查。

中华全国总工会经费审查委员会委员实行替补制，各级地方总工会经费审查委员会委员和独立管理经费的产业工会经费审查委员会委员，也可以实行替补制。

第十四条 各级工会建立女职工委员会，表达和维护女职工的合法权益。女职工委员会由同级工会委员会提名，在充分协商的基础上组成或者选举产生，女职工委员会与工会委员会同时建立，在同级工会委员会领导下开展工作。企业工会女职工委员会是县或者县以上妇联的团体会员，通过县以上地方工会接受妇联的业务指导。

第十五条 县和县以上各级工会组织应当建立法律服务机构，为保护职工和工会组织的合法权益提供服务。

各级工会组织应当组织和代表职工开展劳动法律监督。

第十六条 成立或者撤销工会组织，必须经会员大会或者会员代表大会通过，并报上一级工会批准。基层工会组织所在的企业终止，或者所在的事业单位、机关、社会组织被撤销，该工会组织相应撤销，并报上级工会备案。其他组织和个人不得随意撤销工会组织，也不得把工会组织的机构撤销、合并或者归属其他工作部门。

第三章 全国组织

第十七条 中国工会全国代表大会，每五年举行一次，由中华全国总工会执行委员会召集。在特殊情况下，由中华全国总工会执行委员会主席团提议，经执行委员会全体会议通过，可以提前或者延期举行。代表名额和代表选举办法由中华全国总工会决定。

第十八条 中国工会全国代表大会的职权是：

（一）审议和批准中华全国总工会执行委员会的工作报告。

（二）审议和批准中华全国总工会执行委员会的经费收支情况报告和经费审查委员会的工作报告。

（三）修改中国工会章程。

（四）选举中华全国总工会执行委员会和经费审查委员会。

第十九条 中华全国总工会执行委员会，在全国代表大会闭会期间，负责贯彻执行全国代表大会的决议，领导全国工会工作。

执行委员会全体会议选举主席一人、副主席若干人、主席团委员若干人，组成主席团。

执行委员会全体会议由主席团召集，每年至少举行一次。

第二十条 中华全国总工会执行委员会全体会议闭会期间，由主席团行使执行委员会的职权。主席团全体会议，由主席召集。

主席团闭会期间，由主席、副主席组成的主席会议行使主席团职权。主席会议由中华全国总工会主席召集并主持。

主席团下设书记处，由主席团在主席团成员中推选第一书记一人，书记若干人组成。书记处在主席团领导下，主持中华全国总工会的日常工作。

第二十一条 产业工会全国组织的设置，由中华全国总工会根据需要确定。

产业工会全国委员会的建立，经中华全国总工会批准，可以按照联合制、代表制原则组成，也可以由产业工会全国代表大会选举产生。全国委员会每届任期五年。任期届满，应当如期召开会议，进行换届选举。在特殊情况下，经中华全国总工会批准，可以提前或者延期举行。

产业工会全国代表大会和按照联合制、代表制原则组成的产业工会全国委员会全体会议的职权是：审议和批准产业工会全国委员会的工作报告；选举产业工会全国委员会或者产业工会全国委员会常务委员会。独立管理经费的产业工会，选举经费审查委员会，并向产业工会全国代表大会或者委员会全体会议报告工作。产业工会全国委员会常务委员会由主席一人、副主席若干人、常务委员若干人组成。

第四章 地方组织

第二十二条 省、自治区、直辖市，设区的市和自治州，县（旗）、自治县、不设区的市的工会代表大会，由同级总工会委员会召集，每五年举行一次。在特殊情况下，由同级总工会委员会提议，经上一级工会批准，可以提前或者延期举行。工会的地方各级代表大会的职权是：

（一）审议和批准同级总工会委员会的工作报告。

（二）审议和批准同级总工会委员会的经费收支情况报告和经费审查委员会的工作报告。

（三）选举同级总工会委员会和经费审查委员会。

各级地方总工会委员会，在代表大会闭会期间，执行上级工会的决定和同级工会代表大会的决议，领导本地区的工会工作，定期向上级总工会委员会报告工作。

根据工作需要，省、自治区总工会可在地区设派出代表机关。直辖市和设区的市总工会在区一级建立总工会。

县和城市的区可在乡镇和街道建立乡镇工会和街道工会组织，具备条件的，建立总工会。

第二十三条 各级地方总工会委员会选举主席一人、副主席若干人、常务委员若干人，组成常务委员会。工会委员会、常务委员会和主席、副主席以及经费审查委员会的选举结果，报上一级总工会批准。

各级地方总工会委员会全体会议，每年至少举行一次，由常务委员会召集。各级地方总工会常务委员会，在委员会全体会议闭会期间，行使委员会的职权。

第二十四条 各级地方产业工会组织的设置，由同级地方总工会根据本地区的实际情况确定。

第五章 基层组织

第二十五条 企业、事业单位、机关、社会组织等基层单位，应当依法建立工会组织。社区和行政村可以建立工会组织。从实际出发，建立区域性、行业性工会联合会，推进新经济组织、新社会组织工会组织建设。

有会员二十五人以上的，应当成立基层工会委员会；不足二十五人的，可以单独建立基层工会委员会，也可以由两个以上单位的会员联合建立基层工会委员会，也可以选举组织员或者工会主席一人，主持基层工会工作。基层工会委员会有女会员十人以上的建立女职工委员会，不足十人的设女职工委员。

职工二百人以上企业、事业单位、社会组织的工会设专职工会主席。工会专职工作人员的人数由工会与企业、事业单位、社会组织协商确定。

基层工会组织具备民法典规定的法人条件的，依法取得社会团体法人资格，工会主席为法定代表人。

第二十六条 基层工会会员大会或者会员代表大会，每年至少召开一次。经基层工会委员会或者三分之一以上的工会会员提议，可以临时召开会员大会或者会员代表大会。工会会员在一百人以下的基层工会应当召开会员大会。

工会会员大会或者会员代表大会的职权是：

（一）审议和批准基层工会委员会的工作报告。

（二）审议和批准基层工会委员会的经费收支情况报告和经费审查委员会的工作报告。

（三）选举基层工会委员会和经费审查委员会。

（四）撤换或者罢免其所选举的代表或者工会委员会组成人员。

（五）讨论决定工会工作的重大问题。

基层工会委员会和经费审查委员会每届任期三年或者五年，具体任期由会员大会或者会员代表大会决定。任期届满，应当如期召开会议，进行换届选举。在特殊情况下，经上一级工会批准，可以提前或者延期举行。

会员代表大会的代表实行常任制，任期与本单位工会委员会相同。

第二十七条 基层工会委员会的委员，应当在会员或者会员代表充分酝酿协商的基础上选举产生；主席、副主席，可以由会员大会或者会员代表大会直接选举产生，也可以由基层工会委员会选举产生。大型企业、事业单位的工会委员会，根据工作需要，经上级工会委员会批准，可以设立常务委员会。基层工会委员会、常务委员会和主席、副主席以及经费审查委员会的选举结果，报上一级工会批准。

第二十八条 基层工会委员会的基本任务是：

（一）执行会员大会或者会员代表大会的决议和上级工会的决定，主持基层工会的日常工作。

（二）代表和组织职工依照法律规定，通过职工代表大会、厂务公开和其他形式，参与本单位民主选举、民主协商、民主决策、民主管理和民主监督，保障职工知情权、参与权、表达权和监督权，在公司制企业落实职工董事、职工监事制度。企业、事业单位工会委员会是职工代表大会工作机构，负责职工代表大会的日常工作，检查、督促职工代表大会决议的执行。

（三）参与协调劳动关系和调解劳动争议，与企业、事业单位、社会组织行政方面建立协商制度，协商解决涉及职工切身利益问题。帮助和指导职工与企业、事业单位、社会组织行政方面签订和履行劳动合同，代表职工与企业、事业单位、社会组织行政方面签订集体合同或者其他专项协议，并监督执行。

（四）组织职工开展劳动和技能竞赛、合理化建议、技能培训、技术革新和技术协作等活动，培育工匠、高技能人才，总结推广先进经验。做好劳动模范和先进生产（工作）者的评选、表彰、培养和管理服务工作。

（五）加强对职工的政治引领和思想教育，开展法治宣传教育，重视人文关怀和心理疏导，鼓励支持职工学习文化科学技术和管理知识，开展健康的文化体育活动。推进企业文化职工文化建设，办好工会文化、教育、体育事业。

（六）监督有关法律、法规的贯彻执行。协助和督促行政方面做好工资、安全生产、职业病防治和社会保险等方面的工作，推动落实职工福利待遇。办好职工集体福利事业，改善职工生活，对困难职工开展帮扶。依法参与生产安全事故和职业病危害事故的调查处理。

（七）维护女职工的特殊权益，同歧视、虐待、摧残、迫害女职工的现象作斗争。

（八）搞好工会组织建设，健全民主制度和民主生活。建立和发展工会积极分子队伍。做好会员的发展、接收、教育和会籍管理工作。加强职工之家建设。

（九）收好、管好、用好工会经费，管理好工会资产和工会的企业、事业。

第二十九条 教育、科研、文化、卫生、体育等事业单位和机关工会，从脑力劳动者比较集中的特点出发开展工作，积极了解和关心职工的思想、工作和生活，推动党的知识分子政策的贯彻落实。组织职工搞好本单位的民主选举、民主协商、民主决策、民主管理和民主监督，为发挥职工的聪明才智创造良好的条件。

第三十条 基层工会委员会根据工作需要，可以在分厂、车间（科室）建立分厂、车间（科室）工会委员会。分厂、车间（科室）工会委员会由分厂、车间（科室）会员大会或者会员代表大会选举产生，任期和基层工会委员会相同。

基层工会委员会和分厂、车间（科室）工会委员会，可以根据需要设若干专门委员会或者专门小组。

按照生产（行政）班组建立工会小组，民主选举工会小组长，积极开展工会小组活动。

第六章 工会干部

第三十一条 各级工会组织按照革命化、年轻化、知识化、专业化的要求，落实新时代好干部标准，努力建设一支坚持党的基本路线，熟悉本职业务，热爱工会工作，受到职工信赖的干部队伍。

第三十二条 工会干部要努力做到：

（一）认真学习马克思列宁主义、毛泽东思想、邓小平理论、“三个代表”重要思想、科学发展观、习近平新时代中国特色社会主义思想，学习党的基本知识和党的历史，学习政治、经济、历史、文化、法律、科技和工会业务等知识，提高政治能力、思维能力、实践能力，增强推动高质量发展本领、服务群众本领、防范化解风险本领。

（二）执行党的基本路线和各项方针政策，遵守国家法律、法规，在改革开放和社会主义现代化建设中勇于开拓创新。

（三）信念坚定，忠于职守，勤奋工作，敢于担当，廉洁奉公，顾全大局，维护团结。

（四）坚持实事求是，认真调查研究，如实反映职工的意见、愿望和要求。

（五）坚持原则，不谋私利，热心为职工说话办事，依法维护职工的合法权益。

（六）作风民主，联系群众，增强群众意识和群众感情，自觉接受职工群众的批评和监督。

第三十三条 各级工会组织根据有关规定管理工会干部，重视发现培养和选拔优秀年轻干部、女干部、少数民族干部，成为培养干部的重要基地。

基层工会主席、副主席任期未满不得随意调动其工作。因工作需要调动时，应事先征得本级工会委员会和上一级工会同意。

县和县以上工会可以为基层工会选派、聘用社会化工会工作者等工作人员。

第三十四条 各级工会组织建立与健全干部培训制度。办好工会干部院校和各种培训班。

第三十五条 各级工会组织关心工会干部的思想、学习和生活，督促落实相应的待遇，支持他们的工作，坚决同打击报复工会干部的行为作斗争。

县和县以上工会设立工会干部权益保障金，保障工会干部依法履行职责。

第七章 工会经费和资产

第三十六条 工会经费的来源：

（一）会员交纳的会费。

（二）企业、事业单位、机关、社会组织按全部职工工资总额的百分之二向工会拨缴的经费或者建会筹备金。

（三）工会所属的企业、事业单位上缴的收入。

（四）人民政府和企业、事业单位、机关、社会组织的补助。

（五）其他收入。

第三十七条 工会经费主要用于为职工服务和开展工会活动。各级工会组织应坚持正确使用方向，加强预算管理，优化支出结构，开展监督检查。

第三十八条 县和县以上各级工会应当与税务、财政等有关部门合作，依照规定做好工会经费收缴和应当由财政负担的工会经费拨缴工作。

未成立工会的企业、事业单位、机关、社会组织，按工资总额的百分之二向上级工会拨缴工会建会筹备金。

具备社会团体法人资格的工会应当依法设立独立经费账户。

第三十九条 工会资产是社会团体资产，中华全国总工会对各级工会的资产拥有终极所有权。各级工会依法依规加强对工会资产的监督、管理，保护工会资产不受损害，促进工会资产保值增值。根据经费独立原则，建立预算、决算、资产监管和经费审查监督制度。实行“统一领导、分级管理”的财务体制、“统一所有、分级监管、单位使用”的资产监管体制和“统一领导、分级管理、分级负责、下审一级”的经费审查监督体制。工会经费、资产的管理和使用办法以及工会经费审查监督制度，由中华全国总工会制定。

第四十条 各级工会委员会按照规定编制和审批预算、决算，定期向会员大会或者会员代表大会和上一级工会委员会报告经费收支和资产管理情况，接受上级和同级工会经费审查委员会审查监督。

第四十一条 工会经费、资产和国家及企业、事业单位等拨给工会的不动产和拨付资金形成的资产受法律保护，任何单位和个人不得侵占、挪用和任意调拨；不经批准，不得改变工会所属企业、事业单位的隶属关系和产权关系。

工会组织合并，其经费资产归合并后的工会所有；工会组织撤销或者解散，其经费资产由上级工会处置。

第八章　会　　徽

第四十二条 中国工会会徽，选用汉字“中”、“工”两字，经艺术造型呈圆形重叠组成，并在两字外加一圆线，象征中国工会和中国工人阶级的团结统一。会徽的制作标准，由中华全国总工会规定。

第四十三条 中国工会会徽，可在工会办公地点、活动场所、会议会场悬挂，可作为纪念品、办公用品上的工会标志，也可以作为徽章佩戴。

第九章　附　　则

第四十四条 本章程解释权属于中华全国总工会。

广东省工会劳动法律监督条例

（2000 年 11 月 24 日广东省第九届人民代表大会常务委员会第二十一次会议通过）

第一条 为规范工会监督用人单位遵守劳动法律、法规，维护劳动者的合法权益，根据《中华人民共和国劳动法》、《中华人民共和国工会法》等法律、法规，结合本省实际，制定本条例。

第二条 本省行政区域内的工会进行劳动法律监督，适用本条例。

第三条 工会依法维护劳动者的合法权益，对用人单位遵守劳动法律、法规的下列情况进行监督：

（一）劳动者平等就业权利保障规定的执行情况；

（二）劳动合同的订立、履行、变更、终止、解除等有关劳动合同规定的执行情况；

（三）集体合同的订立、履行、变更、续签等有关集体合同规定的执行情况；

（四）有关工作时间、休息、休假规定的执行情况；

（五）工资支付形式和发放时间、加班工资、最低工资标准等有关工资报酬规定的执行情况；

（六）有关劳动安全卫生、职工伤亡和职业病危害处理规定的执行情况；

（七）有关职工养老、工伤、失业、医疗、计划生育等社会保险、福利待遇规定的执行情况；

（八）有关女职工和未成年工劳动保护规定的执行情况；

（九）有关职业培训和职业技能考核规定的执行情况；

（十）其他法律、法规有关规定的执行情况。

第四条 政府及其劳动和社会保障、卫生、安全生产、质量技术监督等有关行政管理部门应当在各自职权范围内支持工会做好劳动法律监督工作。

第五条 县级以上工会、同级人民政府有关行政管理部门、用人单位方面代表可以建立劳动关系三方协商制度，共同研究解决劳动关系的重大问题。

基层工会应当与所在用人单位建立协商制度，定期或不定期地就涉及职工合法权益等事项进行平等协商。

第六条 工会发现用人单位违反劳动法律、法规，损害职工合法权益，有权提出意见建议，要求用人单位改正，用人单位必须及时处理；用人单位不予接受而形成争议的，工会可以支持职工向劳动争议仲裁机构申请仲裁或者向人民法院提起诉讼。

第七条 工会发现用人单位违章指挥、强令工人冒险作业，或者生产过程中发现明显重大事故隐患和职业危害，应当及时提出改正建议，用人单位应当及时研究改正；工会发现危及职工生命安全的情况时，应当向用人单位及时建议组织职工撤离危险现场，用人单位必须及时作出处理决定。

工会有权参加职工伤亡事故的调查处理，向有关部门提出意见，要求追究直接负责的行政领导人和有关责任人员的责任。

第八条 县级以上工会接到投诉、举报、报告，或者通过其他途径发现用人单位违反劳动法律、法规的情况，可以对用人单位进行调查，有关单位应当予以配合，不得拒绝。

第九条 县级以上工会对严重违反劳动法律、法规的用人单位，可以发出劳动法律监督书，用人单位应当及时改正，并在三十日内将改正情况告知工会。用人单位拒不改正的，工会可以提请政府有关行政管理部门查处。

前款规定的劳动法律监督书应当经县级以上工会讨论决定并由工会主席签发。

第十条 基层工会对所在用人单位发生的违反劳动法律、法规的行为，应当及时提出改进意见，并向上级工会和政府有关行政管理部门报告。

第十一条 政府有关行政管理部门接到工会关于用人单位违反劳动法律、法规问题的报告后，应当按有关法律、法规规定及时处理，并将处理结果告知工会。

第十二条 工会可以聘请工会会员担任劳动法律监督员，具体承担劳动法律监督工作。

工会劳动法律监督员应当奉公守法、热心维护职工合法权益，并经培训和考核，取得省总工会颁发的劳动法律监督员资格证。

第十三条 县级以上工会的劳动法律监督员受委派可以进入所属范围的用人单位履行监督职责，用人单位应当予以协助。

基层工会的劳动法律监督员对所在用人单位发生的违反劳动法律、法规的行为，应当向所在用人单位工会和上级工会报告。

工会劳动法律监督员履行劳动法律监督职责受法律保护。

第十四条 工会可以接受劳动和社会保障行政管理部门的邀请，选派工会劳动法律监督员同时担任劳动监察协理员，协助劳动和社会保障行政管理部门做好劳动监察工作。

第十五条 工会劳动法律监督员履行监督职责时，应当为举报者保密，保守用人单位商业秘密，不得滥用职权、徇私舞弊。

第十六条 用人单位违反本条例，拒绝工会调查、阻挠工会履行劳动法律监督职责、对工会劳动法律监督员进行打击报复的，工会应当向政府有关行政管理部门报告，由政府有关行政管理部门责令其改正，并视情节轻重，依法作出相应处理。

第十七条 工会劳动法律监督员违反本条例第十五条规定的，依照有关法律、法规的规定处理。

第十八条 本条例自 2001 年 1 月 1 日起施行。

江苏省工会劳动法律监督条例

（2012年1月12日江苏省第十一届人民代表大会常务委员会第二十六次会议通过　根据2020年7月31日江苏省第十三届人民代表大会常务委员会第十七次会议《关于修改〈江苏省矿产资源管理条例〉等十一件地方性法规的决定》修正）

目　录

第一章　总　则

第一条　为了保障和规范工会劳动法律监督，维护劳动者合法权益，促进劳动关系和谐稳定，根据《中华人民共和国工会法》《中华人民共和国劳动法》《中华人民共和国劳动合同法》等法律、行政法规，结合本省实际，制定本条例。

第二条　本条例所称工会劳动法律监督，是指工会对用人单位遵守劳动法律法规、保障劳动者合法权益情况进行的监督。

第三条 本省行政区域内的工会劳动法律监督适用本条例。

第四条 县级以上地方各级总工会负责组织、指导、协调和实施本行政区域内的工会劳动法律监督。

产业（行业）工会、区域工会负责指导、协调和实施本产业（行业）、区域内的工会劳动法律监督。

基层工会在所在单位开展工会劳动法律监督。

第五条 地方各级人民政府和有关行政部门应当依法支持工会开展劳动法律监督。

县级以上地方各级人民政府人力资源社会保障、应急管理、卫生健康、公安、司法行政、市场监督管理等部门，应当与同级工会建立劳动法律监督协作机制。

第六条 人力资源社会保障部门、总工会和企业方面代表组成的协调劳动关系三方，应当共同研究解决有关工会劳动法律监督的重大问题。

第七条 对遵守劳动法律法规、保障劳动者合法权益成绩显著的用人单位和个人，地方各级人民政府应当给予表彰、奖励。

对在工会劳动法律监督工作中贡献突出的工会组织和个人，地方各级人民政府和地方各级总工会应当给予表彰、奖励。

第二章 监督组织

第八条 工会设立劳动法律监督组织，在同级工会领导下承担劳动法律监督的具体工作。

地方各级总工会、产业（行业）工会、区域工会设立劳动法律监督委员会。

基层工会设立劳动法律监督委员会；基层工会会员不足二十五人的，可以设立劳动法律监督员。

第九条 地方各级总工会、产业（行业）工会、区域工会的劳动法律监督委员会履行下列职责：

（一）对用人单位遵守劳动法律法规的情况进行监督；

（二）对用人单位违反劳动法律法规、侵害劳动者合法权益的行为组织调查，向同级工会提出处理建议；

（三）向同级工会和上级工会劳动法律监督组织报告用人单位违反劳动法律法规的重要情况；

（四）参与本区域、本产业（行业）内劳动关系重大问题的调查；

（五）办理上级工会劳动法律监督组织交办的事项，指导和支持下级工会劳动法律监督组织开展工作。

第十条 基层工会劳动法律监督委员会履行下列职责：

（一）开展劳动法律法规宣传，对所在单位遵守劳动法律法规的情况进行监督；

（二）接受对所在单位违反劳动法律法规行为的情况反映，进行调查，向同级工会提出处理建议；

（三）向同级工会和上级工会劳动法律监督组织报告所在单位违反劳动法律法规的重要情况；

（四）办理上级工会劳动法律监督组织交办的事项。

不设立劳动法律监督委员会的，由劳动法律监督员履行前款规定的职责。

第十一条 劳动法律监督委员会成员和劳动法律监督员（以下统称劳动法律监督组织成员）由同级工会在会员中推选产生，其任期与同级工会委员会任期相同。

劳动法律监督委员会可以根据工作需要，聘请社会有关方面代表和专家担任顾问。

第十二条 劳动法律监督组织成员应当热心维护职工合法权益，熟悉劳动法律法规，具有履行职责所需的业务能力。

地方各级总工会应当向劳动法律监督组织成员发放《工会劳动法律监督

证》，并组织培训。

第十三条 劳动法律监督组织成员应当奉公守法、清正廉洁，不得徇私舞弊、收受贿赂，不得泄露在履职过程中知悉的个人信息和用人单位的商业秘密。

第十四条 用人单位应当保障劳动法律监督组织成员履行职责所需的工作条件。劳动法律监督组织成员履行职责需要占用工作时间的，用人单位应当同意，并不得以占用工作时间等为由扣减其工资福利。

劳动法律监督组织成员在任期内，用人单位不得无故调动其工作岗位、降低职级、免除职务或者解除劳动合同；其劳动合同期限短于任期的，自动延长至任期期满，但是个人有严重违反劳动纪律或者规章制度等行为、退休或者本人不愿延长的除外。

第三章 监督的实施

第十五条 工会对用人单位遵守劳动法律法规、保障劳动者合法权益的下列情况进行监督：

（一）平等就业情况；

（二）劳动合同订立、履行、变更、解除和终止情况；

（三）平等协商和集体合同签订、履行情况；

（四）工资报酬分配、支付和福利待遇落实情况；

（五）工作时间和休息休假制度执行情况；

（六）安全生产、职业危害防护等劳动安全卫生情况；

（七）参加基本养老、基本医疗、工伤、失业、生育等社会保险情况；

（八）女职工、未成年工、残疾职工特殊权益保护情况；

（九）职工教育培训开展及其经费的提取、使用情况；

（十）劳动规章制度制定、修改和执行情况；

（十一）职工代表大会等民主管理制度执行情况；

（十二）法律法规规定的其他情况。

工会应当对接受劳务派遣的用工单位遵守劳动法律法规、保障劳务派遣人员合法权益的情况进行监督。

第十六条 劳动法律监督组织应当对用人单位遵守劳动法律法规的情况实施经常性监督，并公布工作地点和电话等联系方式，接受对用人单位违反劳动法律法规、侵害职工合法权益的情况反映。

第十七条 劳动法律监督组织发现用人单位有违反劳动法律法规的行为，或者接到用人单位违反劳动法律法规的情况反映，应当进行登记，向同级工会报告，并及时调查；情况重大的，应当及时向上一级工会劳动法律监督组织报告。

第十八条 劳动法律监督组织实施劳动法律监督应当听取职工和用人单位的意见，核查事实，如实记录；必要时可以进行现场调查，查阅、复制有关资料，用人单位应当予以配合。

劳动法律监督组织实施现场调查，应当由两名以上劳动法律监督组织成员进行，并出示《工会劳动法律监督证》。必要时，上级工会劳动法律监督组织可以派员参加调查。

职工申请仲裁、提起诉讼时需要使用工会实施劳动法律监督获取的有关资料的，工会应当提供。

第十九条 工会应当根据劳动法律监督组织调查情况和处理建议作出处理意见。

作出处理意见前，工会可以根据需要征求职工、用人单位、企业代表组织、政府有关部门和专家学者的意见。

第二十条 用人单位存在违反劳动法律法规、侵害劳动者合法权益行为的，工会应当督促其及时改正，必要时发出《工会劳动法律监督意见书》。

用人单位接到《工会劳动法律监督意见书》后，应当在十五个工作日内作出处理意见，并书面告知工会。

第二十一条 用人单位未按照工会意见改正违法行为的，县级以上地方总工会可以向同级人力资源社会保障等有关部门提出《工会劳动法律监督建议书》。

第二十二条 用人单位违反集体合同，侵犯职工劳动权益的，工会可以依法要求用人单位纠正、承担责任；因履行集体合同发生争议，经协商解决不成的，工会可以依法申请仲裁、提起诉讼。

第四章 监督的支持

第二十三条 人力资源社会保障等有关部门收到《工会劳动法律监督建议书》，符合立案条件的，应当在五个工作日内立案；认为不符合立案条件的，应当书面说明理由。

人力资源社会保障等有关部门立案后，应当依法查处，并及时向工会反馈处理结果。

第二十四条 人力资源社会保障等有关部门对用人单位遵守劳动法律法规情况进行检查时，可以邀请同级工会参加。

人力资源社会保障等有关部门在处理违反劳动法律法规的重大案件时，应当听取同级工会意见。

第二十五条 人力资源社会保障等有关部门应当与同级工会建立劳动法律法规实施情况通报、定期会商制度，开展劳动法律监督合作，共同研究重大问题。

第二十六条 新闻媒体应当宣传与工会劳动法律监督相关的法律法规及其实施情况，加强对违反劳动法律法规、侵犯劳动者合法权益行为的舆论监督。

第二十七条 企业联合会、企业家协会、工商业联合会等组织应当支持、配合工会依法实施劳动法律监督。

第五章 法律责任

第二十八条 违反本条例规定，用人单位有下列情形之一的，由人力资源社会保障部门责令限期改正；逾期不改正的，对其处以二千元以上二万元以下罚款：

（一）拒绝或者阻挠工会劳动法律监督的；

（二）拒绝向工会及其劳动法律监督组织提供相关资料的；

（三）提供虚假资料或者隐匿、毁灭资料的。

第二十九条 违反本条例规定，对依法履行职责的工会劳动法律监督组织成员和反映情况的职工，通过调动工作岗位、扣减工资福利、解除劳动合同等方式进行打击报复的，由人力资源社会保障部门责令改正；造成损失的，应当依法赔偿。

对依法履行职责的工会劳动法律监督组织成员进行侮辱、诽谤、殴打或者故意伤害的，由公安机关依照《中华人民共和国治安管理处罚法》的规定处罚；构成犯罪的，依法追究刑事责任。

第三十条 劳动法律监督组织成员违反本条例的规定，损害劳动者或者用人单位合法权益的，由同级工会责令改正；情节严重的，免除其工会劳动法律监督组织成员资格，收回《工会劳动法律监督证》；造成损失的，依法承担法律责任。

第三十一条 政府有关行政部门工作人员违反本条例规定，妨碍工会劳动法律监督工作的，由其所在行政部门责令改正；情节严重的，依法给予行政处分。

第六章 附　　则

第三十二条 《工会劳动法律监督证》《工会劳动法律监督意见书》和《工会劳动法律监督建议书》的格式文本由省总工会统一制订。

第三十三条 本条例自 2012 年 5 月 1 日起施行。

云南省工会劳动法律监督条例

（2016年3月31日云南省第十二届人民代表大会常务委员会第二十六次会议通过）

第一章　总　　则

第一条　为了加强工会劳动法律监督，维护职工合法权益，构建和谐劳动关系，根据《中华人民共和国工会法》《中华人民共和国劳动法》《中华人民共和国劳动合同法》等法律、法规，结合本省实际，制定本条例。

第二条　本省行政区域内各级工会实施劳动法律监督活动，适用本条例。

本条例所称工会劳动法律监督，是指各级工会依法对用人单位遵守劳动法律、法规，保障职工合法权益情况进行的有组织的群众监督。

第三条　工会劳动法律监督应当遵循依法监督、依靠群众、公正客观、平等协商、密切合作的原则。

第四条　县级以上地方总工会负责组织、指导、协调和实施本行政区域内的工会劳动法律监督。

产业（行业）工会、区域工会、基层工会负责协调和实施本产业（行业）、区域或者单位的工会劳动法律监督。

第五条　用人单位应当接受和配合工会依法实施的劳动法律监督。工会应当支持用人单位开展生产经营和管理活动，教育引导职工遵守用人单位依法制定的规章制度，理性表达诉求。

第六条　县级以上人民政府应当把构建和谐劳动关系纳入目标责任考

核体系，完善政府与同级工会联席会议制度，支持工会依法实施劳动法律监督。

县级以上人民政府人力资源社会保障行政部门会同工会和企业联合会、工商业联合会等企业代表组织，建立健全协调劳动关系的三方机制，共同研究解决有关劳动关系的重大问题。

县级以上人民政府有关行政部门在各自职责范围内，对用人单位遵守劳动法律、法规的情况进行监督；建立健全与同级总工会的协作机制。

第二章 监督职责

第七条 各级工会对用人单位遵守劳动法律、法规，保障职工合法权益的下列情况进行监督：

（一）平等就业情况；

（二）涉及职工切身利益的规章制度的制定、修改及执行情况；

（三）劳动合同订立、履行、变更、解除和终止情况；

（四）平等协商和集体合同签订、履行情况；

（五）劳动报酬分配、支付和福利待遇落实情况；

（六）安全生产、职业危害防护等劳动安全卫生情况；

（七）参加社会保险、缴纳社会保险费及缴存住房公积金情况；

（八）工作时间和休息休假制度执行情况；

（九）女职工、未成年工、残疾职工特殊权益保护情况；

（十）职工大会、职工代表大会等民主管理制度建立及职工民主参与、民主管理、民主监督权利落实情况；

（十一）职工教育培训开展及其经费的提取、使用情况；

（十二）职工组织和加入工会、参加工会活动的权益落实情况；

（十三）法律、法规规定的其他情况。

各级工会应当对劳务派遣单位和用工单位遵守劳动法律、法规，保障劳务派遣人员合法权益的情况进行监督。

第八条 县级以上地方总工会、产业（行业）工会、区域工会、基层工会设立劳动法律监督委员会，由若干名委员组成，由本级工会领导，同时接受上级工会劳动法律监督委员会的业务指导。

工会劳动法律监督委员会可以聘请劳动法律监督员承担具体监督工作。

第九条 县级以上地方总工会劳动法律监督委员会履行下列职责：

（一）接受本行政区域内有关用人单位违反劳动法律、法规的情况反映，接受下级工会劳动法律监督委员会有关用人单位违反劳动法律、法规的报告，并根据情况及时组织调查；

（二）根据调查情况，提请本级工会向用人单位发出《工会劳动法律监督意见书》或者向同级人民政府人力资源社会保障等有关行政部门发出《工会劳动法律监督建议书》；

（三）参与同级人民政府人力资源社会保障等有关行政部门对用人单位遵守劳动法律、法规情况的检查；

（四）指导本行政区域内产业（行业）工会、区域工会和基层工会的劳动法律监督工作；

（五）办理上级工会劳动法律监督委员会交办的事项。

第十条 产业（行业）工会、区域工会、基层工会劳动法律监督委员会履行下列职责：

（一）对本产业（行业）、区域或者单位遵守劳动法律、法规情况进行监督；

（二）受本级工会委派参与本产业（行业）、区域或者单位劳动报酬、工作时间、休息休假、劳动安全卫生、保险福利、职工培训、劳动纪律、劳动定额管理等规章制度的制定、修改或者重大事项的决定；

（三）接受对本产业（行业）、区域或者单位违反劳动法律、法规行为的情况反映，及时组织调查，并根据调查情况，提请本级工会向用人单位发出

《工会劳动法律监督意见书》，委派工会劳动法律监督员参与劳动争议调解；

（四）向上级工会劳动法律监督委员会报告本产业（行业）、区域或者单位违反劳动法律法规、侵犯职工合法权益的重大情况，提请上级工会发出《工会劳动法律监督意见书》或者提请县级以上地方总工会发出《工会劳动法律监督建议书》；

（五）办理上级工会劳动法律监督委员会交办的事项。

第十一条 工会劳动法律监督员应当具备下列条件：

（一）经过统一培训、考核，取得《工会劳动法律监督员证》；

（二）熟悉劳动法律、法规；

（三）清正廉洁，忠于职守，积极维护职工合法权益。

第十二条 工会劳动法律监督员应当持证开展工作，履行下列职责：

（一）参与工会劳动法律监督的调查工作；

（二）参与劳动争议调解；

（三）办理工会劳动法律监督委员会交办的其他事项。

第十三条 工会劳动法律监督员应当公正守法，不得徇私舞弊，不得泄露在履职过程中知悉的个人信息和用人单位的商业秘密。

第三章 监督方式和程序

第十四条 工会劳动法律监督通过接受情况反映、依法调查、参与有关行政部门检查、提出工会劳动法律监督意见和建议等方式进行。

第十五条 工会劳动法律监督委员会应当公布工作地址、电话等信息，接受对用人单位违反劳动法律法规、侵犯职工合法权益的情况反映。

第十六条 工会劳动法律监督委员会发现用人单位有违反劳动法律、法规的行为或者接到用人单位违反劳动法律、法规的情况反映，应当进行登记，向本级工会报告，并及时调查；情况复杂的，应当及时报请上级工会劳动法律监督委员会处理。

第十七条 工会劳动法律监督委员会不履行监督职责的，上级工会劳动法律监督委员会应当督促其履行，也可以直接实施劳动法律监督。

第十八条 情况反映事项不属于工会劳动法律监督范围或者已经进入行政执法、仲裁、诉讼程序的，工会劳动法律监督委员会不予受理，并于5个工作日内书面告知情况反映者。

对应当通过劳动争议处理程序解决的事项，工会应当告知职工，并为其提供支持和帮助。

第十九条 工会劳动法律监督委员会实施劳动法律监督应当听取职工和用人单位的意见、核查事实，必要时可以进行现场调查，查阅、复制与调查事项相关的资料。

对需要签章确认有关情况的，用人单位应当配合。用人单位拒绝与工会劳动法律监督员进行沟通或者拒绝出示有关资料的，工会劳动法律监督员应当如实记录相关情况。

第二十条 工会劳动法律监督委员会对调查情况进行审查，并根据具体情况作出下列处理：

（一）认为用人单位不存在违反劳动法律、法规行为或者经督促已经改正的，应当向情况反映者说明；

（二）认为用人单位存在违反劳动法律、法规行为的，提请工会主席审签《工会劳动法律监督意见书》后，向用人单位发出。

第二十一条 用人单位接到《工会劳动法律监督意见书》后，应当在20日内向发出意见书的工会作出书面答复，说明情况和改正措施。用人单位认为工会意见不适当的，应当在答复中说明理由。

第二十二条 有下列情形之一的，县级以上地方总工会可以向同级人民政府人力资源社会保障等有关行政部门发出《工会劳动法律监督建议书》：

（一）用人单位接到《工会劳动法律监督意见书》后未在规定时限内作出书面答复，并且仍然可能存在违反劳动法律、法规行为的；

（二）工会认为用人单位作出的答复不适当，并且用人单位仍然可能存在违反劳动法律、法规行为的。

第二十三条 县级以上人民政府人力资源社会保障等有关行政部门接到《工会劳动法律监督建议书》后，应当进行审查，依法调查处理，及时向发出建议书的工会反馈调查处理结果。

第二十四条 职工申请仲裁、提起诉讼时需要使用工会实施劳动法律监督获取的有关资料的，在不违反保密等规定的前提下，工会应当向职工提供。

第四章 支持和协作

第二十五条 县级以上人民政府应当推进劳动法律监督信息网络平台建设，实现工会劳动法律监督与劳动保障行政处罚、劳动争议调解仲裁、劳动争议诉讼、劳动法律法规宣传等信息的互联互通。

第二十六条 县级以上人民政府人力资源社会保障、安全监管、住房城乡建设等行政部门，应当对劳动法律、法规实施情况进行通报、定期会商，依照各自职责支持工会劳动法律监督工作。

人力资源社会保障等有关行政部门对用人单位遵守劳动法律、法规情况进行专项检查时，应当邀请同级地方总工会参加；在处理违反劳动法律、法规的重大案件时，可以听取同级地方总工会意见。

第二十七条 县级以上人民政府安全监管、住房城乡建设、工商或者市场监管部门，县级以上地方总工会、企业联合会、工商业联合会及人民银行，应当协助同级人民政府人力资源社会保障行政部门建立用人单位劳动保障诚信评价体系。

第二十八条 工会劳动法律监督委员会委员和监督员履行职责需要占用工作时间的，应当事先征求用人单位意见，用人单位应当支持，不得因履行职责扣减工资、奖金及福利等待遇，无正当理由不得调动工作岗位、降低职级、免除职务或者解除劳动合同。

用人单位无正当理由不予配合的，工会劳动法律监督员应当报告所在工会劳动法律监督委员会，提请上级工会进行协调。

第二十九条 用人单位应当定期向本单位工会通报遵守劳动法律、法规及保障职工合法权益情况。

第三十条 工会劳动法律监督员履行职责所需经费依法纳入本级工会预算。

第五章 法律责任

第三十一条 用人单位违反本条例规定，对依法履行职责的工会劳动法律监督委员会委员和监督员，通过调动工作岗位、扣减工资福利、解除劳动合同等方式进行报复的，由人力资源社会保障行政部门责令改正；造成损失的，依法承担赔偿责任。

第三十二条 工会劳动法律监督委员会委员、监督员违反本条例规定，未履行职责或者徇私舞弊，损害职工或者用人单位合法权益的，由本级工会责令改正；情节严重的，取消其资格；造成损失的，依法承担赔偿责任。

第六章 附　　则

第三十三条 本条例所称用人单位，是指企业、个体经济组织、民办非企业单位及依法成立的合伙组织和基金会等组织，以及与职工建立了劳动关系的国家机关、事业单位和社会团体。

第三十四条 《工会劳动法律监督员证》《工会劳动法律监督意见书》和《工会劳动法律监督建议书》的样式由省总工会统一制定。

第三十五条 省总工会可以根据本条例制定实施细则。

第三十六条 本条例自 2016 年 5 月 1 日起施行。

浙江省工会劳动法律监督条例

（2016年9月29日浙江省第十二届人民代表大会常务委员会第三十三次会议通过）

目　　录

第一章　总　　则

第一条　为了加强和规范工会劳动法律监督，维护劳动者合法权益，构建和谐劳动关系，根据《中华人民共和国工会法》《中华人民共和国劳动法》《中华人民共和国劳动合同法》等法律法规，结合本省实际，制定本条例。

第二条　本省行政区域内实施工会劳动法律监督，适用本条例。

本条例所称工会劳动法律监督，是指工会对用人单位遵守劳动法律法规、保障劳动者合法权益情况进行的有组织的群众性监督。

第三条　工会劳动法律监督应当遵循依法监督、客观公正、与有关部门密切合作的原则。

第四条　地方总工会负责组织、指导、协调和实施本行政区域内的工会劳动法律监督。

产业工会、基层工会的联合会负责协调和实施本行业、本区域的工会劳动法律监督。

基层工会负责实施本单位的工会劳动法律监督。

第五条 县级以上人民政府应当将构建和谐劳动关系纳入国民经济和社会发展规划、政府目标责任考核体系，完善政府与同级工会联席会议制度，支持工会依法实施工会劳动法律监督。

县级以上人民政府制定涉及职工劳动权益的重大政策以及处理涉及职工劳动权益的重大问题时，应当听取同级地方总工会的意见。

有关单位和个人在实施工会劳动法律监督，促进劳动关系和谐方面做出突出贡献的，县级以上人民政府应当给予表彰、奖励。

第六条 人力资源和社会保障、安全生产监督管理、公安、司法行政、住房城乡建设、卫生计生等有关部门，应当与同级地方总工会就劳动法律法规实施情况进行通报、定期会商，按照各自职责支持工会劳动法律监督工作。

人力资源和社会保障等有关部门对用人单位遵守劳动法律法规情况进行专项检查时，应当邀请同级地方总工会参加；在处理违反劳动法律法规的重大案件时，应当听取同级地方总工会的意见。

县级以上人民政府有关部门应当将用人单位违反劳动法律法规情况记入社会信用档案，及时向社会公布。

第七条 人力资源和社会保障部门会同地方总工会和企业联合会、工商业联合会等企业方面代表组织，建立健全协调劳动关系三方机制，共同研究解决有关劳动关系的重大问题。

第八条 用人单位应当配合工会依法实施的工会劳动法律监督。

工会应当尊重用人单位及其投资者的合法权益，支持用人单位依法开展生产经营和管理活动；教育职工遵守用人单位依法制定的规章制度和履行劳动合同，引导职工合理有序表达诉求。

工会与用人单位应当建立协商制度，定期就涉及职工合法权益事项进行协商。

第二章　监督组织和职责

第九条　工会对用人单位遵守劳动法律法规、保障劳动者合法权益的下列情况进行监督：

（一）平等就业情况；

（二）涉及劳动者利益的规章制度的制定、修改和执行情况；

（三）劳动合同的订立、履行、变更、解除和终止情况；

（四）工资集体协商和集体合同的签订、履行情况；

（五）劳动报酬支付、福利待遇落实和最低工资标准执行情况；

（六）工作时间、休息、休假制度的执行情况；

（七）安全生产、职业危害防护等劳动安全卫生情况；

（八）参加社会保险、缴纳社会保险费情况；

（九）女职工、未成年工和残疾职工特殊权益的保护情况；

（十）职工大会、职工代表大会等保障劳动者权益的民主管理制度的建立和落实情况；

（十一）职工教育培训开展及其经费的提取、使用情况；

（十二）法律、法规规定的其他情况。

工会应当加强对劳务派遣单位和用工单位遵守劳动法律法规，保障被派遣劳动者合法权益情况的监督。

第十条　地方总工会、产业工会、基层工会的联合会和基层工会设立工会劳动法律监督委员会，具体实施工会劳动法律监督工作。

工会劳动法律监督委员会主要履行以下职责：

（一）宣传劳动法律、法规、规章和政策；

（二）具体实施对工会劳动法律监督员的培训；

（三）就有关监督事项与用人单位沟通协商、促成和解；

（四）提请工会同意后对有关单位和事项进行调查；

（五）提请工会向用人单位发出工会劳动法律监督意见书；

（六）提请地方总工会向同级人民政府人力资源和社会保障等有关部门发出工会劳动法律监督建议书；

（七）向上级工会劳动法律监督委员会报告用人单位违反劳动法律法规的重大情况；

（八）指导和支持下级工会劳动法律监督委员会开展工会劳动法律监督工作；

（九）办理上级工会劳动法律监督委员会交办的事项。

第十一条 工会劳动法律监督委员会组成人员在工会会员中推选产生，主任一般由工会主席或者副主席担任；承担工会劳动法律监督具体工作的组成人员，应当具备工会劳动法律监督员条件。

基层工会会员不足二十五人的，可以不设工会劳动法律监督委员会，但应当在工会会员中推选产生工会劳动法律监督员，由其承担本单位的工会劳动法律监督具体工作。

工会可以根据工作需要，聘请专家学者、法律工作者等专业人士担任特邀工会劳动法律监督员，参与工会劳动法律监督具体工作。

工会劳动法律监督员任期与本级工会委员会任期相同，特邀工会劳动法律监督员聘期根据聘请协议确定。

第十二条 工会劳动法律监督员应当具备下列条件：

（一）熟悉劳动法律、法规、规章和政策；

（二）热心维护劳动者合法权益；

（三）具有履行职责所需能力；

（四）清正廉洁，公正守法。

地方总工会应当对工会劳动法律监督员进行培训、考核，并颁发工会劳动法律监督员证。

第十三条 工会劳动法律监督员应当认真履职，不得徇私舞弊，不得泄露劳动者的个人隐私和用人单位的商业秘密。

地方总工会、产业工会、基层工会的联合会的工会劳动法律监督员办理的监督事项与本人或者其近亲属有利害关系的，应当回避。

第十四条 基层工会劳动法律监督员履行职责需要占用工作时间的，用人单位应当支持，不得因其履行职责扣减劳动报酬、福利待遇。

用人单位不得通过调整工作岗位、降低职级、免除职务、解除劳动合同等方式对基层工会劳动法律监督员进行打击报复。

第十五条 工会劳动法律监督委员会实施工会劳动法律监督职责所需经费依法纳入本级工会预算。

第三章 协商和处理

第十六条 工会劳动法律监督委员会应当公布办公地址、联系电话、电子邮箱和通信地址等信息，接受劳动者对用人单位违反劳动法律法规、侵害劳动者合法权益行为的投诉。

第十七条 工会劳动法律监督委员会接到劳动者关于用人单位违反劳动法律法规、侵害劳动者合法权益行为的投诉，应当及时受理。

劳动者投诉事项不属于工会劳动法律监督范围或者已经由行政机关、仲裁机构或者人民法院受理、立案的，工会劳动法律监督委员会不予受理，并于五个工作日内书面告知劳动者。

工会在日常工作中发现用人单位存在违反劳动法律法规、侵害劳动者合法权益行为的，应当予以登记，并按照有关规定及时处理。

第十八条 工会劳动法律监督委员会受理劳动者投诉的有关事项后，应当及时派员听取劳动者和用人单位意见，了解有关情况。

第十九条 工会劳动法律监督委员会了解情况后，认为用人单位不存在违反劳动法律法规、侵害劳动者合法权益行为的，应当向劳动者说明；认为用人单位存在违反劳动法律法规、侵害劳动者合法权益行为的，应当根据劳动者和用人单位双方意愿，组织双方沟通，协商解决。

第二十条 劳动者和用人单位不愿协商解决或者协商解决未果的事项，工会劳动法律监督委员会可以对用人单位进行必要的调查，向有关人员了解情况，查阅、复制相关资料。

工会劳动法律监督委员会对用人单位进行调查，应当由两名以上工会劳动法律监督员实施，并出示工会劳动法律监督员证。基层工会未设立工会劳动法律监督委员会且工会劳动法律监督员只有一名的，可以申请上一级工会劳动法律监督委员会进行调查或者由上一级工会劳动法律监督委员会指派工会劳动法律监督员参加调查。

对工会劳动法律监督委员会的调查，用人单位应当配合。用人单位不与工会劳动法律监督员进行沟通，拒绝提供或者提供虚假资料，隐匿、毁灭资料的，工会劳动法律监督员应当如实记录相关情况。

地方总工会劳动法律监督委员会对用人单位进行调查时，根据工作需要，还应当听取企业联合会、工商业联合会等企业方面代表组织的意见。

第二十一条 工会劳动法律监督委员会调查后，认为用人单位存在违反劳动法律法规、侵害劳动者合法权益行为的，应当督促用人单位及时改正；必要时，由工会主席或者副主席签署工会劳动法律监督意见书，送达用人单位。

第二十二条 用人单位应当自收到工会劳动法律监督意见书之日起十五个工作日内作出书面答复，说明情况和改正措施。用人单位认为工会劳动法律监督委员会意见不适当的，应当书面说明理由。

第二十三条 有下列情形之一的，地方总工会可以向同级人民政府人力资源和社会保障等有关部门发出工会劳动法律监督建议书，并移交相关材料：

（一）用人单位拒绝接收工会劳动法律监督意见书的；

（二）用人单位接到工会劳动法律监督意见书后未在规定期限内答复的；

（三）用人单位接到工会劳动法律监督意见书后无正当理由不改正的。

第二十四条 人力资源和社会保障等有关部门接到工会劳动法律监督建议书后，应当按照规定时间进行审查，依法调查处理，并及时反馈调查处理结果。

第四章 法律责任

第二十五条 违反本条例规定，法律、行政法规已有法律责任规定的，从其规定。

第二十六条 违反本条例第十四条规定，用人单位扣减工会劳动法律监督员劳动报酬、福利待遇，或者调整其工作岗位、解除劳动合同的，由人力资源和社会保障部门责令改正；造成损失的，依法承担赔偿责任。

第二十七条 违反本条例第二十条第三款规定，用人单位拒绝提供或者提供虚假资料，以及隐匿、毁灭资料的，由人力资源和社会保障等部门按照职责责令限期改正；逾期不改正的，处二千元以上二万元以下的罚款。

第二十八条 工会劳动法律监督员未按规定履行监督职责或者徇私舞弊，损害劳动者或者用人单位合法权益的，由所在工会责令改正，依照有关规定给予处分。

第二十九条 各级人民政府、有关部门及其工作人员阻挠、妨碍工会劳动法律监督的，对直接负责的主管人员和其他直接责任人员，由有权机关责令改正；情节严重的，依照有关规定给予处分。

第五章 附 则

第三十条 本条例所称用人单位，是指企业、个体经济组织、民办非企业单位及依法成立的合伙组织和基金会等组织，以及与劳动者建立劳动关系的国家机关、事业单位和社会团体。

第三十一条 本条例所称基层工会的联合会，是指乡镇、街道、开发区（园区）和村、社区等建立的区域性工会组织。

第三十二条 工会劳动法律监督员证、工会劳动法律监督意见书和工会劳动法律监督建议书的样式，由省总工会规定。

第三十三条 本条例自 2016 年 12 月 1 日起施行。

江西省工会劳动法律监督条例

（2017 年 5 月 25 日江西省第十二届人民代表大会常务委员会第三十三次会议通过　2019 年 9 月 28 日江西省第十三届人民代表大会常务委员会第十五次会议第一次修正　2022 年 7 月 26 日江西省第十三届人民代表大会常务委员会第四十次会议第二次修正）

目　　录

第一章　总　　则

第一条　为了保障和规范工会劳动法律监督，维护劳动者合法权益，构建和谐劳动关系，根据《中华人民共和国劳动法》《中华人民共和国劳动合同法》《中华人民共和国工会法》等法律、行政法规的规定，结合本省实际，制定本条例。

第二条　本条例所称工会劳动法律监督，是指各级工会依法对企业、事业单位、机关、社会组织（以下统称用人单位）遵守劳动法律法规规章、保障劳动者合法权益情况进行的有组织的群众监督。

第三条 本省行政区域内的工会劳动法律监督，适用本条例。

第四条 工会劳动法律监督应当遵循依法监督、客观公正、依靠群众、密切合作的原则。

第五条 县级以上总工会负责组织、指导、协调和实施本行政区域内的工会劳动法律监督。

产业（行业）工会、区域（包括工业园区、乡镇、街道，下同）工会负责指导、协调和实施本产业（行业）内、本区域内的工会劳动法律监督。

基层工会负责所在单位的工会劳动法律监督。

第六条 各级人民政府应当将构建和谐劳动关系纳入本行政区域内经济社会发展规划、政府年度目标责任考核体系，支持工会开展劳动法律监督工作。

县级以上人民政府应当完善与同级总工会联席会议制度，在制定涉及劳动者权益的重大政策以及处理涉及劳动者权益的重大问题时，应当听取同级工会的意见。

县级以上人民政府应当建立健全由人力资源和社会保障主管部门会同同级工会和工商业联合会、企业联合会（企业家协会）等企业代表组织组成的协调劳动关系三方机制，推动工业园区、乡镇、街道和产业系统建立协调劳动关系三方机制，共同研究解决劳动关系的重大问题。

县级以上人民政府人力资源和社会保障、应急管理、住房和城乡建设、卫生健康、公安、司法行政、市场监督管理、生态环境等部门应当与同级工会建立劳动法律监督协作机制，依照各自职责依法支持工会做好劳动法律监督工作。

县级以上人民政府人力资源和社会保障、市场监督管理等部门应当将用人单位违反劳动法律法规规章情况记入社会信用档案。

第七条 用人单位应当配合工会开展劳动法律监督工作。

工会应当尊重用人单位及其投资者的合法权益，引导劳动者遵守劳动法律法规规章、依法表达诉求。

第八条 各级人民政府和工会对在工会劳动法律监督、构建和谐劳动关系工作中成绩显著的有关单位和个人应当给予表彰、奖励。

第二章 监督组织和职责

第九条 用人单位应当依法建立工会。各级总工会、产业（行业）工会、区域工会以及工会会员二十五人以上的基层工会应当设立工会劳动法律监督委员会。工会会员不足二十五人的基层工会可以设立工会劳动法律监督委员会或者工会劳动法律监督员。

对暂未建立工会的用人单位，应当由地方总工会或者产业（行业）工会、区域工会的工会劳动法律监督委员会向用人单位选派或者在用人单位聘请工会劳动法律监督员。

工会劳动法律监督委员会或者工会劳动法律监督员，在同级工会领导下开展工作，并接受上级工会劳动法律监督委员会的业务指导。

第十条 工会劳动法律监督委员会的成员由同级工会会员推选的代表、工会工作人员组成，根据工作需要，可以聘请社会有关方面专家、学者参加。委员会由三人以上单数组成，委员会主任由同级工会主席或者副主席兼任。

工会劳动法律监督员由同级工会在会员中推选产生。

工会劳动法律监督委员会和工会劳动法律监督员与同级工会委员会任期相同。

第十一条 工会劳动法律监督委员会成员和工会劳动法律监督员应当具备下列条件：

（一）熟悉劳动法律、法规、规章和政策；

（二）热心维护劳动者合法权益；

（三）具有履行职责所需的业务能力；

（四）清正廉洁，公道正派。

各级总工会或者省产业工会应当向工会劳动法律监督委员会成员和工会劳动法律监督员颁发《工会劳动法律监督员证》，定期组织培训考核，并负责日常管理工作。

第十二条 工会劳动法律监督委员会和工会劳动法律监督员依法履行下列职责：

（一）宣传劳动法律、法规、规章和政策；

（二）接受劳动者对用人单位违反劳动法律法规规章行为的情况反映；

（三）对用人单位违反劳动法律法规规章、侵害劳动者合法权益的行为进行了解，参与本区域、本产业（行业）内劳动关系重大问题的调查；

（四）对用人单位违反劳动法律法规规章、侵害劳动者合法权益的行为，建议工会提请县级以上人民政府人力资源和社会保障等部门处理；

（五）向同级工会和上级工会劳动法律监督委员会报告用人单位违反劳动法律法规规章的情况；

（六）办理同级工会或者上级工会劳动法律监督委员会交办的事项。

第十三条 工会劳动法律监督委员会或者工会劳动法律监督员履行职责时享有以下权利：

（一）经同级工会或者上级工会同意，请求县级以上人民政府有关部门和司法机关进行协助；

（二）受邀参与县级以上人民政府人力资源和社会保障主管部门对用人单位的劳动监察；

（三）对劳动者依法申请劳动争议仲裁和诉讼提供帮助；

（四）法律法规规章规定的其他权利。

第十四条 工会劳动法律监督委员会和工会劳动法律监督员履行职责所需经费应当纳入本级工会预算。

第十五条 用人单位应当保障工会劳动法律监督委员会成员和工会劳动

法律监督员履行职责所需的工作时间和工作条件。工会劳动法律监督委员会成员和工会劳动法律监督员依法履行职责应当视为正常劳动。

基层工会劳动法律监督委员会成员和工会劳动法律监督员在任期内，所在用人单位不得借故调动其工作岗位、降低职级、免除职务或者解除劳动合同；其劳动合同期限短于任期的，劳动合同期限自动延长至任期期满，但是个人有严重违反劳动纪律或者规章制度等行为、退休或者本人不愿延长的除外。

需要对基层工会劳动法律监督委员会成员和工会劳动法律监督员调整岗位或者安排待岗的，所在用人单位应当事先与其所在工会协商。

第三章　监督内容和程序

第十六条　工会劳动法律监督的内容包括：

（一）平等就业情况；

（二）订立、履行、变更、解除和终止劳动合同情况；

（三）平等协商和签订、履行集体合同情况；

（四）工资报酬分配和支付、福利待遇、加班工资、最低工资规定落实情况；

（五）工作时间和休息休假情况；

（六）安全生产和职业病防治情况；

（七）参加养老、医疗、工伤、失业、生育等社会保险情况；

（八）女职工、未成年工、残疾职工等特殊权益保护情况；

（九）劳动者教育培训和职业技能考核情况；

（十）直接涉及劳动者切身利益的规章制度的制定、修改和执行或者重大事项的决定和执行情况；

（十一）职工大会、职工代表大会等保障劳动者权益的民主管理制度的建立和执行情况；

（十二）其他遵守劳动法律法规规章规定的情况。

工会应当对接受劳务派遣的用工单位遵守劳动法律法规规章、保障劳务派遣人员合法权益的情况进行监督。

第十七条 工会劳动法律监督委员会和工会劳动法律监督员应当通过接待来访、设置信箱、公布电话和电子邮箱等方式接受对用人单位违反劳动法律法规规章、侵害职工合法权益行为的情况反映。

对情况反映人的个人信息应当保密。

第十八条 工会劳动法律监督委员会和工会劳动法律监督员发现用人单位有违反劳动法律法规规章的行为，或者接到用人单位违反劳动法律法规规章行为的情况反映，应当进行登记，向同级工会报告，并及时调查；情况重大的，由同级工会及时向上一级工会劳动法律监督委员会报告。

第十九条 工会劳动法律监督委员会和工会劳动法律监督员实施劳动法律监督应当听取劳动者和用人单位的意见，核查事实，如实记录；必要时可以进行现场调查，查阅、复制与劳动法律监督相关资料，用人单位应当予以配合。

工会劳动法律监督委员会和工会劳动法律监督员实施现场调查，应当由两名以上持《工会劳动法律监督员证》的人员进行。必要时，上级工会劳动法律监督委员会可以派员参加调查。

工会劳动法律监督委员会和工会劳动法律监督员在履行职责时，不得干扰用人单位的正常生产秩序，并应当保守用人单位的商业秘密。

第二十条 经工会同意，工会劳动法律监督委员会和工会劳动法律监督员通过调查，认为用人单位确有违反劳动法律法规规章行为的，工会劳动法律监督委员会或者基层工会应当与用人单位沟通协商，督促其改正。拒不改正的，工会劳动法律监督委员会或者基层工会可以发出《工会劳动法律监督意见书》，要求用人单位及时改正。

用人单位接到《工会劳动法律监督意见书》后，应当在三十日内作出处理，并将处理情况书面告知工会劳动法律监督委员会或者基层工会。

第二十一条 用人单位逾期不告知处理情况或者拒不改正违法行为的，县级以上总工会或者产业工会可以向有管辖权的县级以上人民政府有关部门提出《工会劳动法律监督建议书》。

县级以上人民政府有关部门收到《工会劳动法律监督建议书》后，应当进行初步审查，对有明确违法行为人和违法事实且属于本主管部门管辖的，在七日内立案，自立案之日起六十个工作日内完成调查处理，并将调查处理情况书面告知工会。情况复杂需要延长的，经县级以上人民政府有关部门负责人批准，可以延长三十个工作日。

第二十二条 对实名反映情况的，工会劳动法律监督委员会和工会劳动法律监督员应当将办理情况告知情况反映人。

第二十三条 劳动者对用人单位违反劳动法律法规规章行为申请仲裁、提起诉讼的，工会应当依法给予支持和帮助。劳动者申请仲裁、提起诉讼时需要使用工会实施劳动法律监督获取的有关资料的，工会应当提供。

用人单位违反集体合同，侵犯职工劳动权益的，工会可以依法要求用人单位纠正、承担责任；因履行集体合同发生争议，经协商解决不成的，工会可以依法申请仲裁、提起诉讼。

第四章 法律责任

第二十四条 违反本条例规定，用人单位有下列情形之一的，由县级以上人民政府人力资源和社会保障主管部门责令限期改正；逾期不改正的，按照以下规定处以罚款：

（一）无正当理由拒绝向工会及其劳动法律监督委员会或者工会劳动法律监督员提供与劳动法律监督相关资料，或者以其他方式拒绝工会实施劳动法律监督的，处以二千元以上一万元以下罚款；

（二）提供与劳动法律监督相关虚假资料或者隐匿与劳动法律监督相关

资料的，处以五千元以上一万元以下罚款；

（三）毁灭与劳动法律监督相关资料的，处以一万元以上二万元以下罚款。

第二十五条 违反本条例规定，用人单位以调动工作岗位、扣减工资福利、解除劳动合同等方式对依法履行职责的工会劳动法律监督委员会成员或者工会劳动法律监督员和反映情况的职工进行打击报复的，由县级以上人民政府人力资源和社会保障主管部门责令改正；造成损失的，应当依法赔偿。

对依法履行职责的工会劳动法律监督委员会成员或者工会劳动法律监督员进行侮辱、诽谤或者人身伤害，违反《中华人民共和国治安管理处罚法》的，由公安机关依法予以处罚；构成犯罪的，依法追究刑事责任。

第二十六条 县级以上人民政府有关部门工作人员违反本条例规定，妨碍工会劳动法律监督工作的，由其所在部门责令改正；情节严重的，依法给予处分。

第二十七条 工会劳动法律监督委员会成员或者工会劳动法律监督员违反本条例的规定，损害劳动者或者用人单位合法权益的，由同级工会责令改正；情节严重的，免除其工会劳动法律监督员资格，由发证的各级总工会或者省产业工会收回其《工会劳动法律监督员证》；造成损失的，依法承担法律责任。

第五章 附 则

第二十八条 《工会劳动法律监督员证》《工会劳动法律监督意见书》和《工会劳动法律监督建议书》的格式文本由省总工会统一制定。

第二十九条 本条例自 2017 年 9 月 1 日起施行。

福建省工会劳动法律监督条例

（2017年7月21日福建省第十二届人民代表大会常务委员会第三十次会议通过）

目　录

第一章　总　则

第一条　为了保障和规范工会劳动法律监督，维护职工合法权益，构建和谐劳动关系，根据《中华人民共和国工会法》《中华人民共和国劳动法》《中华人民共和国劳动合同法》《中华人民共和国安全生产法》等有关法律、行政法规，结合本省实际，制定本条例。

第二条　本省行政区域内实施工会劳动法律监督，适用本条例。

本条例所称工会劳动法律监督，是指工会依法对用人单位遵守劳动法律法规、维护职工合法权益情况实施的有组织的群众性监督。

第三条　工会劳动法律监督应当遵循依法监督、客观公正、平等协商、依靠群众的原则。

第四条 地方总工会负责组织、指导、协调和实施本行政区域内的工会劳动法律监督。

行业工会负责指导、协调和实施本行业的工会劳动法律监督。

基层工会负责实施所辖范围内的工会劳动法律监督。

第五条 县级以上地方人民政府应当将构建和谐劳动关系纳入国民经济和社会发展规划、政府目标责任考核体系，完善政府与同级地方总工会联席会议制度，加强劳动保障监察工作，支持工会依法实施工会劳动法律监督。

县级以上地方人民政府制定涉及职工劳动权益的重大政策，研究涉及职工劳动权益的重大问题，开展劳动保障监察工作时，应当听取同级地方总工会的意见；对用人单位遵守劳动法律法规情况进行专项检查时，应当邀请同级地方总工会参加。

第六条 县级以上地方人民政府人力资源和社会保障、安全生产监督管理、公安、司法行政、卫生和计划生育、民政、市场监督管理、住房和城乡建设等部门，应当与同级地方总工会就劳动法律法规实施情况相互通报，定期会商，实现劳动领域监督工作情况的资源共享。

县级以上地方人民政府人力资源和社会保障部门应当将劳动法律监督信息纳入政府网络平台，与地方总工会实现劳动争议调解、仲裁、劳动保障行政处罚等信息的互联互通。

第七条 县级以上地方人民政府人力资源和社会保障部门会同地方总工会以及企业与企业家联合会和工商业联合会等企业方面代表组织，建立健全协调劳动关系三方机制，共同研究解决工会劳动法律监督等方面重大问题，组织开展专题调研督查。

第八条 用人单位应当主动接受和配合工会依法实施工会劳动法律监督。

工会应当教育职工遵守用人单位依法制定的规章制度和履行劳动合同，引导职工合理有序表达诉求；支持用人单位依法开展生产经营和管理活动。

工会与用人单位应当建立集体协商制度，定期就涉及职工合法权益事项进行沟通协商，加强对劳动纠纷的事前预防和协商解决。

第九条 新闻媒体应当宣传与工会劳动法律监督相关的法律法规及其实施情况，加强对违反劳动法律法规、侵犯职工合法权益行为的舆论监督。县级以上地方总工会可以通过新闻媒体对侵害职工合法权益的重大事件及处置情况进行通报。

第十条 县级以上地方人民政府及地方总工会对遵守劳动法律法规、维护职工合法权益和开展工会劳动法律监督成绩显著的单位和个人，按照有关规定给予表彰奖励。

第二章 监督组织与职责

第十一条 地方总工会、行业工会、基层工会设立工会劳动法律监督委员会，在本级工会的领导和上级工会劳动法律监督委员会的业务指导下，具体实施工会劳动法律监督。未设立工会委员会的基层工会，可以不设立工会劳动法律监督委员会，但应当推选工会劳动法律监督员，承担本单位的工会劳动法律监督具体工作。

第十二条 地方总工会劳动法律监督委员会履行下列职责：

（一）制定工会劳动法律监督工作计划；

（二）培训工会劳动法律监督员；

（三）对本辖区内遵守劳动法律法规情况实施监督，指导行业工会、基层工会的劳动法律监督工作；

（四）根据本条例的规定，向用人单位或者提请本级工会向同级人民政府人力资源和社会保障等有关部门发出相关文书。

第十三条 行业工会、基层工会劳动法律监督委员会履行下列职责：

（一）受本级工会委派，参与行业或者用人单位安全生产、劳动报酬、工作时间、休息休假、职业病防治、保险福利、职工培训、劳动纪律等规章制度的制定、修改或者重大事项的决定；

（二）对本行业或者用人单位遵守劳动法律法规情况实施监督；

（三）发生劳动纠纷时，组织、参与用人单位和职工的协商解决；

（四）根据本条例的规定，向用人单位发出相关文书。

第十四条 工会劳动法律监督委员会由主任和二名以上监督员组成。主任由工会主席或者副主席担任，监督员从工会会员中推选产生，应当有适当比例的女性。工会劳动法律监督委员会任期与本级工会任期相同。

工会劳动法律监督委员会可以根据实际需要，聘请人大代表、政协委员、专家学者、社会人士等担任特邀监督员，任期根据聘请协议确定。

第十五条 工会劳动法律监督员应当具备下列条件：

（一）熟悉劳动法律法规规章和政策；

（二）具有履行职责所需的能力；

（三）热爱本职工作，责任心强；

（四）热心维护职工合法权益；

（五）奉公守法、清正廉洁。

工会劳动法律监督员应当经过县级以上地方总工会培训、考核，并取得《工会劳动法律监督员证》。

第十六条 工会劳动法律监督员应当认真履职，开展经常性调查，发现问题及时向工会劳动法律监督委员会报告。

工会劳动法律监督员不得徇私舞弊，不得泄露用人单位商业秘密和职工个人隐私，办理的事项与本人或者其近亲属有利害关系的，应当自行回避。职工或者用人单位认为工会劳动法律监督员应当回避的，可以向本级或者上级工会提出。

职工或者用人单位发现工会劳动法律监督员利用职务便利损害其合法权益的，可以向本级或者上级工会举报投诉。

第十七条 工会应当将实施工会劳动法律监督所需的各项经费依法纳入本级工会预算，给予基层工会劳动法律监督员适当补助。县级以上地方总工会可以通过设立法律顾问、聘请律师、购买服务等方式为工会劳动法律监督委员会提供法律服务。

用人单位应当为工会劳动法律监督员依法履职提供必要的条件，不得通过扣减工资福利、降低职级、免除职务、解除劳动合同等方式对工会劳动法律监督员进行打击报复。

第三章　监督与协商处理

第十八条　工会劳动法律监督的主要事项有：

（一）用人单位涉及职工利益的劳动规章制度的制定、修改、执行情况；

（二）工资集体协商和集体合同制度的建立和执行情况；

（三）劳动合同的订立、履行、变更、解除和终止情况；

（四）劳动报酬分配、调整、支付和社会保险、福利待遇的落实情况；

（五）工作时间、休息和休假制度的执行情况；

（六）安全生产、职业病防治等劳动安全卫生的执行情况；

（七）女职工、未成年工和残疾职工特殊权益保护的情况；

（八）职工教育培训及其经费提取、使用的情况；

（九）劳务派遣单位和用工单位遵守劳动法律法规、保障被派遣人员合法权益的情况；

（十）职工代表大会制度的建立和落实情况；

（十一）法律法规规定的其他情况。

第十九条　工会劳动法律监督委员会认为用人单位可能违反本条例第十八条所列事项的，可以给予口头提示、沟通协商；必要时，发出《工会劳动法律监督提示函》。

第二十条　任何单位和个人对用人单位违反劳动法律法规的行为，可以向工会劳动法律监督委员会举报或者投诉，工会劳动法律监督委员会应当建立健全举报和投诉制度，公开工作地点、联系人和联系方式等信息。

工会劳动法律监督委员会接到对用人单位违反劳动法律法规行为的举报或者投诉，应当及时受理；对不属于监督范围或者已经由行政机关、仲裁机构、人民法院受理的投诉事项，工会劳动法律监督委员会不予受理，并于收到举报或者投诉之日起五个工作日内，书面告知实名举报投诉人。

工会劳动法律监督委员会对举报投诉人身份资料应当予以保密。

第二十一条 工会劳动法律监督委员会在处理举报投诉或者日常监督工作中发现用人单位存在违反劳动法律法规、侵害职工合法权益行为的，可以进行现场调查，向有关人员了解情况，查阅、复制有关资料，核查事实。

现场调查应当由二名以上工会劳动法律监督员进行，并出示《工会劳动法律监督员证》。

工会劳动法律监督员只有一名，或者未设立工会的用人单位，地方总工会、行业工会劳动法律监督委员会可以派员开展现场调查。

第二十二条 工会劳动法律监督委员会进行调查时，应当听取用人单位和职工的意见；根据工作需要，可以听取企业与企业家联合会、工商业联合会等企业方面代表组织的意见。

用人单位应当配合工会劳动法律监督委员会的调查，阻挠调查，伪造、隐匿、毁灭或者拒绝提供资料的，工会劳动法律监督员应当如实记录相关情况。

第二十三条 工会劳动法律监督委员会调查后，认为用人单位不存在违反劳动法律法规、侵害职工合法权益行为的，应当向职工说明；认为用人单位存在违反劳动法律法规、侵害职工合法权益行为的，应当根据职工和用人单位意愿，组织双方沟通，协商解决。协商不成的，向本级或者上一级工会报告，由本级或者上一级工会根据实际情况向用人单位发出《工会劳动法律监督意见书》，提出改正意见。

第二十四条 用人单位应当自收到《工会劳动法律监督意见书》之日起十五个工作日内，说明办理情况。用人单位认为工会劳动法律监督意见不适当的，应当书面说明理由。

第二十五条 用人单位收到《工会劳动法律监督意见书》后，未在规定期限内答复，或者无正当理由拒不改正的，行业工会、基层工会应当提请地方总工会向同级人民政府人力资源和社会保障等有关部门发出《工会劳动法律监督建议书》，并移交相关材料。

县级以上地方人民政府人力资源和社会保障等有关部门收到《工会劳动法律监督建议书》后，应当依法调查处理，并在办结后十五个工作日内反馈处理结果。

第二十六条 职工申请仲裁或者提起诉讼时需要使用工会劳动法律监督委员会获取的有关资料的，工会劳动法律监督委员会应当提供。

第四章 法律责任

第二十七条 违反本条例第二十二条第二款规定，用人单位伪造、隐匿、毁灭或者拒绝提供资料的，由人力资源和社会保障部门责令限期改正；逾期不改正的，由人力资源和社会保障部门对其处以二千元以上二万元以下罚款。

第二十八条 用人单位违反本条例规定，对依法履行职责的工会劳动法律监督员和反映情况的职工，采取扣减工资福利、降低职级、免除职务、解除劳动合同等方式进行打击报复的，由人力资源和社会保障部门责令改正；造成经济损失的，应当依法给予赔偿；构成犯罪的，依法追究刑事责任。

第二十九条 工会劳动法律监督员违反本条例规定，损害职工或者用人单位合法权益的，由本级工会责令改正；情节严重的，撤销其工会劳动法律监督员资格，收回《工会劳动法律监督员证》，不得再次担任工会劳动法律监督员；因故意或者重大过失，造成用人单位直接经济损失的，应当依法承担相应的法律责任。

第三十条 国家机关工作人员违反本条例规定，妨碍工会劳动法律监督工作的，由其所在单位责令改正；情节严重的，依法给予处分。

第五章 附 则

第三十一条 本条例所称基层工会是指企业、机关事业单位、乡镇（街道）、村（居）、工业园区、社会组织等工会。

第三十二条 《工会劳动法律监督员证》《工会劳动法律监督提示函》《工会劳动法律监督意见书》《工会劳动法律监督建议书》的格式文本，由省总工会统一制订。

第三十三条 本条例自 2017 年 10 月 1 日起施行。

河北省工会劳动法律监督条例

（2018年7月27日河北省第十三届人民代表大会常务委员会第四次会议通过）

第一章　总　　则

第一条　为了保障和规范工会劳动法律监督，维护职工合法权益，构建和谐劳动关系，根据《中华人民共和国工会法》《中华人民共和国劳动法》《中华人民共和国劳动合同法》等法律法规，结合本省实际，制定本条例。

第二条　本省行政区域内实施工会劳动法律监督活动，适用本条例。

本条例所称工会劳动法律监督，是指各级工会依法对用人单位遵守劳动法律法规、保障职工合法权益情况进行的有组织的群众监督。

本条例所称用人单位，是指企业、个体经济组织、民办非企业单位、依法成立的合伙组织和基金会等组织，以及与职工建立劳动关系的国家机关、事业单位和社会团体。

第三条　工会劳动法律监督遵循依法监督、依靠群众、客观公正、密切协作的原则。

第四条　县级以上地方总工会负责组织、指导、协调和实施本行政区域内的工会劳动法律监督。

产业（行业）工会、区域性基层工会联合会负责组织、指导、协调和实施本产业（行业）、区域内的工会劳动法律监督。

基层工会对所在单位实施工会劳动法律监督。

第五条　县级以上人民政府及其人力资源和社会保障部门、安全生产主管部门以及其他有关部门应当支持工会开展劳动法律监督。

第六条 工会与用人单位应当建立集体协商制度，定期就涉及职工合法权益事项进行沟通协商，加强对劳动纠纷的事前预防和协商解决。

用人单位应当接受和配合工会依法实施劳动法律监督。

工会应当教育职工遵守用人单位依法制定的规章制度，引导职工依法表达诉求。

第七条 县级以上人民政府人力资源和社会保障部门应当会同同级工会和企业联合会、工商业联合会等企业代表组织，完善协调劳动关系三方机制，共同研究解决工会劳动法律监督方面的重大问题。

第八条 县级以上人民政府、地方总工会对遵守劳动法律法规、保障职工合法权益和开展工会劳动法律监督成绩显著的单位和个人，按照有关规定给予奖励。

第二章 监督组织

第九条 各级工会成立工会劳动法律监督委员会，在同级工会领导下实施工会劳动法律监督工作，并接受上级工会劳动法律监督委员会的业务指导。

工会劳动法律监督委员会由主任和委员组成，主任一般由工会主席担任，委员由同级工会在会员中推选产生，委员人数根据实际情况确定。

县级以上地方总工会、产业（行业）工会、区域性基层工会联合会可以聘请人大代表、政协委员、专家学者、律师等作为本级工会劳动法律监督委员会顾问，提供法律政策咨询服务。

第十条 基层工会劳动法律监督委员会设立工会劳动法律监督员。工会劳动法律监督员由用人单位各工会小组负责人担任；没有工会小组的，由用人单位科室、车间、班组等各基本生产经营单元推荐一名职工担任。

对暂未建立工会的用人单位，可以由县级以上地方总工会、产业（行业）工会、区域性基层工会联合会在用人单位聘请职工担任工会劳动法律监督员。

第十一条 县级以上地方总工会、产业（行业）工会、区域性基层工会联合会的劳动法律监督委员会履行下列职责：

（一）组织开展劳动法律法规宣传，指导和支持下级工会劳动法律监督工作；

（二）受理、交办用人单位违反劳动法律法规的投诉举报，接受下级工会劳动法律监督委员会有关用人单位违反劳动法律法规的报告，接受在未建立工会的用人单位聘请的工会劳动法律监督员的报告，并根据情况及时组织调查处理；

（三）向同级工会和上一级工会劳动法律监督委员会报告监督工作情况，办理上级工会劳动法律监督委员会交办的事项。

第十二条 基层工会劳动法律监督委员会履行下列职责：

（一）开展劳动法律法规宣传，对所在单位遵守劳动法律法规的情况进行监督；

（二）受理对所在单位违反劳动法律法规、侵害职工合法权益行为的投诉举报，接受工会劳动法律监督员的报告，组织调查，向同级工会提出处理建议；

（三）将未能解决的有关事项，向同级工会和上级工会劳动法律监督委员会报告；

（四）办理上级工会劳动法律监督委员会交办的事项。

第十三条 工会劳动法律监督员在工会劳动法律监督委员会的领导下履行下列职责：

（一）发现用人单位违反劳动法律法规、侵害职工合法权益的行为，并向工会劳动法律监督委员会报告；

（二）参与劳动争议调解；

（三）办理工会劳动法律监督委员会交办的其他事项。

第十四条 工会劳动法律监督委员会委员、工会劳动法律监督员不得徇私舞弊，不得干扰用人单位的正常生产秩序，不得泄露在履职过程中知悉的个人隐私和用人单位的商业秘密。

第三章 监督实施

第十五条 工会劳动法律监督的主要事项有：

（一）劳动合同订立、履行、变更、解除和终止情况；

（二）集体协商制度建立、运行情况和集体合同签订、履行情况；

（三）劳动报酬、加班工资支付和最低工资标准落实情况；

（四）参加社会保险、缴纳社会保险费及缴存住房公积金情况；

（五）安全生产、职业危害防护等劳动安全卫生情况；

（六）女职工、未成年工和残疾职工特殊权益保护情况；

（七）职工教育培训及其经费提取、使用情况；

（八）职工大会、职工代表大会等民主管理制度建立及执行情况；

（九）涉及职工切身利益的规章制度的制定、修改及执行情况；

（十）法律法规规定的其他有关情况。

第十六条 各级工会劳动法律监督委员会应当公布工作地址、联系电话等信息，接受对用人单位违反劳动法律法规、侵害职工合法权益行为的投诉举报并及时受理。

投诉举报事项不属于工会劳动法律监督范围或者已经进入行政执法、仲裁、诉讼程序的，工会劳动法律监督委员会不予受理，并于接到投诉举报之日起五个工作日内告知实名投诉举报人。

第十七条 工会劳动法律监督委员会接到投诉举报后，可以向用人单位进行口头提示；必要时可以提请同级工会向用人单位发出《工会劳动法律监督问询函》。用人单位应当在接到《工会劳动法律监督问询函》之日起五个工作日内作出书面说明。

第十八条 工会劳动法律监督委员会发现用人单位可能存在违反劳动法律法规的行为，或者受理用人单位违反劳动法律法规行为的投诉举报后，可以进行调查，询问相关人员，查阅、复制有关资料，并如实记录，用人单位应当予以配合。

工会劳动法律监督委员会实施现场调查时，应当由两名以上委员同时在场。必要时，上级工会劳动法律监督委员会可以派员参加调查。

第十九条 工会劳动法律监督委员会经调查认为用人单位存在违反劳动法律法规行为的，应当提请同级工会向用人单位发出《工会劳动法律监督意见书》。

第二十条 用人单位应当在收到《工会劳动法律监督意见书》之日起十五日内，向发出意见书的工会作出书面答复，说明情况和改正措施。

第二十一条 工会向用人单位发出《工会劳动法律监督意见书》后，用人单位未在规定时限内作出书面答复、答复不适当、不真实或者无正当理由不改正的，县级以上地方总工会接受同级工会劳动法律监督委员会或者基层工会提请，可以向同级人民政府人力资源和社会保障部门、安全生产主管部门以及其他有关部门提出《工会劳动法律监督建议书》，并移交相关材料。

第二十二条 县级以上人民政府人力资源和社会保障部门、安全生产主管部门以及其他有关部门收到《工会劳动法律监督建议书》后，应当依法处理，并在办结后十五日内向发出建议书的工会反馈调查处理结果。

第二十三条 工会劳动法律监督委员会应当向实名投诉举报人反馈处理情况。实名投诉举报人对处理情况有异议的，告知其向有关行政部门反映，或者通过仲裁、诉讼等方式解决。

第二十四条 投诉举报人应当遵守用人单位的生产经营管理秩序，依法进行投诉举报，提供客观真实的投诉举报材料。

第二十五条 用人单位应当将接受工会劳动法律监督情况、有关问题的改正情况，向职工大会或者职工代表大会报告。

第二十六条 职工申请仲裁、提起诉讼时需要使用工会实施劳动法律监督获取的有关资料的，在不违反保密规定的情况下，工会应当向职工无偿提供。

第四章 监督保障

第二十七条 县级以上人民政府人力资源和社会保障部门、安全生产主管部门以及其他有关部门应当与同级工会建立劳动法律监督协作机制，通报情况，定期会商，开展合作。

县级以上人民政府人力资源和社会保障等有关部门研究劳动合同示范文本、工资支付、社会保险等涉及职工切身利益的问题，以及在处理用人单位违反劳动法律法规的重大案件时，应当听取同级工会意见；对用人单位遵守劳动法律法规情况进行监督检查时，可以邀请同级工会派员参加。

县级以上人民政府人力资源和社会保障部门应当将用人单位违反劳动法律法规情况纳入公共信用信息目录。

第二十八条 新闻媒体应当宣传与工会劳动法律监督相关的法律法规及其实施情况，加强对用人单位违反劳动法律法规、侵犯职工合法权益行为的舆论监督。

第二十九条 企业联合会、工商业联合会等企业代表组织应当支持、配合工会依法实施劳动法律监督。

第三十条 用人单位应当提供必要条件，保障工会劳动法律监督委员会委员、工会劳动法律监督员依法履行监督职责，不得通过无正当理由调动工作岗位、扣减工资福利、降低职级、免除职务、解除劳动合同等方式进行打击报复。

第三十一条 工会实施劳动法律监督活动所需经费从本级工会经费列支。

第五章 法律责任

第三十二条 县级以上人民政府人力资源和社会保障部门、安全生产主管部门以及其他有关部门及其工作人员不履行本条例规定职责的，由有关机关责令改正；情节严重的，对直接负责的主管人员和其他直接责任人员依法给予处分。

第三十三条 用人单位违反本条例第三十条规定，对依法履行职责的工会劳动法律监督委员会委员、工会劳动法律监督员进行打击报复的，由县级以上人民政府人力资源和社会保障部门责令改正；造成损失的，依法承担赔偿责任。

对依法履行职责的工会劳动法律监督委员会委员、工会劳动法律监督员进行侮辱、诽谤、殴打或者故意伤害的，由公安机关依照《中华人民共和国治安管理处罚法》的规定处罚；构成犯罪的，依法追究刑事责任。

第三十四条 工会劳动法律监督委员会委员、工会劳动法律监督员违反本条例规定，损害职工或者用人单位合法权益的，由同级工会责令改正；造成损失的，依法承担法律责任。

第六章 附 则

第三十五条 各级工会依法对接受劳务派遣的用工单位遵守劳动法律法规、保障劳务派遣人员合法权益的情况进行有组织的群众监督，参照本条例。

第三十六条 《工会劳动法律监督问询函》《工会劳动法律监督意见书》和《工会劳动法律监督建议书》的样式由河北省总工会统一制订。

第三十七条 本条例自 2018 年 12 月 1 日起施行。

安徽省工会劳动法律监督条例

（2019年12月21日安徽省第十三届人民代表大会常务委员会第十四次会议通过）

目 录

第一章 总 则

第一条 为了保障和规范工会劳动法律监督，维护职工合法权益，构建和谐劳动关系，根据《中华人民共和国工会法》《中华人民共和国劳动法》《中华人民共和国劳动合同法》和有关法律、行政法规，结合本省实际，制定本条例。

第二条 本条例适用于本省行政区域内的工会劳动法律监督工作。

本条例所称工会劳动法律监督，是指工会依法对用人单位遵守劳动法律、法规、规章，保障职工合法权益情况进行的有组织的群众监督。

第三条 工会劳动法律监督工作应当遵循依法监督、客观公正、依靠群众、平等协商、密切合作的原则。

第四条 县级以上地方总工会负责组织、指导、协调和实施本行政区域内的工会劳动法律监督。

产业工会、开发区（工业园区）工会组织、乡镇（街道）工会组织负责指导、协调和实施本产业、本区域内的工会劳动法律监督。

基层工会负责实施本单位的工会劳动法律监督。

第五条 各级人民政府应当将构建和谐劳动关系纳入经济社会发展规划、政府目标责任考核体系，完善政府与同级工会联席会议制度，支持工会依法实施工会劳动法律监督。

县级以上人民政府制定涉及职工劳动权益的政策及处理涉及职工劳动权益的重大问题时，应当听取同级地方总工会的意见。

对开展工会劳动法律监督工作成绩显著的单位、工会组织和个人，按照国家和省有关规定给予表彰奖励。

第六条 县级以上人民政府人力资源社会保障、发展改革、公安、司法行政、住房城乡建设、卫生健康、应急管理、市场监督管理等部门，应当按照各自职责支持工会劳动法律监督工作，与同级地方总工会实现劳动法律法规执行和监督工作情况的信息共享。

县级以上人民政府人力资源社会保障部门应当会同同级地方总工会和企业联合会、工商业联合会等企业代表组织，组成协调劳动关系三方机制，共同研究解决有关工会劳动法律监督的重大问题。

第七条 工会与用人单位应当建立集体协商制度，定期就涉及职工合法权益事项进行沟通和协商，加强对劳动纠纷的事前预防和协商解决。

第八条 用人单位应当遵守劳动法律法规，接受和配合各级工会依法实施劳动法律监督。

工会应当教育职工遵守劳动法律法规和用人单位依法制定的规章制度，引导职工依法依规表达诉求。

第九条 新闻媒体应当宣传与工会劳动法律监督相关的法律法规及其实施情况，加强对违反劳动法律法规、侵犯职工合法权益行为的舆论监督。

第二章 监督组织及其职责

第十条 各级工会设立工会劳动法律监督委员会，在同级工会领导下开展劳动法律监督具体工作，并接受上级工会劳动法律监督委员会的业务指导。

会员不足二十五人的基层工会，可以在工会会员中推选二至三名工会劳动法律监督员组成工会劳动法律监督小组，承担本单位的工会劳动法律监督工作。

第十一条 工会劳动法律监督委员会由主任和二名以上工会劳动法律监督员组成。主任由同级工会主席或者副主席担任，工会劳动法律监督员从工会会员中推选产生，应当有适当比例的女性。工会劳动法律监督委员会任期与同级工会任期相同。

县级以上地方总工会、产业工会、开发区（工业园区）工会组织、乡镇（街道）工会组织可以聘请人大代表、政协委员、专家学者、律师等作为本级工会劳动法律监督委员会特邀监督员，参与工会劳动法律监督工作。

第十二条 县级以上地方总工会、产业工会、开发区（工业园区）工会组织、乡镇（街道）工会组织劳动法律监督委员会履行下列职责：

（一）组织开展劳动法律法规宣传，指导和支持下级工会劳动法律监督工作；

（二）受理、交办对用人单位违反劳动法律法规、侵害职工合法权益行为的投诉和举报，根据情况及时组织调查、协商和处理；

（三）提请地方总工会向同级人民政府人力资源社会保障等有关部门发出《工会劳动法律监督建议书》；

（四）对职工依法申请劳动争议调解、仲裁和提起诉讼提供帮助；

（五）向同级工会和上一级工会劳动法律监督委员会报告监督工作情况，办理上级工会劳动法律监督委员会交办的事项。

第十三条 基层工会劳动法律监督委员会履行下列职责：

（一）组织开展劳动法律法规宣传，对所在单位遵守劳动法律法规情况进行监督；

（二）受理对所在单位违反劳动法律法规、侵害职工合法权益行为的投诉和举报，接受工会劳动法律监督员的报告，组织调查、协商和处理，必要时向同级工会提出处理建议；

（三）提请同级工会向用人单位发出《工会劳动法律监督意见书》；

（四）向同级工会和上一级工会劳动法律监督委员会报告监督工作情况，办理上级工会劳动法律监督委员会交办的事项。

未设立工会劳动法律监督委员会的基层工会，由工会劳动法律监督小组参照前款规定履行职责。

第十四条 工会劳动法律监督员应当具备以下条件：

（一）遵纪守法，恪守社会公德和职业道德；

（二）熟悉劳动法律、法规、规章和政策；

（三）具有履行职责所需的能力；

（四）热心维护职工合法权益。

第十五条 工会劳动法律监督员应当经过县级以上地方总工会培训、考核，并取得《工会劳动法律监督员证书》。

工会劳动法律监督员名单应当报上一级工会劳动法律监督委员会备案。

第十六条 对依法履行职责的工会劳动法律监督员，用人单位不得采取调整工作岗位、降低职级、免除职务、违法解除劳动关系等方式进行打击报复。

用人单位应当保障工会劳动法律监督员履行职责所需要的条件和时间，不得以占用生产或者工作时间为由扣减其工资福利。

第三章 监督内容和方式

第十七条 工会劳动法律监督的内容包括：

（一）执行国家有关平等就业、劳务派遣用工规定的情况；

（二）执行国家有关劳动合同订立、履行、变更、解除和终止规定的情况；

（三）开展集体协商，签订和履行集体合同情况；

（四）职工代表大会（职工大会）等保障职工权益的民主管理制度建立和执行情况；

（五）涉及职工切身利益的规章制度的制定、修改和执行情况；

（六）执行国家有关劳动报酬分配、调整和支付情况，落实最低工资标准、同工同酬等情况；

（七）执行国家有关工作时间、休息和休假规定的情况；

（八）执行安全生产、职业病防治等法律、法规、规章和强制性国家技术标准，以及对安全生产事故、职业病危害事件处理等情况；

（九）执行女职工、未成年工、残疾职工特殊权益保护规定的情况；

（十）执行国家有关社会保险、福利待遇等规定的情况；

（十一）执行职工教育和职业技能培训及其经费提取、使用等规定的情况；

（十二）法律法规规定的其他情况。

第十八条 工会应当建立健全劳动法律监督投诉和举报制度。

任何单位和个人对违反劳动法律法规的行为，有权向工会劳动法律监督委员会投诉或者举报。工会劳动法律监督委员会对实名投诉人或者举报人个人信息应当予以保密。

第十九条 工会劳动法律监督委员会接到对用人单位违反劳动法律法规的投诉或者举报，应当进行登记，及时办理。经审查，投诉或者举报事项不属于工会劳动法律监督范围或者已经进入行政执法、仲裁、诉讼程序的，工会劳动法律监督委员会不予受理，并于接到投诉或者举报之日起五个工作日内告知实名投诉人或者举报人。投诉或者举报事项属于工会劳动法律监督范围的，应当开展调查，并于接到投诉或者举报之日起三十个工作日内完成调查。

第二十条 实施工会劳动法律监督，应当充分听取职工和用人单位的意见，核查事实，如实记录。工会劳动法律监督委员会可以对用人单位进行必要的调查，查阅、复制有关资料，用人单位应当予以配合。调查中应当尊重和保护个人隐私，保守用人单位商业秘密。

工会劳动法律监督委员会对用人单位进行调查，应当由二名以上工会劳动法律监督员进行，并出示《工会劳动法律监督调查函》和《工会劳动法律监督员证书》。必要时上级工会劳动法律监督委员会可以派员参加调查。

工会劳动法律监督员办理的监督事项与本人或者其近亲属有利害关系的，应当回避。

第二十一条 工会劳动法律监督委员会经过调查发现用人单位存在违反劳动法律法规、侵害职工合法权益行为的，可以根据用人单位和职工意愿，就有关劳动争议组织双方协商解决，做好化解纠纷工作。

第二十二条 职工和用人单位不愿协商解决或者协商不成的，工会应当根据工会劳动法律监督委员会的调查情况和处理建议作出处理意见。作出处理意见前，工会可以征求职工代表、用人单位、企业代表组织、政府有关部门和特邀监督员的意见。

基层工会对存在违反劳动法律法规行为的用人单位，应当发出《工会劳动法律监督意见书》。用人单位应当自收到《工会劳动法律监督意见书》之日起十五个工作日内作出处理并将处理情况书面告知基层工会。

用人单位逾期不告知处理情况或者无正当理由拒不改正的，县级以上地方总工会可以根据同级工会劳动法律监督委员会或者基层工会提请，向同级人民政府人力资源社会保障等有关部门发出《工会劳动法律监督建议书》。

第二十三条 县级以上人民政府人力资源社会保障等有关部门在收到《工会劳动法律监督建议书》后，应当依法处理，并在办结后十五个工作日内向发出建议书的工会反馈调查处理结果。

第二十四条 县级以上人民政府有关部门在对用人单位开展劳动法律法规监督检查活动时，应当通知同级工会指派工会劳动法律监督员参加。

县级以上人民政府有关部门在处理违反劳动法律法规的重大案件时，应当听取同级工会劳动法律监督委员会意见。

第四章 法律责任

第二十五条 用人单位违反本条例规定，有下列情形之一的，由县级以上人民政府人力资源社会保障部门责令改正，依法进行处理：

（一）拒绝或者阻挠工会劳动法律监督的；

（二）无正当理由拒绝向工会及其劳动法律监督委员会或者工会劳动法律监督员提供相关资料的；

（三）提供虚假资料或者隐匿、毁灭资料的。

第二十六条 用人单位违反本条例规定，对依法履行职责的工会劳动法律监督员和反映情况的职工，采取调整工作岗位、扣减工资福利、解除劳动关系等方式进行打击报复的，由县级以上人民政府人力资源社会保障部门责令改正，依法进行处理；造成损失的，依法承担赔偿责任。

第二十七条 用人单位违反劳动法律法规的，县级以上人民政府有关部门应当依法将其记入企业信用档案。

第二十八条 工会劳动法律监督员不履行职责或者不按照规定履行职责，损害职工或者用人单位合法权益的，由同级工会责令改正；情节严重的，由发证工会取消其劳动法律监督员资格，收回《工会劳动法律监督员证书》；造成损失的，依法承担法律责任。

第二十九条 违反本条例规定，滥用职权、玩忽职守、徇私舞弊，妨碍工会劳动法律监督的，由有关部门责令改正，依法给予处分。

第三十条 对依法履行职责的工会劳动法律监督员进行侮辱、诽谤或者进行人身伤害，尚未构成犯罪的，由公安机关依照《中华人民共和国治安管理处罚法》的规定进行处罚。

第三十一条 违反本条例的行为，法律、行政法规已有处罚规定的，从其规定；构成犯罪的，依法追究刑事责任。

第五章　附　　则

第三十二条　《工会劳动法律监督调查函》《工会劳动法律监督意见书》《工会劳动法律监督建议书》格式文本，由省总工会统一制订。

第三十三条　本条例自 2020 年 5 月 1 日起施行。

天津市工会劳动法律监督条例

（2020年12月1日天津市第十七届人民代表大会常务委员会第二十四次会议通过）

目　录

第一章　总　则

第一条　为了保障和规范工会劳动法律监督，维护劳动者合法权益，构建和谐劳动关系，根据《中华人民共和国工会法》《中华人民共和国劳动法》《中华人民共和国劳动合同法》等法律、行政法规，结合本市实际，制定本条例。

第二条　本市行政区域内实施工会劳动法律监督，适用本条例。

本条例所称工会劳动法律监督，是指工会依法对用人单位遵守劳动法律法规、保障劳动者合法权益情况进行的群众性监督。

第三条　市和区总工会负责组织、指导、协调和实施本行政区域内的工会劳动法律监督。

产业（行业）工会、基层工会负责指导、实施本产业（行业）、本区域、本单位的工会劳动法律监督。

第四条 工会劳动法律监督应当遵循依法监督、依靠群众、客观公正、平等协商、密切合作的原则。

第五条 市和区人民政府应当将构建和谐劳动关系纳入经济和社会发展规划、政府目标责任考核体系，支持工会依法实施工会劳动法律监督。

市和区人民政府应当落实并完善与同级总工会联席会议制度，在制定涉及职工劳动权益的重大政策，研究涉及职工劳动权益的重大问题时，应当听取同级总工会的意见。

第六条 市和区人社部门应当会同同级总工会和国有资产监督管理部门、工商业联合会、企业联合会（企业家协会）等企业方面代表组织，建立健全协调劳动关系三方机制，共同研究解决劳动关系的重大问题。

发展改革、公安、司法行政、住房城乡建设、卫生健康、应急、市场监管、医保等有关部门，应当与同级工会建立劳动法律监督协作机制，按照各自职责支持工会做好劳动法律监督工作。

第七条 工会与用人单位应当建立集体协商制度，定期就涉及劳动者合法权益事项进行协商。

用人单位应当接受和配合工会依法实施劳动法律监督。

工会应当引导劳动者遵守劳动法律法规、依法表达合理诉求。

第二章　监督组织和职责

第八条 各级工会应当设立工会劳动法律监督委员会，在本级工会的领导下开展劳动法律监督具体工作，并接受上级工会劳动法律监督委员会的业务指导。会员不足二十五人的基层工会，可以不设劳动法律监督委员会，但应当推选工会劳动法律监督员，承担本单位工会劳动法律监督具体工作。

第九条 工会劳动法律监督委员会由主任和二名以上工会劳动法律监督员组成。主任一般由工会主席担任，工会劳动法律监督员由同级工会从会员中推选产生，工会劳动法律监督委员会任期与同级工会委员会任期相同。有女职工的单位应当有适当比例的女性工会劳动法律监督员。市和区总工会可以聘请兼职劳动法律监督员。

第十条 市和区总工会劳动法律监督委员会履行下列职责：

（一）制定工会劳动法律监督工作计划；

（二）对本辖区内用人单位遵守劳动法律法规情况实施监督，组织、指导、支持下级工会的劳动法律监督工作；

（三）宣传劳动法律、法规、规章和政策；

（四）培训、考核工会劳动法律监督员；

（五）根据本条例规定，向用人单位发出《工会劳动法律监督提示函》，或者提请本级工会向用人单位发出《工会劳动法律监督意见书》；

（六）根据本条例规定，提请本级工会向同级人民政府有关部门发出《工会劳动法律监督建议书》；

（七）协助、配合同级人社等有关部门对用人单位遵守劳动法律、法规情况的检查；

（八）办理上级工会劳动法律监督委员会交办的事项。

第十一条 产业（行业）工会、基层工会劳动法律监督委员会履行下列职责：

（一）对本产业（行业）、区域或者单位遵守劳动法律法规情况实施监督，指导、支持下级工会的劳动法律监督工作；

（二）宣传劳动法律、法规、规章和政策；

（三）受本级工会委派，参与产业（行业）、区域或者单位安全生产、劳动报酬、工作时间、休息休假、职业病防治、保险福利、职工培训、劳动纪律等相关内部管理制度的制定、修改或者重大事项的决定；

（四）发生劳动纠纷时，组织、参与用人单位和职工的沟通协商，促成和解；

（五）提请本级工会同意后对监督事项依法进行调查；

（六）依照本条例规定，提请本级工会向用人单位发出《工会劳动法律监督提示函》或者《工会劳动法律监督意见书》；

（七）向上级工会劳动法律监督委员会报告用人单位违反劳动法律法规并造成或者可能造成严重社会影响的情况；

（八）办理上级工会劳动法律监督委员会交办的事项。

不设工会劳动法律监督委员会的，前款职责由工会劳动法律监督员履行。

工会劳动法律监督委员会、工会劳动法律监督员履行本条第一款第五项、第六项规定的职责确有困难的，可以提请上级工会代为履行。上级工会应当予以支持。

第十二条 工会劳动法律监督员应当认真履职、遵纪守法、客观公正，不得徇私舞弊，不得泄露用人单位的商业秘密和劳动者的个人信息。办理的监督事项与本人或者其近亲属有利害关系的，应当回避。

第三章 监督的实施

第十三条 工会劳动法律监督主要包括下列事项：

（一）平等就业情况；

（二）劳动合同的订立、履行、变更、解除和终止情况；

（三）集体协商和集体合同的签订、履行情况；

（四）工资支付、福利待遇、加班工资、最低工资规定落实情况；

（五）工作时间、休息、休假制度的执行情况；

（六）劳动安全、职业病防治等职业安全健康情况；

（七）执行养老、医疗、工伤、失业、生育等社会保险规定情况；

（八）女职工、未成年工等劳动特殊保护情况；

（九）职工大会、职工代表大会等保障劳动者权益的民主管理制度的建立和执行情况；

（十）职工教育培训及其经费提取、使用情况；

（十一）保障劳务派遣人员合法权益的情况；

（十二）直接涉及劳动者利益的用人单位内部管理制度的制定、修改和执行情况或者重大事项的决定和执行情况。

第十四条 工会劳动法律监督委员会应当对用人单位实施经常性监督，建立健全投诉举报制度，并公布工作地点和联系方式，接受对用人单位违反劳动法律法规、侵害劳动者合法权益的情况反映。

投诉举报事项不属于工会劳动法律监督范围或者已经进入行政执法、仲裁、诉讼程序的，工会劳动法律监督委员会不予受理，并于接到投诉举报之日起五个工作日内告知实名投诉举报人。

第十五条 工会劳动法律监督委员会发现用人单位违反本条例第十三条所列事项的，可以发出或者提请本级工会发出《工会劳动法律监督提示函》。用人单位应当在接到《工会劳动法律监督提示函》之日起十日内作出书面说明。

第十六条 工会劳动法律监督委员会在履行职责中发现或者收到投诉举报反映用人单位存在违反劳动法律法规、侵害劳动者合法权益行为的，应当及时听取劳动者和用人单位意见。根据劳动者和用人单位双方意愿，组织双方沟通，协商解决。

第十七条 劳动者和用人单位对本单位执行相关劳动法律法规情况意见不一致的，工会劳动法律监督委员会可以依法进行必要的调查，向有关人员了解情况，查阅、复制相关资料。

工会劳动法律监督委员会对用人单位进行调查，应当由两名以上工会劳动法律监督员实施，并出示工会劳动法律监督员证。用人单位应当予以配合。

第十八条 工会劳动法律监督委员会通过调查，认为用人单位存在违反本条例第十三条规定情形的，应当提请本级工会向用人单位发出《工会劳动法律监督意见书》，督促用人单位及时纠正。

第十九条 用人单位应当自收到《工会劳动法律监督意见书》之日起十五日内，向发出意见书的工会作出书面答复，说明情况和改正措施。用人单位认为《工会劳动法律监督意见书》不适当的，应当书面说明理由。

第二十条 有下列情形之一的，市和区总工会可以根据同级工会劳动法律监督委员会或者产业（行业）工会、基层工会提请，向同级人社、卫生健康、应急等有关部门发出《工会劳动法律监督建议书》，并移交相关材料。

（一）用人单位拒绝配合工会劳动法律监督委员会调查，无正当理由拒绝提供资料或者提供虚假资料，隐匿、毁灭资料的；

（二）用人单位拒绝接收《工会劳动法律监督意见书》，或者接收后不在规定期限内答复的；

（三）用人单位不落实处理措施的；

（四）用人单位不同意《工会劳动法律监督意见书》且无正当理由的。

第二十一条 市和区人社等部门收到《工会劳动法律监督建议书》后，应当听取劳动者和用人单位意见，依法调查处理，并在办结后五日内向同级总工会反馈处理结果。

工会劳动法律监督委员会收到投诉举报的，应当将处理结果向实名投诉举报人反馈。

第二十二条 用人单位应当将接受工会劳动法律监督情况、有关问题的改正情况，向职工大会或者职工代表大会报告。

第二十三条 劳动者申请劳动仲裁、提起诉讼时，需要使用工会实施劳动法律监督获取的有关资料的，工会应当依法提供。

第四章 监督的保障

第二十四条 工会劳动法律监督委员会履行职责所需经费应当纳入本级工会经费预算。

市和区总工会可以通过设立法律顾问、聘请律师、购买服务等方式为工会劳动法律监督委员会提供法律服务。

第二十五条 用人单位应当为工会劳动法律监督委员会依法履职提供必要的条件，不得因工会劳动法律监督员履行职责扣减其劳动报酬、福利待遇，不得通过调整工作岗位、降低职级、免除职务、解除劳动合同等方式对工会劳动法律监督员进行打击报复。

第二十六条 市和区人社等部门应当与同级总工会就劳动法律法规实施情况相互通报，定期会商，实现劳动领域监督工作情况的资源共享。

市和区人民政府应当推进劳动法律监督信息网络平台建设，实现工会劳动法律监督与劳动保障行政处罚、劳动争议调解仲裁、劳动争议诉讼、劳动法律法规宣传等信息的互联互通。

第二十七条 新闻媒体应当加强劳动法律、法规的宣传，营造构建和谐劳动关系、保障劳动者合法权益的良好社会氛围。

第二十八条 市和区人民政府及有关部门、市和区总工会对在工会劳动法律监督工作中取得显著成绩的单位和个人，按照有关规定给予表彰和奖励。

第五章 法律责任

第二十九条 国家工作人员违反本条例规定，在工会劳动法律监督工作中不履行职责，或者有滥用职权、玩忽职守、徇私舞弊等其他违法行为的，由有权机关依法给予处理。

第三十条 用人单位违反本条例规定，对依法履行职责的工会劳动法律监督员和反映问题的劳动者，无正当理由调整工作岗位或者以其他形式进行打击报复的，由人社部门责令改正；造成损害的，依法承担民事责任；构成犯罪的，依法追究刑事责任。

第三十一条 用人单位违反劳动法律法规的，有关部门应当依法将其记入企业信用档案；有重大违法违规行为的，应当依法通过市场主体信用信息公示系统和信用信息共享平台向社会公布。

第六章 附 则

第三十二条 本条例所称基层工会是指企业、事业单位、机关和其他社会组织等单位单独或者联合建立的工会组织，以及区域性、行业性工会联合会，开发区（工业园区）工会，乡镇（街道）工会，村（社区）工会等。

第三十三条 本条例自 2021 年 1 月 1 日起施行。

内蒙古自治区工会劳动法律监督条例

（2021年3月30日内蒙古自治区第十三届人民代表大会常务委员会第二十五次会议通过）

第一章 总 则

第一条 为了加强和规范工会劳动法律监督，维护职工合法权益，推动构建和谐劳动关系，根据《中华人民共和国工会法》《中华人民共和国劳动法》《中华人民共和国劳动合同法》等国家有关法律、法规，结合自治区实际，制定本条例。

第二条 在自治区行政区域内实施工会劳动法律监督，适用本条例。

本条例所称工会劳动法律监督，是指工会依法代表职工对用人单位遵守劳动法律法规、保障职工合法权益情况进行的有组织的群众性监督。

第三条 工会劳动法律监督应当遵循依靠职工、预防为主、公正公开、协商协作的原则，运用法治思维和法治方式开展工作。

第四条 旗县级以上地方工会负责组织、指导、协调和实施本行政区域的工会劳动法律监督。

产业工会负责组织、指导、协调和实施本产业的工会劳动法律监督。

基层工会负责组织、指导、协调和实施本单位、本区域内的工会劳动法律监督。

第五条 旗县级以上人民政府应当健全政府与同级地方工会联席会议制度，支持工会依法实施工会劳动法律监督，将构建和谐劳动关系纳入国民经济和社会发展规划、政府目标责任考核体系。

旗县级以上人民政府人力资源和社会保障行政部门应当会同工会和企业代表组织，建立健全协调劳动关系的三方机制，共同研究解决工会劳动法律监督的重大问题。

第六条 工会应当与用人单位建立集体协商制度，定期就涉及职工合法权益事项进行沟通协商，加强对劳动纠纷的事前预防和协商解决。

第七条 用人单位应当遵守劳动法律法规，接受和配合工会依法实施劳动法律监督。

工会应当教育职工遵守劳动法律法规和用人单位依法制定的规章制度，引导职工依法理性表达诉求。

第八条 新闻媒体应当配合工会做好工会劳动法律监督实施情况的宣传工作，加强对违反劳动法律法规、侵害职工合法权益行为的舆论监督。

旗县级以上地方工会可以通过新闻媒体对本行政区域内经调查核实的侵害职工合法权益的重大典型劳动违法案件及处置情况进行曝光通报。

第九条 旗县级以上人民政府、地方工会应当对开展工会劳动法律监督、构建和谐劳动关系工作中成绩显著的单位和个人给予表彰和奖励。

第二章 监督组织和职责

第十条 各级工会应当设立工会劳动法律监督委员会，在本级工会领导下开展工会劳动法律监督具体工作，并接受上级工会劳动法律监督委员会的监督指导。

会员人数不足二十五人的基层工会，可以设立二名以上工会劳动法律监督员。

第十一条 工会劳动法律监督委员会由主任和二名以上的工会劳动法律监督员组成。主任由本级工会主席或者副主席兼任，监督员由本级工会从会员中推选产生，监督员人数根据实际情况确定，应当有适当比例的女性会员。可以聘请人大代表、政协委员、专家学者、律师等担任本级工会劳动法律监督委员会特邀监督员，参与工会劳动法律监督工作。

工会劳动法律监督委员会和工会劳动法律监督员与本级工会委员会任期相同。

第十二条 旗县级以上地方工会、产业工会劳动法律监督委员会应当履行下列职责：

（一）宣传劳动法律、法规、规章和政策；

（二）指导或者参与本地区、本产业所属基层工会的劳动法律监督工作；

（三）对本地区、本产业用人单位遵守劳动法律法规情况实施监督；

（四）受理、交办用人单位违反劳动法律法规的投诉举报，根据情况及时组织调查、协商和处理；

（五）向本级工会和上级工会劳动法律监督委员会报告用人单位违反劳动法律法规的重大情况；

（六）根据本条例规定，提请本级工会发出劳动法律监督意见书、建议书；

（七）组织实施工会劳动法律监督员劳动法律知识、安全生产业务等培训，并负责其考核及管理；

（八）办理上级工会劳动法律监督委员会交办的其他事项。

第十三条 基层工会劳动法律监督委员会应当履行下列职责：

（一）对本单位、本区域用人单位遵守劳动法律法规情况实施监督；

（二）受理用人单位违反劳动法律法规的投诉举报，根据情况及时组织调查、协商和处理；

（三）根据本条例规定，提请本级工会向用人单位发出劳动法律监督意见书；

（四）向本级工会和上级工会劳动法律监督委员会报告用人单位违反劳动法律法规的情况；

（五）办理上级工会劳动法律监督委员会交办的其他事项。

第十四条 工会劳动法律监督员应当具备下列条件：

（一）拥护中国共产党领导和中国特色社会主义制度；

（二）熟悉劳动法律、法规、规章和政策；

（三）热心维护职工合法权益；

（四）具有履行职责所需的业务能力；

（五）忠于职守、清正廉洁、公道正派；

（六）实施工会劳动法律监督应当具备的其他条件。

工会劳动法律监督员应当经过旗县级以上地方工会培训考核，并取得《工会劳动法律监督员证》。工会劳动法律监督员因任职期满、工作岗位变动、退休等原因，不再担任工会劳动法律监督员的，所在工会或者发证单位应当及时收回其《工会劳动法律监督员证》。

《工会劳动法律监督员证》实行统一编号，证书发放工作由旗县级以上地方工会具体实施。

第十五条 工会劳动法律监督员应当履行下列职责：

（一）监督用人单位遵守劳动法律法规，发现侵害职工合法权益的行为及时向本级工会劳动法律监督委员会报告，未设立工会劳动法律监督委员会的向本级工会报告；

（二）参与用人单位劳动违法事件的调查处理及劳动争议调处工作；

（三）办理工会劳动法律监督其他事项。

第十六条 工会劳动法律监督委员会和工会劳动法律监督员不得徇私舞弊，不得干扰用人单位的正常工作秩序，不得泄露在履职过程中知悉的个人隐私和用人单位的商业秘密。

工会劳动法律监督员办理的监督事项与本人或者其近亲属有利害关系的，应当回避；职工或者用人单位认为工会劳动法律监督员应当回避的，可以向本级或者上级工会提出。

第三章 监督内容和实施

第十七条 工会劳动法律监督的内容包括:

(一)职工平等权益保护情况;

(二)涉及职工切身利益规章制度的制定、修改及执行情况;

(三)集体协商制度建立、执行情况及集体合同签订、履行情况;

(四)职工大会或者职工代表大会等保障职工权益的民主管理制度建立及执行情况;

(五)劳动合同订立、履行、变更、解除和终止情况;

(六)劳动报酬、加班工资、最低工资标准、津贴、福利待遇和养老、医疗、工伤、失业、生育等社会保险的落实情况;

(七)工作时间、休息和休假制度落实情况;

(八)劳动保护、职业危害防护等劳动安全卫生情况;

(九)女职工、未成年工和残疾职工特殊权益保护情况;

(十)劳务派遣用工情况和劳务派遣人员合法权益保障情况;

(十一)职工教育培训及其经费提取和使用情况;

(十二)法律法规规定的其他劳动法律监督工作。

第十八条 各级工会劳动法律监督委员会或者工会劳动法律监督员应当公布工作地址、联系方式等信息,接受对用人单位违反劳动法律法规、侵害职工合法权益行为的投诉举报。

工会劳动法律监督委员会或者工会劳动法律监督员发现用人单位有违反劳动法律法规行为的,或者接到投诉举报的,应当及时受理并进行登记;情况重大复杂的,及时向本级工会和上级工会劳动法律监督委员会报告。

对投诉举报人的个人信息应当保密。

第十九条 投诉举报事项不属于工会劳动法律监督范围或者已经进入行政执法、仲裁、诉讼程序的,工会劳动法律监督委员会或者工会劳动法律监督员不予受理，并于接到投诉举报之日起五个工作日内书面告知实名投诉举报人。

第二十条 工会劳动法律监督委员会或者工会劳动法律监督员应当于接到投诉举报之日起三十个工作日内完成调查；可以进行现场调查，有权向有关人员了解情况，查阅、复制相关资料，用人单位应当予以配合。

经过调查发现用人单位不存在违反劳动法律法规、侵害职工合法权益行为的，应当向投诉举报人说明情况；认为用人单位存在违反劳动法律法规、侵害职工合法权益行为的，应当根据职工和用人单位意愿，组织双方沟通，协商解决。

现场调查应当由二名以上工会劳动法律监督员进行，并出示《工会劳动法律监督员证》。

第二十一条 工会劳动法律监督委员会或者工会劳动法律监督员对用人单位违反劳动法律法规、侵害职工合法权益的行为，经协商双方无法达成一致意见的，向本级工会或者上级工会劳动法律监督委员会报告，由本级或者上级工会在事实清楚、证据确凿的情况下，向用人单位发出《工会劳动法律监督意见书》。

第二十二条 用人单位应当在收到《工会劳动法律监督意见书》之日起十五个工作日内，向发出意见书的工会作出书面答复，说明情况并提出整改措施。

第二十三条 用人单位有下列情形之一的，旗县级以上地方工会、产业工会可以向同级人民政府人力资源和社会保障等相关部门发出《工会劳动法律监督建议书》，并移交有关材料：

（一）拒绝接收《工会劳动法律监督意见书》的；

（二）无正当理由未在规定时限内作出书面答复的；

（三）答复不适当、不真实或者无正当理由拒不整改的。

第二十四条 旗县级以上人民政府人力资源和社会保障等相关部门收到

《工会劳动法律监督建议书》后，对有明确违法行为人和违法事实且属于本行政主管部门管辖的，应当在五个工作日内立案。自立案之日起六十个工作日内完成调查处理；情况复杂需要延长的，经旗县级以上人民政府人力资源和社会保障等相关部门负责人批准，可以延长三十个工作日。

旗县级以上人民政府人力资源和社会保障等相关部门应当在结案后五个工作日内将调查情况和处理结果书面告知同级工会。

第二十五条 上级工会劳动法律监督委员会发现用人单位违反劳动法律法规，情节严重的，经所在工会同意，可以直接进行监督，并按照本条例规定，由所在工会发出劳动法律监督意见书、建议书。

第二十六条 工会劳动法律监督委员会或者工会劳动法律监督员应当在结案后的十个工作日内向实名投诉举报人反馈处理情况。

第二十七条 投诉举报人应当遵守用人单位的生产经营管理秩序，依法进行投诉举报，提供客观真实的投诉举报材料。

第四章 监督支持和保障

第二十八条 旗县级以上人民政府发展和改革、公安、人力资源和社会保障、住房和城乡建设、卫生健康、应急管理等部门应当按照各自职责支持工会劳动法律监督工作，与同级工会建立劳动法律监督协作机制，通过定期会商、信息互通、联合培训等方式开展合作。对用人单位遵守劳动法律法规情况进行专项检查时，可以邀请同级地方工会参加。

旗县级以上人民政府人力资源和社会保障行政部门应当与同级地方工会建立劳动争议调解、仲裁、劳动保障行政处罚等情况通报制度。

旗县级以上人民政府有关部门在处理违反劳动法律法规的重大案件时，应当听取同级工会意见。

第二十九条 旗县级以上人民政府公共信用信息主管部门应当按照自治区公共信用信息管理的相关要求，依法公布工会劳动法律监督结果。

对无正当理由拒不整改的、情节恶劣或者造成严重不良社会影响的劳动违法用人单位，旗县级以上地方工会应当将其纳入劳动关系预警名单，与同级公共信用信息平台共享相关信息。

第三十条 用人单位应当保障工会劳动法律监督员履行职责所需要的条件和时间。

用人单位不得以调整工作岗位、降低职级、免除职务、扣减工资福利、解除劳动关系等方式，对依法履行职责的工会劳动法律监督员进行打击报复。工会劳动法律监督员劳动合同期限短于任期的，劳动合同期限自动延长至任期期满，但是个人有严重违反劳动纪律或者规章制度等行为、退休或者本人不愿延长的除外。

第三十一条 工会实施劳动法律监督工作所需经费应当纳入本级工会预算，从本级工会经费列支。

基层工会可以给予工会劳动法律监督员适当工作补助；根据劳动法律监督成效，给予工会劳动法律监督员表彰和奖励。

第五章 法律责任

第三十二条 违反本条例规定的行为，《中华人民共和国工会法》等国家有关法律、法规已经作出具体处罚规定的，从其规定。

第三十三条 用人单位有下列情形之一的，由旗县级以上人民政府人力资源和社会保障行政部门责令限期改正；逾期不改正的，处2000元以上2万元以下罚款：

（一）拒绝或者阻挠工会依法实施劳动法律监督的；

（二）无正当理由拒绝提供相关资料的；

（三）隐瞒事实真相，伪造、隐匿、毁灭相关证据资料的。

第三十四条 违反本条例规定，用人单位对依法履行职责的工会劳动法律监督员进行打击报复的，由旗县级以上人民政府人力资源和社会保障行政部门责令改正；造成损失的，依法承担民事责任；构成犯罪的，依法追究刑事责任。

第三十五条 投诉举报人故意歪曲事实，提供虚假信息，恶意举报，给用人单位造成损失的，依法承担民事责任。

第三十六条 违反本条例规定，工会劳动法律监督员损害职工或者用人单位合法权益的，由所在工会责令改正；情节严重的，取消其工会劳动法律监督员资格，收回《工会劳动法律监督员证》；造成损失的，依法承担民事责任。

第三十七条 违反本条例规定，工会工作人员损害职工或者工会权益的，由同级工会或者上级工会责令改正；情节严重的，对直接负责的主管人员和其他直接责任人员依法给予处分。

第三十八条 旗县级以上人民政府人力资源和社会保障等相关部门及其工作人员不履行本条例规定职责的，由其上级主管部门或者所在单位责令改正；情节严重的，对直接负责的主管人员和其他直接责任人员依法给予处分。

第六章 附 则

第三十九条 本条例所称用人单位，是指与劳动者建立劳动关系的企业、个体经济组织、社会服务机构、国家机关、事业单位、社会团体、基金会、非法人组织等。

本条例所称基层工会，是指企业、事业单位、国家机关和其他社会组织等单位单独或者联合建立的工会组织，区域性、行业性工会联合会，开发区（园区）工会，苏木乡镇、街道工会，嘎查村、社区工会等。

第四十条 本条例自 2021 年 5 月 1 日起施行。

山东省工会劳动法律监督条例

（2021年7月29日山东省第十三届人民代表大会常务委员会第二十九次会议通过）

第一章 总 则

第一条 为了保障和规范工会劳动法律监督，维护职工合法权益，构建和谐劳动关系，根据《中华人民共和国工会法》《中华人民共和国劳动法》《中华人民共和国劳动合同法》等法律、行政法规，结合本省实际，制定本条例。

第二条 本省行政区域内实施工会劳动法律监督，适用本条例。

本条例所称工会劳动法律监督，是指工会依法对用人单位遵守劳动法律、法规，保障职工合法权益情况进行的有组织的群众监督。

第三条 工会劳动法律监督遵循依法规范、客观公正、依靠职工、尊重权益、协调配合、注重预防的原则。

第四条 地方总工会或者地方产业工会负责组织、指导、协调和实施本行政区域或者本产业的工会劳动法律监督。

基层工会负责实施本单位或者本区域的工会劳动法律监督。

第五条 县级以上人民政府应当将构建和谐劳动关系纳入国民经济和社会发展规划、政府目标责任考核体系，依法支持工会实施劳动法律监督。

县级以上人民政府应当健全与同级地方总工会联席会议制度，在研究制定劳动就业、工资、劳动安全与健康、社会保险等涉及职工切身利益的政策措施时，应当听取同级地方总工会意见。

第六条 县级以上人民政府人力资源社会保障部门应当会同同级地方总工会和企业联合会、工商业联合会等企业代表组织，完善协调劳动关系三方机制，共同研究解决工会劳动法律监督方面的重大问题。

县级以上人民政府人力资源社会保障、发展改革、公安、司法行政、住房城乡建设、卫生健康、应急管理、市场监督管理、医疗保障等有关部门以及税务机关，应当与同级地方总工会建立劳动法律监督协作机制，按照各自职责支持工会依法开展劳动法律监督。

人力资源社会保障等有关部门对劳动法律、法规执行情况进行专项检查时，应当邀请同级地方总工会参加；在处理重大劳动保障违法案件时，应当听取同级地方总工会意见。

第七条 工会与用人单位应当建立协商制度，定期就涉及职工合法权益事项进行协商，积极协调劳动关系，化解劳动纠纷。

工会应当教育职工遵守用人单位的规章制度，履行劳动合同，引导职工依法表达合理诉求。

用人单位应当配合工会依法实施劳动法律监督。

第二章 监督组织

第八条 地方总工会、地方产业工会、基层工会应当设立工会劳动法律监督委员会。工会劳动法律监督委员会在同级工会领导下开展劳动法律监督工作，并接受上一级工会劳动法律监督委员会的业务指导。

用人单位未建立工会的，由上级工会在用人单位聘请职工担任工会劳动法律监督员，承担所在单位工会劳动法律监督工作。

第九条 地方总工会、地方产业工会劳动法律监督委员会主要履行下列职责：

（一）组织宣传劳动法律、法规，指导和支持下级工会劳动法律监督工作；

（二）受理、交办对用人单位违反劳动法律、法规，侵犯职工合法权益的投诉举报，接受下一级工会劳动法律监督委员会或者工会劳动法律监督员提交的用人单位违反劳动法律、法规的报告，并根据情况组织调查处理；

（三）向同级工会和上一级工会劳动法律监督委员会报告监督工作情况，办理上一级工会劳动法律监督委员会交办的事项；

（四）提请同级工会向用人单位发出《工会劳动法律监督意见书》；

（五）提请同级地方总工会向同级人民政府人力资源社会保障等有关部门发出《工会劳动法律监督建议书》。

第十条 基层工会劳动法律监督委员会主要履行下列职责：

（一）组织宣传劳动法律、法规，对用人单位遵守劳动法律、法规情况进行监督；

（二）受理对用人单位违反劳动法律、法规，侵犯职工合法权益行为的投诉举报，接受工会劳动法律监督员提交的用人单位违反劳动法律、法规的报告，并根据情况组织调查处理；

（三）提请同级工会向用人单位发出《工会劳动法律监督意见书》；

（四）向同级工会和上一级工会劳动法律监督委员会报告监督工作情况，办理上一级工会劳动法律监督委员会交办的事项。

工会劳动法律监督委员会履行本条第一款第二项、第三项规定的职责确有困难的，可以由同级工会提请上一级工会代为履行。

未设立工会劳动法律监督委员会的，由工会劳动法律监督员参照上述规定履行职责。

第十一条 工会劳动法律监督委员会由三名以上工会劳动法律监督员组成，主任由工会主席或者副主席担任，其他工会劳动法律监督员从同级工会会员中推选产生。

有三名以上女职工的用人单位应当至少设一名女性工会劳动法律监督员。

地方总工会、地方产业工会、基层工会可以聘请相关专家学者担任特邀工会劳动法律监督员。

工会劳动法律监督员任期与同级工会委员会任期相同，特邀工会劳动法律监督员聘期根据聘请协议确定。

第十二条 工会劳动法律监督员应当具备下列条件：

（一）具有较高的政治觉悟；

（二）熟悉劳动法律、法规，具备履职能力；

（三）公道正派，责任心强；

（四）奉公守法，清正廉洁。

地方总工会负责免费培训工会劳动法律监督员，对考核合格的，颁发《工会劳动法律监督员证书》。工会劳动法律监督员因任职期满或者变更、解除、终止劳动合同等原因，不再担任工会劳动法律监督员的，收回其《工会劳动法律监督员证书》。

工会劳动法律监督员名单应当报上一级工会劳动法律监督委员会备案。

第三章 监督实施

第十三条 工会对下列事项实施劳动法律监督：

（一）平等就业情况；

（二）劳动合同的订立、履行、变更、解除或者终止情况；

（三）集体协商和集体合同的订立、履行情况；

（四）工资支付、最低工资、加班工资、福利待遇规定执行情况；

（五）工作时间、休息、休假制度执行情况；

（六）安全生产、职业病防治规定和强制性国家标准执行情况，对生产安全事故、职业病危害事故等处理情况；

（七）养老、医疗、工伤、失业、生育等社会保险规定和职工救助执行情况；

（八）女职工、未成年工和残疾职工等特殊保护规定执行情况；

（九）禁止使用童工规定执行情况；

（十）防止和制止利用职权、从属关系等实施性骚扰规定执行情况；

（十一）职工大会、职工代表大会等保障职工权益的民主管理制度的建立和执行情况；

（十二）职工教育培训及其经费提取、使用情况；

（十三）直接涉及职工利益的用人单位内部管理制度的制定、修改和执行情况以及重大事项的决定和执行情况；

（十四）法律、法规规定的其他劳动法律监督事项。

第十四条 工会劳动法律监督委员会可以通过实地检查、网络巡查、风险评估等方式开展劳动用工法治体检活动，排查劳动关系风险隐患；对发现的重大劳动关系风险隐患，应当通过同级工会及时向上一级工会报告。

第十五条 工会应当建立健全劳动法律监督投诉举报制度。

任何单位和个人对违反劳动法律、法规的行为，有权向工会劳动法律监督委员会投诉举报。工会劳动法律监督委员会对投诉人、举报人信息应当予以保密。

工会劳动法律监督委员会接到对用人单位违反劳动法律、法规的投诉举报，应当进行登记。经审查，投诉举报事项属于工会劳动法律监督范围的，应当开展调查，并自接到投诉举报之日起三十个工作日内完成调查；对不属于工会劳动法律监督范围或者已经由行政机关、仲裁机构、人民法院受理的投诉举报事项，不予受理，并自接到投诉举报之日起五个工作日内告知实名投诉人、举报人。

第十六条 工会劳动法律监督委员会对用人单位违反劳动法律、法规，侵犯职工合法权益的行为，可以进行必要的调查，充分听取职工和用人单位的意见，查阅、复制有关资料，核查事实，如实记录。调查记录经用人单位核阅后，由调查人员和用人单位有关人员共同签名或者盖章。用人单位有关人员拒绝签名或者盖章的，应当在记录上注明。

工会劳动法律监督员对用人单位进行调查时，应当不少于两人；工会劳动法律监督员只有一人的，由上一级工会劳动法律监督委员会指派工会劳动法律监督员参加调查。

工会劳动法律监督员应当认真履职、遵纪守法，不得徇私舞弊、牟取不正当利益，不得泄露在履职过程中知悉的个人信息和用人单位的商业秘密。

第十七条 用人单位违反劳动法律、法规，发生劳动争议的，工会劳动法律监督委员会依法组织职工和用人单位协商解决。职工、用人单位不愿协商或者协商不成的，工会劳动法律监督委员会应当向同级工会或者上一级工会劳动法律监督委员会报告，由同级或者上一级工会根据调查情况向用人单位发出《工会劳动法律监督意见书》，要求用人单位予以整改。

第十八条 用人单位应当自收到《工会劳动法律监督意见书》之日起十五个工作日内，向发出《工会劳动法律监督意见书》的工会作出书面答复，说明情况并提出整改措施。存有异议的，应当在五个工作日内书面说明理由。

用人单位拒绝接收《工会劳动法律监督意见书》、逾期未作出书面答复或者无正当理由拒不整改的，地方总工会可以向同级人民政府人力资源社会保障等有关部门发出《工会劳动法律监督建议书》。

县级以上人民政府人力资源社会保障等有关部门收到《工会劳动法律监督建议书》后，应当依法处理，并在办结后十五个工作日内向发出《工会劳动法律监督建议书》的工会反馈调查处理结果。

第十九条 工会劳动法律监督委员会应当在结案后十个工作日内向实名投诉人、举报人反馈处理情况。

第四章 监督保障

第二十条 工会开展劳动法律监督所需经费纳入同级工会预算。

地方总工会可以通过设立法律顾问、聘请律师、购买服务等方式为工会劳动法律监督委员会履行职责提供法律服务。

第二十一条 县级以上人民政府应当推进劳动法律监督信息网络平台建设，实现工会劳动法律监督与劳动保障行政处罚、劳动争议调解仲裁、劳动争议诉讼、从业禁止等信息的互联互通。

县级以上人民政府人力资源社会保障等有关部门应当与同级地方总工会就劳动法律、法规实施情况相互通报，定期会商，实现资源信息共享。

第二十二条 用人单位应当保障工会劳动法律监督员履行职责所需要的条件和时间。

用人单位不得对依法履行职责的工会劳动法律监督员进行打击报复，无正当理由不得以调整工作岗位、降低职级、免除职务、扣减工资福利、解除劳动关系等方式，减损其合法权益。

第二十三条 新闻媒体应当宣传与工会劳动法律监督相关的法律、法规及其实施情况，营造维护职工合法权益、构建和谐劳动关系的良好社会氛围。

第二十四条 对在工会劳动法律监督工作中做出突出贡献的单位和个人，按照国家和本省有关规定给予表彰、奖励。

第五章 法律责任

第二十五条 违反本条例规定的行为，法律、行政法规已经规定法律责任的，适用其规定。

第二十六条 用人单位违反本条例规定，有下列行为之一的，由县级以上人民政府人力资源社会保障部门责令改正，依法予以处理：

（一）拒绝或者阻挠工会劳动法律监督的；

（二）无正当理由拒绝向工会及其劳动法律监督委员会或者工会劳动法律监督员提供相关资料的；

（三）提供虚假资料或者隐匿、毁灭资料的；

（四）对依法履行职责的工会劳动法律监督员进行打击报复的。

第二十七条 对依法履行职责的工会劳动法律监督员实施侮辱、诽谤或者人身伤害、财产侵害等行为，构成违反治安管理行为的，由公安机关依法给予治安管理处罚；危及人身、财产安全或者造成人身损害、财产损失的，依法承担民事责任；构成犯罪的，依法追究刑事责任。

第二十八条 工会不履行或者不按照规定履行劳动法律监督职责的，由上一级工会向其发出督办函，督促其依法履行职责。

工会劳动法律监督员不履行或者不按照规定履行职责的，由同级工会责令改正；情节严重的，取消其工会劳动法律监督员资格，并不得再次担任工会劳动法律监督员。

第六章 附 则

第二十九条 本条例自 2021 年 10 月 1 日起施行。

湖南省工会劳动法律监督条例

（2022年9月26日湖南省第十三届人民代表大会常务委员会第三十三次会议通过）

第一条 为了规范和加强工会劳动法律监督，维护职工合法权益，构建和谐劳动关系，促进经济社会发展，根据《中华人民共和国工会法》《中华人民共和国劳动法》《中华人民共和国劳动合同法》等法律、行政法规，结合本省实际，制定本条例。

第二条 本省行政区域内的工会劳动法律监督适用本条例。

本条例所称工会劳动法律监督，是指工会依法对用人单位遵守劳动法律法规、保障职工合法权益情况进行的有组织的群众监督。

第三条 工会劳动法律监督遵循依法规范、客观公正、依靠职工、注重预防的原则。

第四条 县级以上总工会负责本行政区域内的工会劳动法律监督工作。

乡镇（街道）工会、开发区（工业园区）工会、区域性、行业性工会联合会等负责本区域或者本行业的工会劳动法律监督工作。

用人单位工会负责本单位的工会劳动法律监督工作。

第五条 县级以上人民政府应当支持工会依法开展劳动法律监督，将构建和谐劳动关系纳入国民经济和社会发展规划、政府目标责任考核体系。

县级以上人民政府应当建立并完善与同级总工会的联席会议制度，在研究制定劳动就业、工资、劳动安全与健康、社会保险等涉及职工切身利益的政策措施时，应当听取同级总工会的意见。

县级以上人民政府应当加强劳动法律监督信息化建设，推进工会劳动法律监督与用人单位劳动用工、社会保障、劳动保障监察、劳动争议处理、劳动法律法规宣传等信息的互联互通，加强劳动关系矛盾预防预警和源头治理。

第六条 县级以上人民政府人力资源社会保障、发展改革、公安、司法行政、住房城乡建设、卫生健康、应急管理、市场监督管理、医疗保障等有关部门以及共青团、妇女联合会、残疾人联合会等组织，按照各自职责支持工会依法开展劳动法律监督。

县级以上人民政府人力资源社会保障部门应当会同同级总工会和企业联合会、工商业联合会等企业代表组织，建立健全劳动关系的三方协商机制，定期召开协商会议，共同研究解决劳动关系的重大问题。

县级以上人民政府人力资源社会保障等有关部门对劳动法律法规执行情况进行专项检查时，应当邀请同级总工会参加。

第七条 工会与用人单位应当建立协商制度，定期就涉及职工合法权益事项进行协商，预防和化解劳动纠纷，构建和谐劳动关系。

工会应当依法开展劳动法律监督，引导用人单位依法用工，支持用人单位开展正常的生产经营和管理活动，教育职工遵守用人单位规章制度、履行劳动合同，引导职工依法合理有序表达诉求，维护社会和谐稳定。

用人单位应当配合工会依法实施劳动法律监督。

第八条 工会对用人单位的下列事项实施监督：

（一）平等就业情况；

（二）劳动合同的订立、履行、变更、解除或者终止情况；

（三）集体协商情况和集体合同的订立、履行情况；

（四）劳动时间、休息、休假等的规定执行情况；

（五）工资报酬、福利待遇、社会保险、住房公积金等的规定执行情况；

（六）安全生产、职业病防治、劳动保护措施规定和强制性国家标准执行情况，对生产安全事故、职业病危害事故等的处理情况；

（七）对女职工、未成年工和残疾职工等的特殊保护规定执行情况；

（八）劳务派遣用工情况和劳务派遣人员合法权益保障情况；

（九）职工职业培训及其经费提取、使用等规定执行情况；

（十）涉及职工切身利益的内部规章制度的制定、修改和执行情况；

（十一）职工大会、职工代表大会等保障职工权益的民主管理制度的建立和执行情况；

（十二）法律法规规定的其他工会劳动法律监督事项。

第九条 县级以上总工会、新就业形态平台企业以及关联企业依法建立的工会，应当重点加强对平台企业以及关联企业遵守劳动法律法规情况的监督，督促企业履行用工责任，与行业协会、平台企业以及关联企业或者企业代表组织就行业计件单价、订单分配、抽成比例、劳动定额、报酬支付办法、进入退出平台规则、工作时间、休息休假、劳动保障、奖惩制度等开展集体协商；督促企业在规章制度制定、算法确定等重大事项中严格遵守法律法规要求。

第十条 工会设立的工会劳动法律监督委员会，在同级工会领导下负责工会劳动法律监督具体工作。工会劳动法律监督委员会的任期和本级工会委员会的任期相同。

用人单位工会会员不足五十人的，可以配备工会劳动法律监督员。尚未建立工会的，由上级工会在用人单位聘请职工担任工会劳动法律监督员，承担所在单位工会劳动法律监督工作。

第十一条 工会劳动法律监督委员会由三名以上工会劳动法律监督员组成，设主任一名。工会劳动法律监督委员会成员应当有适当比例的女性。

县级以上总工会劳动法律监督委员会成员由相关业务部门的人员组成，也可以聘请社会有关人士参加。

乡镇（街道）工会等基层工会劳动法律监督委员会成员从工会工作者和

职工群众中推选产生。

用人单位工会劳动法律监督委员会成员从本单位工会会员或者职工代表大会代表中推选产生。

第十二条 工会劳动法律监督委员会履行下列职责：

（一）对劳动法律法规的执行情况进行日常监督；

（二）办理工会劳动法律监督事项；

（三）参与劳动争议的调解；

（四）宣传劳动法律、法规、规章和政策；

（五）工会交办的其他劳动法律监督事项。

未设立工会劳动法律监督委员会的，由工会劳动法律监督员履行上述职责。

第十三条 工会劳动法律监督员应当具有较高的政治觉悟，热心维护职工合法权益，熟悉劳动法律法规，具有履行职责所需的业务能力。

工会劳动法律监督员应当奉公守法、清正廉洁，不得徇私舞弊、收受贿赂，不得泄露在履职过程中知悉的个人信息和用人单位的商业秘密。监督事项与本人或者其近亲属有利害关系的，应当回避。

工会劳动法律监督员由县级以上总工会负责培训，对考核合格的，颁发《工会劳动法律监督员证》。

第十四条 工会应当建立健全劳动法律监督投诉举报制度。县级以上总工会应当公布电子邮件地址或者电话等，接受咨询、投诉、举报。

工会通过实地调查、网络巡查、风险排查等方式发现问题线索后，应当依法作出处理。

第十五条 工会劳动法律监督委员会或者工会劳动法律监督员对用人单位违反劳动法律法规，侵害职工合法权益的问题线索，应当进行登记。对属于工会劳动法律监督范围的，应当自登记之日起三十日内完成调查。经调查，认为用人单位违反劳动法律法规、侵害职工合法权益行为成立的，可以给予口头提示或者报同级工会发出《工会劳动法律监督提示函》。必要时，组织职工和用人单位协商解决。

用人单位和职工不愿协商或者协商不成的，根据需要由同级工会或者由同级工会提请上一级工会向用人单位发出《工会劳动法律监督意见书》。

用人单位应当自收到《工会劳动法律监督意见书》之日起十五日内，向发出意见书的工会作出书面答复。未在规定期限内答复，或者无正当理由拒不改正的，由县级以上总工会向同级人民政府人力资源社会保障部门发出《工会劳动法律监督建议书》，并移交相关资料。

第十六条 县级以上人民政府人力资源社会保障部门收到《工会劳动法律监督建议书》后，符合立案条件的，应当在五个工作日内立案；认为不符合立案条件的，应当书面说明理由。

县级以上人民政府人力资源社会保障部门应当在结案后七个工作日内将调查情况和处理结果书面告知同级总工会。

第十七条 劳动者申请劳动争议仲裁、提起诉讼时，需要使用工会实施劳动法律监督获取的有关资料的，工会应当依法提供。

第十八条 用人单位应当保障工会劳动法律监督员履行职责需要的条件和时间，不得对依法履行职责的工会劳动法律监督员进行打击报复，无正当理由不得以扣减劳动报酬、福利待遇、调整工作岗位、降低职级、免除职务、解除劳动关系等方式，减损其合法权益。

第十九条 用人单位有下列情形之一的，由县级以上总工会移送同级人力资源社会保障部门责令限期改正，依法予以处理。

（一）拒绝或者阻挠工会劳动法律监督的；

（二）无正当理由拒绝提供相关资料的；

（三）提供虚假资料或者隐匿、毁灭资料的。

第二十条 本条例自 2022 年 12 月 1 日起施行。

湖北省工会劳动法律监督条例

（2024 年 9 月 26 日湖北省第十四届人民代表大会常务委员会第十二次会议通过）

第一章 总 则

第一条 为了规范和保障工会劳动法律监督，维护职工合法权益，构建和谐劳动关系，根据《中华人民共和国工会法》、《中华人民共和国劳动法》、《中华人民共和国劳动合同法》、《劳动保障监察条例》等法律、行政法规，结合本省实际，制定本条例。

第二条 本条例适用于本省行政区域内工会劳动法律监督活动。

本条例所称工会劳动法律监督，是指工会依法对用人单位遵守劳动法律法规、保障职工合法权益情况进行的有组织的群众监督。

第三条 工会劳动法律监督应当遵循依法监督、客观公正、依靠职工、注重预防的原则。

第四条 县级以上地方总工会负责本行政区域内的工会劳动法律监督工作。

乡镇（街道）工会、开发区（产业园区）工会、村（社区）工会和区域性、行业性工会联合会等负责本区域或者本行业的工会劳动法律监督工作。

用人单位工会负责本单位的工会劳动法律监督工作。

第五条 县级以上人民政府应当支持工会依法开展劳动法律监督，将构建和谐劳动关系纳入国民经济和社会发展规划、政府目标责任考核体系。

县级以上人民政府应当健全完善与同级工会的联席会议制度，研究制定劳动就业、工资、劳动安全卫生、社会保险等涉及职工切身利益的政策措施时，应当听取同级工会的意见。

县级以上人民政府应当加强劳动法律监督信息化建设，推进工会劳动法律监督与用人单位劳动用工、社会保障、劳动保障监察、劳动争议处理、劳动法律法规宣传等信息的互联互通，加强劳动关系矛盾预防预警和源头治理。

第六条 县级以上人民政府人力资源和社会保障部门应当会同同级工会和企业联合会、工商业联合会等方面代表，建立劳动关系三方协商机制，共同研究解决劳动关系方面的重大问题。

县级以上人民政府发展改革、公安、司法行政、人力资源和社会保障、住房和城乡建设、卫生健康、应急管理、市场监督管理、医疗保障、税务等有关部门以及共产主义青年团、妇女联合会、残疾人联合会等组织，应当与同级工会建立劳动法律监督协作机制，按照各自职责支持工会依法开展劳动法律监督工作。

县级以上人民政府人力资源和社会保障等有关部门对劳动法律法规执行情况进行专项检查时，可以邀请同级工会参加；在处理重大劳动保障违法行为案件时，应当注意听取同级工会意见。

第七条 县级以上地方总工会与同级人民法院、人民检察院应当加强工会劳动法律监督和司法监督的协作，推动劳动法律法规执行，共同维护劳动者合法权益和社会公共利益。

第八条 工会与用人单位应当建立健全协商机制，定期就涉及职工合法权益事项进行协商，预防和化解劳动纠纷。

工会应当依法开展劳动法律监督，引导职工合理有序表达诉求，支持用人单位开展正常的生产经营活动。

用人单位应当遵守劳动法律法规，接受和配合工会劳动法律监督。

第二章 监督组织

第九条 工会设立劳动法律监督委员会。工会劳动法律监督委员会在同级工会领导下开展劳动法律监督工作，并接受上级工会劳动法律监督委员会的业务指导。

会员不足二十五人的基层工会，未设立工会劳动法律监督委员会的，应当设立工会劳动法律监督员。用人单位尚未建立工会的，可以由上级工会在该用人单位聘请职工担任工会劳动法律监督员，承担所在单位工会劳动法律监督工作。

第十条 工会劳动法律监督委员会由三名以上工会劳动法律监督员组成，设主任一名，主任由同级工会主席或者副主席担任。工会劳动法律监督委员会任期与同级工会委员会任期相同。

工会劳动法律监督员由同级工会从会员中推选产生。用人单位工会劳动法律监督员中应当有一线职工，有女职工的应当有适当比例的女性。

工会根据工作需要，可以聘请人大代表、政协委员、专家学者、社会人士等担任特邀工会劳动法律监督员。

第十一条 工会劳动法律监督员应当具有较高的政治觉悟，热心维护职工合法权益，熟悉劳动法律法规，具备履职能力。

工会劳动法律监督员不得徇私舞弊、谋取不正当利益，不得泄露在履职过程中知悉的国家秘密、工作秘密、商业秘密、个人隐私或者个人信息。

工会劳动法律监督员办理的监督事项与本人或者其近亲属有利害关系的，应当回避。

第十二条 工会劳动法律监督员实行先培训合格、后持证上岗制度。

工会劳动法律监督员由县级以上地方总工会负责培训，经考核合格，颁发《工会劳动法律监督员证》。

工会劳动法律监督员任职期满或者发生劳动合同变更、解除、终止等情况的，不再担任工会劳动法律监督员。

第三章 监督职责

第十三条 工会劳动法律监督主要包括下列事项：

（一）平等就业情况；

（二）劳动合同的订立、履行、变更、解除或者终止情况；

（三）集体协商和集体合同的订立、履行情况；

（四）工作时间、休息、休假等规定执行情况；

（五）工资报酬、工资支付、最低工资规定执行情况；

（六）安全生产、职业病防治等劳动安全卫生保护规定和强制性国家标准执行情况，对生产安全事故、职业病危害事故等处理情况；

（七）女职工、未成年工和残疾职工特殊保护规定执行情况；

（八）劳务派遣用工情况和被派遣劳动者合法权益保障情况；

（九）职业培训和职业技能考核规定执行情况；

（十）职工保险、福利待遇规定执行情况；

（十一）支持劳动者参加和组织工会有关规定执行情况；

（十二）企事业单位民主管理有关规定执行情况；

（十三）制定、修改劳动规章制度或者决定重大事项情况；

（十四）法律法规规定的其他劳动法律监督事项。

第十四条 县级以上地方总工会劳动法律监督委员会履行下列职责：

（一）宣传劳动法律法规；

（二）对本行政区域内用人单位遵守劳动法律法规情况实施监督，指导、支持下级工会的劳动法律监督工作；

（三）培训、考核工会劳动法律监督员；

（四）接收对违反劳动法律法规、侵害职工合法权益行为的投诉、举报；

（五）通过同级工会提请政府有关部门处理违反劳动法律法规、侵害职工合法权益等问题；

（六）配合人力资源和社会保障等有关部门对用人单位遵守劳动法律法规情况的检查；

（七）法律法规规定的其他劳动法律监督职责。

第十五条 基层工会劳动法律监督委员会履行下列职责：

（一）宣传劳动法律法规；

（二）对本区域、本行业或者本单位遵守劳动法律法规情况进行日常监督；

（三）接收对用人单位违反劳动法律法规、侵害职工合法权益行为的投诉、举报，开展调查、处理和反馈；

（四）向用人单位提出依法改正意见；

（五）办理上级工会劳动法律监督委员会交办的事项。

未设工会劳动法律监督委员会的，前款职责由工会劳动法律监督员履行。

第十六条 上级工会应当加强对下级工会劳动法律监督工作的指导和督促检查。对上级工会交办的劳动法律监督事项，下级工会应当及时办理并报告。

涉及工会劳动法律监督的重大事项，或者开展工会劳动法律监督工作有困难的，下级工会应当及时向上一级工会报告，上一级工会应当及时给予指导帮助。必要时，上级工会可以代行下级工会的劳动法律监督职责。

第十七条 平台企业、平台合作用工企业违反新就业形态劳动者权益保障相关法律法规政策，工会有权提出意见或者要求纠正。新就业形态劳动者可以向工会反映对企业劳动管理的意见建议。工会收集新就业形态劳动者意见，并及时向企业反馈。对工会提出的意见和收集的新就业形态劳动者的意见建议，企业应当及时研究，于三十日内作出书面答复。

第四章 监督实施

第十八条 工会劳动法律监督委员会可以采取网络巡查、实地调查、隐患排查、风险评估等方式，实施日常劳动法律监督；发现重大劳动关系风险隐患的，应当通过同级工会及时向上一级工会报告。

第十九条 工会应当建立健全劳动法律监督投诉举报制度，公布工作地点和联系方式，接收投诉、举报。对投诉人、举报人的个人信息应当予以保密。

第二十条 工会劳动法律监督委员会发现用人单位存在违反劳动法律法规、侵害职工合法权益行为或者收到有关投诉、举报的，应当进行登记。对属于工会劳动法律监督范围的，向同级工会报告，并及时进行调查、反馈。对不属于工会劳动法律监督范围或者已经由行政机关、仲裁机构、人民法院受理的投诉、举报事项，自收到投诉、举报之日起五日内告知实名投诉人、举报人。

第二十一条 工会劳动法律监督委员会实施劳动法律监督应当听取职工和用人单位的意见，核查事实，如实记录；必要时，可以进行现场调查，查阅、复制劳动法律监督所需的有关资料。用人单位应当予以配合。

第二十二条 用人单位存在违反劳动法律法规、侵害职工合法权益行为的，基层工会应当与用人单位沟通，督促其改正；必要时，可以组织职工和用人单位协商沟通解决。

经督促拒不改正或者协商沟通解决不成的，由基层工会向用人单位发出《工会劳动法律监督提示函》。用人单位应当研究处理，并在收到提示函之日起十五日内作出书面答复。

县级以上地方总工会可以就本区域劳动用工普遍性问题，公开发布《工会劳动法律监督提示函》。

第二十三条 经《工会劳动法律监督提示函》提示无效的，根据实际情况，由基层工会或者县级以上地方总工会向用人单位发出《工会劳动法律监督意见书》。

用人单位应当自收到《工会劳动法律监督意见书》之日起三十日内，向发出意见书的工会作出书面答复；未在规定期限内答复或者无正当理由拒不改正的，由县级以上地方总工会向同级人民政府有关部门发出《工会劳动法律监督建议书》，并提交相关材料。

第二十四条 县级以上人民政府有关部门收到《工会劳动法律监督建议书》后，认为不符合立案条件的，应当书面说明理由；符合立案条件的，应当依法处理，并在办理完成后及时向发出建议书的工会书面反馈调查处理结果。

第二十五条 工会劳动法律监督员开展调查时，应当不少于两人；必要时，上级工会劳动法律监督委员会可以派员参与调查。

工会劳动法律监督员开展调查时，应当表明身份，做好调查笔录，经用人单位核阅后，由调查人员和用人单位的有关人员共同签名或者盖章。用人单位拒绝签名或者盖章的，应当在调查笔录上注明。

第二十六条 县级以上地方总工会实施劳动法律监督，应当加强与同级人民法院、人民检察院的工作协同配合，完善信息共享、线索移送、调查配合、会商研判等机制，预防和化解劳动领域矛盾纠纷，维护劳动关系和谐与社会稳定。

第二十七条 劳动者申请工伤认定、申请劳动争议仲裁、提起行政复议或者诉讼的，工会依法给予支持和帮助；需要使用工会实施劳动法律监督获取的有关资料的，应当依法提供。

第五章 监督保障

第二十八条 工会开展劳动法律监督活动所需经费纳入本级工会预算。县级以上地方总工会统筹使用同级人民政府给予的经费补助，支持基层工会开展劳动法律监督工作。

第二十九条 用人单位应当保障工会劳动法律监督员履行职责需要的条件和时间，不得对依法履行职责的工会劳动法律监督员进行打击报复，无正当理由不得以扣减劳动报酬、福利待遇、调整工作岗位、降低职级、免除职务、解除劳动关系等方式减损其合法权益。

第三十条 县级以上地方总工会应当健全劳动法律监督评价机制，依法公布工会劳动法律监督结果；配合同级人力资源和社会保障部门开展企业劳动保障守法诚信等级评价工作，建立健全守信激励和失信联合惩戒配套机制以及信用信息共享机制。

第三十一条 县级以上人民政府对遵守劳动法律法规、维护职工合法权益和开展工会劳动法律监督成绩显著的单位和个人，按照国家和省有关规定给予奖励。

第三十二条 新闻媒体应当宣传与工会劳动法律监督相关的法律法规及其实施情况，营造维护职工合法权益、构建和谐劳动关系的良好社会氛围。

第六章 法律责任

第三十三条 违反本条例，法律、法规有规定的，从其规定。

第三十四条 用人单位违反本条例第二十一条规定，无正当理由拒绝提供相关资料、提供虚假资料或者隐匿、毁灭资料的，由县级以上人民政府人力资源和社会保障部门责令限期改正，依法处理。

第三十五条 用人单位违反本条例第二十九条规定，减损依法履行职责的工会劳动法律监督员合法权益，对其进行打击报复的，由县级以上人民政府人力资源和社会保障部门责令改正；造成损失的，依法赔偿。

第三十六条 工会劳动法律监督员违反本条例的规定，损害职工或者用人单位合法权益的，由同级工会责令改正；情节严重的，免除其工会劳动法律监督员资格；造成损失的，依法赔偿。

第三十七条 国家机关及其工作人员在工会劳动法律监督工作中滥用职权、玩忽职守、徇私舞弊的，对直接负责的主管人员和其他直接责任人员依法给予处分；构成犯罪的，依法追究刑事责任。

第七章 附 则

第三十八条 本条例所称基层工会，包括乡镇（街道）工会、开发区（产业园区）工会、村（社区）工会，区域性、行业性工会联合会和用人单位工会等。

第三十九条 本条例自 2025 年 1 月 1 日起施行。

陕西省工会劳动法律监督条例

（2024 年 9 月 27 日陕西省第十四届人民代表大会常务委员会第十二次会议通过）

第一条 为了保障和规范工会劳动法律监督，维护职工合法权益，构建和谐劳动关系，根据《中华人民共和国工会法》、《中华人民共和国劳动法》、《中华人民共和国劳动合同法》等法律、行政法规，结合本省实际，制定本条例。

第二条 本省行政区域内的工会劳动法律监督适用本条例。

本条例所称工会劳动法律监督，是指工会依法对用人单位遵守劳动法律法规，保障职工合法权益情况进行的有组织的群众监督。

第三条 工会劳动法律监督应当遵循依法规范、客观公正、依靠职工、协调配合的原则。

第四条 县级以上人民政府应当把构建和谐劳动关系纳入国民经济和社会发展规划，支持工会依法实施工会劳动法律监督。

县级以上人民政府应当落实并完善与同级总工会联席会议制度，在制定涉及职工劳动权益的重大政策，处理涉及职工劳动权益的重大问题时，应当听取同级总工会的意见。

第五条 县级以上总工会负责本行政区域内的工会劳动法律监督工作。

产业工会负责本产业的工会劳动法律监督工作。

乡镇（街道）工会、开发区（工业园区）工会、用人单位工会和区域性、行业性工会联合会等基层工会，负责本区域、本单位、本行业的工会劳动法律监督工作。

第六条 县级以上人民政府人力资源社会保障、发展改革、公安、司法行政、住房城乡建设、卫生健康、应急管理、交通运输、市场监督管理等部门以及共青团、妇联、残联等组织，按照各自职责支持工会依法开展工会劳动法律监督。

县级以上人力资源社会保障等有关部门对劳动法律法规执行情况进行专项检查时，可以邀请同级总工会参加；在处理重大疑难劳动违法案件时，应当听取同级总工会意见。

第七条 县级以上人力资源社会保障部门、总工会与企业联合会、工商业联合会等企业代表组织，应当建立健全协调劳动关系三方机制，共同研究解决有关劳动关系的重大问题。

县级以上总工会应当与同级人民法院、人民检察院建立健全劳动法律监督协作机制，共同维护劳动者合法权益。

第八条 用人单位应当遵守劳动法律法规，自觉接受并配合工会依法实施劳动法律监督，完善劳动纠纷协商调解制度，加强对劳动纠纷的事前预防和协商解决。

第九条 工会应当加强普法宣传，教育职工遵守劳动法律法规以及用人单位依法制定的规章制度，引导职工依法表达诉求，并为职工申请劳动仲裁和提起诉讼给予支持和帮助。

第十条 工会劳动法律监督委员会在同级工会的领导下开展劳动法律监督具体工作，并接受上级工会劳动法律监督委员会的业务指导。

会员不足二十五人的基层工会，可以在职工中推选工会劳动法律监督员，承担本单位工会劳动法律监督具体工作。

第十一条 工会劳动法律监督委员会由三名以上工会劳动法律监督员组成，设主任一名，主任由工会主席或者副主席担任。工会劳动法律监督员人数根据实际情况确定，女职工人数较多的，应当有适当比例的女性。

县级以上总工会劳动法律监督委员会成员由相关业务部门的人员组成，产业工会劳动法律监督委员会成员从工会工作者和职工中推选产生。县级以上总工会和产业工会可以聘请人大代表、政协委员、专家学者、律师、劳动模范等担任本级工会劳动法律监督委员会特邀监督员，参与工会劳动法律监督工作。

基层工会劳动法律监督委员会成员从工会工作者和职工中推选产生。

工会劳动法律监督委员会任期与同级工会委员会任期相同。

第十二条 工会劳动法律监督员应当具有较高的政治觉悟，熟悉劳动法律法规，热心维护职工合法权益，具有履行职责所需的业务能力。

工会劳动法律监督员应当奉公守法、勤勉尽责、清正廉洁，不得徇私舞弊、牟取不正当利益，不得泄露在履职过程中知悉的个人信息和商业秘密。

县级以上总工会、省级产业工会应当定期对工会劳动法律监督员进行培训，提高其履职能力。

工会劳动法律监督员管理办法由省总工会制定。

第十三条 工会开展劳动法律监督工作，依法履行下列职责：

（一）开展劳动法律法规宣传；

（二）监督用人单位遵守劳动法律法规的情况；

（三）受理违反劳动法律法规，侵害职工合法权益的投诉举报；

（四）调查侵犯职工合法权益的问题，提出意见要求依法改正；

（五）提请政府或者有关部门依法处理；

（六）法律、法规规定的其他职责。

第十四条 工会劳动法律监督包括下列内容：

（一）国家有关就业规定的执行情况；

（二）劳动合同的订立、履行、变更、解除和终止情况；

（三）集体协商和集体合同的签订、履行情况；

（四）工资支付、最低工资、加班工资、福利待遇规定落实情况；

（五）工作时间、休息、休假制度的执行情况；

（六）安全生产、职业病防治规定和强制性国家标准执行情况，依法参与安全生产、职业病危害等事故的调查处理；

（七）养老、医疗、工伤、失业、生育等社会保险规定执行情况；

（八）女职工、未成年工、残疾职工等劳动特殊保护规定执行情况；

（九）企事业单位民主管理有关规定的执行情况；

（十）职工职业培训及其经费提取、使用情况；

（十一）劳务派遣人员合法权益保障情况；

（十二）直接涉及劳动者利益的用人单位内部管理制度的制定、修改和执行情况或者重大事项的决定和执行情况；

（十三）法律、法规规定的其他劳动法律监督事项。

第十五条 县级以上总工会，产业工会，区域性、行业性工会联合会，新业态平台企业工会以及关联企业工会等，应当加强对新业态平台企业以及关联企业遵守劳动法律法规情况的监督，督促企业在制定规章制度等重大事项中遵守劳动法律法规。

第十六条 上级工会应当加强对下级工会劳动法律监督工作的指导和检查。

下级工会应当及时办理上级工会交办的劳动法律监督事项，并报告办理结果。涉及工会劳动法律监督的重大事项或者开展工会劳动法律监督工作有困难的，下级工会应当及时向上级工会报告，上级工会应当给予指导帮助。

第十七条 工会应当建立健全劳动法律监督投诉举报制度，公布受理方式，接受对用人单位违反劳动法律法规、侵害劳动者合法权益的情况反映，并对投诉举报人个人信息予以保密。

工会劳动法律监督委员会、工会劳动法律监督员可以通过实地检查、网络巡查、风险评估等方式对用人单位实施经常性监督，对发现的劳动关系风险隐患，按照有关规定作出处理。

第十八条 工会劳动法律监督委员会、工会劳动法律监督员发现用人单位违反劳动法律法规，侵害职工合法权益的线索应当登记，属于工会劳动法律监督范围的，自登记之日起三十日内完成调查。

工会劳动法律监督委员会、工会劳动法律监督员发现用人单位违反劳动法律法规，侵害职工合法权益，应当组织用人单位和职工进行协商，经协商解决不成的，由其所属工会向用人单位发出《工会劳动法律监督提示函》，根据需要也可以由该工会提请上一级工会发出《工会劳动法律监督提示函》，用人单位在收到《工会劳动法律监督提示函》之日起十日内应当作出书面说明。

经《工会劳动法律监督提示函》提示或者协商无效的，由其所属工会向用人单位发出《工会劳动法律监督意见书》，根据需要也可以由该工会提请上一级工会向用人单位发出《工会劳动法律监督意见书》。

用人单位收到或者应当收到《工会劳动法律监督意见书》之日起三十日内，应当作出书面答复。未在规定期限内答复或者无正当理由拒不改正的，由县级以上总工会向同级人力资源社会保障部门等相关部门发出《工会劳动法律监督建议书》，并移交相关资料。

县级以上总工会就本行政区域劳动领域存在的普遍性问题或者可能存在的风险，可以发布《工会劳动法律监督提示函》。

第十九条 县级以上人力资源社会保障等相关部门收到《工会劳动法律监督建议书》，经审查符合立案条件的，按照有关规定予以处理。

县级以上人力资源社会保障等相关部门应当在结案后十个工作日内将调查情况和处理结果书面告知同级工会。

第二十条 工会劳动法律监督委员会、工会劳动法律监督员对用人单位违反劳动法律法规，侵犯职工合法权益的行为进行调查时，应当充分听取用人单位和职工的意见，查阅、复制有关资料，核查事实，如实记录，用人单位和职工应当予以配合。

第二十一条 工会劳动法律监督工作所需经费应当纳入本级工会经费预算。

县级以上总工会可以结合实际，按照有关规定建立非公有制企业工会劳动法律监督员配套补助制度。

第二十二条 用人单位应当保障本单位工会劳动法律监督员依法履行职责所需要的必要条件。

用人单位不得对依法履行职责的工会劳动法律监督员打击报复，无正当理由不得以调整工作岗位、降低职级、免除职务、扣减工资福利、解除劳动关系等方式，减损其合法权益。

第二十三条 县级以上人民政府按照国家和本省有关规定对开展工会劳动法律监督、构建和谐劳动关系工作中成绩显著的单位和个人给予表彰和奖励。

第二十四条 用人单位违反本条例规定，有下列行为之一的，县级以上总工会提请同级人民政府或者有关部门依法予以处理：

（一）拒绝或者阻挠工会劳动法律监督的；

（二）无正当理由拒绝向工会及其劳动法律监督委员会或者工会劳动法律监督员提供相关资料的；

（三）提供虚假资料或者隐匿、毁灭资料的；

（四）对依法履行职责的工会劳动法律监督员打击报复的。

第二十五条 工会劳动法律监督员不履行或者不按照规定履行职责的，由同级工会责令改正；造成损害后果的，依法承担相应的法律责任。

第二十六条 违反本条例规定的行为，法律、法规已有法律责任规定的，从其规定。

第二十七条 本条例自2025年1月1日起施行。

江苏省工会劳动法律监督条例实施细则

（苏工办〔2012〕70号　2012年12月18日）

第一条　为了贯彻实施《江苏省工会劳动法律监督条例》（以下简称《条例》），制定本实施细则。

第二条　本省各级工会组织，应当积极采取措施，推动《条例》的贯彻实施，维护劳动者合法权益，促进劳动关系和谐稳定。

第三条　工会劳动法律监督的对象为本省行政区域内的用人单位，包括企业、个体经济组织、民办非企业单位、合伙组织、基金会等组织。

国家机关、事业单位、社会团体与劳动者建立劳动关系的，工会依照《条例》的规定对其实施劳动法律监督。

第四条　《条例》所称区域工会主要指乡镇（街道）、开发区（园区）、村（社区）工会。

第五条　各级工会应当依照《条例》的规定设立劳动法律监督组织。

基层工会成立时，应当同步设立劳动法律监督组织。

第六条　地方各级总工会、产业（行业）工会、区域工会的劳动法律监督委员会履行下列职责：

（一）对用人单位遵守劳动法律法规的情况进行监督；

（二）对用人单位违反劳动法律法规、侵害劳动者合法权益的行为组织调查，向同级工会提出处理建议；

（三）向同级工会和上级工会劳动法律监督组织报告用人单位违反劳动

法律法规的重要情况；

（四）参与本区域、本产业（行业）内劳动关系重大问题的调查；

（五）办理上级工会劳动法律监督组织交办的事项，指导和支持下级工会劳动法律监督组织开展工作。

第七条 基层工会劳动法律监督委员会履行下列职责：

（一）开展劳动法律法规宣传，对所在单位遵守劳动法律法规的情况进行监督；

（二）接受对所在单位违反劳动法律法规行为的情况反映，进行调查，向同级工会提出处理建议；

（三）向同级工会和上级工会劳动法律监督组织报告所在单位违反劳动法律法规的重要情况；

（四）办理上级工会劳动法律监督组织交办的事项。

未设立劳动法律监督委员会的，由劳动法律监督员履行前款规定的职责。

第八条 工会劳动法律监督组织成员可以由同级工会委员会提名，在充分协商的基础上产生，也可以召开会员大会或会员代表大会选举产生。

工会劳动法律监督组织成员因岗位变动、退休等原因不能继续履行劳动法律监督职责时，应当及时进行替补或增补。

各级工会劳动法律监督组织及其负责人的产生、变动等情况，须报上一级工会劳动法律监督组织备案。

第九条 工会劳动法律监督委员会组成人数一般应为单数，且不少于三人。

工会劳动法律监督委员会根据需要设立主任、副主任，工会劳动法律监督委员会主任由同级工会主席或者副主席担任。

县级以上地方总工会劳动法律监督委员会设立办公室，负责劳动法律监督的日常工作。办公室一般设在同级工会法律工作部门。

第十条 工会劳动法律监督组织成员经过推选产生后即取得监督资格，县级以上地方总工会应当及时发放《工会劳动法律监督证》，并定期对其进行业务培训。

全省工会劳动法律监督组织成员所持《工会劳动法律监督证》，实行统一编号。

第十一条 工会劳动法律监督组织成员任期未满时，不得随意调动其工作；确实因工作需要调动时，应当征得本级工会委员会同意。

第十二条 工会应当保障劳动法律监督组织正常工作所需的办公条件和经费。

劳动法律监督组织成员因履行职责产生的差旅费、通讯费、伙食补助费等相关费用，由同级工会承担。

第十三条 各级工会应当对劳动法律监督组织成员履行职责行为提供保护，有条件的地方总工会可以设立劳动法律监督组织成员履职保护专项基金。

第十四条 工会及其劳动法律监督组织应当定期对用人单位遵守劳动法律法规、保障劳动者合法权益情况实施监督检查。

第十五条 工会及其劳动法律监督组织应当将工作地点和电话等信息向社会公布，接受关于用人单位遵守劳动法律法规、保障劳动者合法权益的情况反映。

“12351”职工维权热线电话可以作为工会劳动法律监督电话。

第十六条 劳动法律监督组织在监督检查中，发现用人单位有违反劳动法律法规行为的，应当及时将情况报告给同级工会，由同级工会决定是否予以受理。

对于接到的关于用人单位违反法律法规的情况反映，劳动法律监督组织应当进行登记，并及时报告给同级工会。情况反映明显不合理、不属实、没有基本证据或者违反法律法规规定的，工会不予受理，并向反映人作出说明。

第十七条 受理情况反映以后，劳动法律监督组织应当及时组织调查，了解相关情况，并将调查情况和处理建议报告给同级工会。

劳动法律监督组织开展调查时，应当听取职工和用人单位的意见，核查事实，如实记录；必要时，可以进行现场调查，约谈有关知情人员，查阅、复制有关资料。

只设一名劳动法律监督员的基层工会，需要实施现场调查的，由上级工会劳动法律监督组织指派劳动法律监督组织成员协助。

第十八条 实施现场调查时，可以查阅、复制与劳动法律监督相关的以下资料：用人单位的劳动规章制度、工资表等工资支付凭证、社会保险登记和缴费凭证、考勤表、职工名册、劳动合同和集体合同文本等。

第十九条 职工申请仲裁或提起诉讼需要使用工会实施劳动法律监督获取的有关资料的，应当向工会提供仲裁或诉讼的立案法律文书。

第二十条 对于用人单位存在违反劳动法律法规、侵害劳动者合法权益行为的，工会应当及时与用人单位进行沟通和协商，督促用人单位整改。用人单位不整改的，工会可向其发出《工会劳动法律监督意见书》。

第二十一条 用人单位收到《工会劳动法律监督意见书》十五个工作日后，未按照工会意见改正违法行为的，县以下各级工会、产业（行业）工会可向县级以上地方总工会报告，由县级以上地方总工会根据用人单位违法行为的具体情形，向相应的行政执法部门提出《工会劳动法律监督建议书》。

第二十二条 县级以上地方总工会要加强与劳动行政等有关部门的沟通联系，对《工会劳动法律监督建议书》处理情况，应当做好跟踪和协调，确保职工的合法权益落到实处。

第二十三条 对用人单位已经改正或者劳动行政等有关部门已经依法处理的案件，工会及其劳动法律监督组织应当及时结案、归档。

第二十四条 各级工会每年应当对实施劳动法律监督的情况进行总结，

并形成分析报告。

对于重大的、久拖不决的违反劳动法律法规、侵害职工合法权益的案件可以通过新闻媒体进行披露、跟踪报道，推动解决。

第二十五条 劳动法律监督组织成员违反本条例规定，损害劳动者或者用人单位合法权益情节严重的，由同级工会免除其工会劳动法律监督资格，并收回《工会劳动法律监督证》。

工会劳动法律监督组织成员因任职期满、工作岗位变动、退休等原因，不再担任工会劳动法律监督组织成员的，所在工会或发证单位应当及时收回其《工会劳动法律监督证》。

第二十六条 对因劳动关系矛盾引起的重大或群体性事件，工会及其劳动法律监督组织应当及时协同有关方面共同处理。

第二十七条 地方各级总工会应当定期对工会劳动法律监督工作进行评选表彰，促进工会劳动法律监督工作不断深化发展。

第二十八条 《工会劳动法律监督证》、《工会劳动法律监督意见书》、《工会劳动法律监督建议书》格式及其他相关资料附后。

第二十九条 本实施细则由江苏省总工会负责解释。

第三十条 本实施细则自公布之日起施行。

附件 1：

工会劳动法律监督证样式

工会劳动法律监督证 ①

江苏省总工会 ②

法律法规摘要 ③

《中华人民共和国劳动法》第八十八条④ 各级工会依法维护劳动者的合法权益，对用人单位遵守劳动法律法规的情况进行监督。

《江苏省工会劳动法律监督条例》第十八条⑤ 劳动法律监督组织实施劳动法律监督应当听取职工和用人单位的意见，核查事实，如实记录；必要时可以进行现场调查，查阅、复制有关资料，用人单位应当予以配合。

工会劳动法律监督证 ⑥

证件编号：________________

发证单位：________________

发证日期：______年____月____日

贴 2 寸照片
盖发证单位钢印

姓　　名：__________

性　　别：__________

出生年月：________________

职　　务：________________

工作单位：________________

<table>
<tr>
<td>地方各级总工会、产业（行业）工会、区域工会的劳动法律监督委员会履行下列职责：
（一）对用人单位遵守劳动法律法规的情况进行监督；
（二）对用人单位违反劳动法律法规、侵害劳动者合法权益的行为组织调查，向同级工会提出处理建议；
（三）向同级工会和上级工会劳动法律监督组织报告用人单位违反劳动法律法规的重要情况；
（四）参与本区域、本产业（行业）内劳动关系重大问题的调查；
（五）办理上级工会劳动法律监督组织交办的事项，指导和支持下级工会劳动法律监督组织开展工作。</td>
<td></td>
<td>基层工会劳动法律监督委员会履行下列职责：
（一）开展劳动法律法规宣传，对所在单位遵守劳动法律法规的情况进行监督；
（二）接受对所在单位违反劳动法律法规行为的情况反映，进行调查，向同级工会提出处理建议；
（三）向同级工会和上级工会劳动法律监督组织报告所在单位违反劳动法律法规的重要情况；
（四）办理上级工会劳动法律监督组织交办的事项。
不设立劳动法律监督委员会的，由劳动法律监督员履行前款规定的职责。</td>
</tr>
<tr>
<td>此证为工会劳动法律监督组织成员履行职责的证件。工会劳动法律监督组织成员因任职期满、工作岗位变动、退休等原因，不再担任工会劳动法律监督组织成员的，由所在工会或发证单位及时收回工会劳动法律监督证。</td>
<td></td>
<td></td>
</tr>
</table>

备注：1.《工会劳动法律监督证》规格：85mm×125mm。

2. 字体字号：①楷体 30.65 磅加粗；②宋体 28 磅加粗；③宋体 16 磅加粗；④⑤黑体 11 磅；⑥楷体 23.52 磅加粗；其余字号字体皆为宋体 11 磅。

附件 2：

工会劳动法律监督意见书

________工劳监意字（　　）号

______________________：

经查，你单位在遵守劳动法律法规方面存在下列问题：

1. ____

2. ____

整改建议：

1. ____

2. ____

（上述栏目可另附页）

根据《江苏省工会劳动法律监督条例》第二十条“用人单位存在违反劳动法律法规、侵害劳动者合法权益行为的，工会应当督促其及时改正”“用人单位接到《工会劳动法律监督意见书》后，应当在十五个工作日内作出处理意见，并书面告知工会”等相关规定，请你单位于______年___月___日前作出处理，并将情况书面告知我会。逾期未改正的，我会将提请有关部门依法查处。

签发：

________________工会（章）

______年___月___日

被检查单位（盖章签收）：　　　　______年___月___日

附件 3：

工会劳动法律监督建议书

________工劳监建字（　　）号

______________________：

经查，___________在遵守劳动法律法规、保障劳动者合法权益方面存在下列问题：

1. ____

2. ____

3. ____

整改建议：

1. ____

2. ____

3. ____

（上述栏目可另附页）

我会根据《江苏省工会劳动法律监督条例》规定，对该单位违法行为发出《工会劳动法律监督意见书》后，该单位仍不改正。现提请你单位依法对其违反劳动法律法规的行为进行查处，并请将处理情况及时书面告知我会。

签发：

________________工会（章）

______年___月___日

签收：　　　　　　　　　　　　　　　　　　　　　　______年___月___日

附件 4：

工会劳动法律监督情况登记表

编号：__________

<table>
<tr><td rowspan="3">反映人员</td><td>姓 名</td><td></td><td>性别</td><td></td><td>工作单位</td><td></td></tr>
<tr><td>联系电话</td><td></td><td>反映时间</td><td>年 月 日</td><td>反映方式</td><td></td></tr>
<tr><td>身份证件</td><td></td><td>号码</td><td colspan="3"></td></tr>
<tr><td rowspan="2">被反映单位</td><td>单位名称</td><td colspan="2"></td><td>地址</td><td colspan="2"></td></tr>
<tr><td>主要负责人姓名</td><td></td><td>联系电话</td><td></td><td>其 他
联系方式</td><td></td></tr>
<tr><td>反映情况摘要</td><td colspan="6">

反映人员（签名）： 年 月 日</td></tr>
<tr><td>证据材料</td><td colspan="6"></td></tr>
<tr><td>承办意见</td><td colspan="6">
工会劳动法律监督组织成员（签名）： 年 月 日</td></tr>
<tr><td>备注</td><td colspan="6"></td></tr>
</table>

附件 5：

约谈笔录

约谈时间：______年___月___日___时___分至___时___分

约谈地点：____

工会劳动法律监督组织成员（约谈人）姓名：____________________

工作单位：____

记录人姓名：________________，工作单位：____________________

被约谈人姓名：______________________________________

我们是工会劳动法律监督组织成员，受__________工会委托，现依法向您了解关于________________的情况，请予以配合。

一、被约谈人自然情况（姓名、单位及职务、联系电话等）。

____

二、被约谈人陈述有关情况。

____

____

____

____

____

____

____

____

____

三、被约谈人核对笔录，如无疑义，签名确认。

____

附件 6：

工会劳动法律监督事项处理情况表

单位（盖章）＿＿＿＿＿＿＿＿＿＿＿＿ 编号：＿＿＿＿＿＿

<table>
<tr><td>被监督
单　位</td><td colspan="2"></td><td>地址</td><td colspan="2"></td></tr>
<tr><td>负责人姓名</td><td></td><td>职务</td><td></td><td>联系电话</td><td></td></tr>
<tr><td>工会主席姓名</td><td colspan="3"></td><td>联系电话</td><td></td></tr>
<tr><td>情况摘要</td><td colspan="5"></td></tr>
<tr><td>监督组织
处理建议</td><td colspan="5">承办人：　　　　年　月　日</td></tr>
<tr><td>工会处理
意见</td><td colspan="5">年　月　日</td></tr>
<tr><td>处理结果</td><td colspan="5">年　月　日</td></tr>
<tr><td>备　注</td><td colspan="5"></td></tr>
</table>

附件 7：

全省《工会劳动法律监督证》证书编号

省　级：苏工监 00001 号起；

南京市：苏工监 A 字 00001 号起；

无锡市：苏工监 B 字 00001 号起；

徐州市：苏工监 C 字 00001 号起；

常州市：苏工监 D 字 00001 号起；

苏州市：苏工监 E 字 00001 号起；

南通市：苏工监 F 字 00001 号起；

连云港市：苏工监 G 字 00001 号起；

淮安市：苏工监 H 字 00001 号起；

盐城市：苏工监 J 字 00001 号起；

扬州市：苏工监 K 字 00001 号起；

镇江市：苏工监 L 字 00001 号起；

泰州市：苏工监 M 字 00001 号起；

宿迁市：苏工监 N 字 00001 号起。

产业（行业）工会《工会劳动法律监督证》由所在地方工会统一编号。

浙江省工会劳动法律监督条例实施细则

（浙总工发〔2017〕95号 2017年9月8日）

第一条 为指导各级工会及工会劳动法律监督委员会准确理解和规范实施《浙江省工会劳动法律监督条例》（以下简称《条例》），推进工会劳动法律监督各项工作的开展，制定本细则。

第二条 工会应当设立工会劳动法律监督委员会（以下简称监督委员会）。各级工会成立或换届时，应当同步设立或调整监督委员会及组成人员。

监督委员会接受同级工会的领导，并接受上级监督委员会的业务指导，具体负责本级工会劳动法律监督的各项工作。

第三条 工会应当在所属的会员中通过提名协商方式，确定监督委员会的组成人员。所属的会员是指本单位、本地区、本产业的工会会员。

监督委员会组成人员为单数。地方总工会的监督委员会，由工会相关职能部门的负责人和邀请的人大、政府、政协、政府有关部门以及社会专业人士等人员组成，组成人员不得少于五人；产业工会、基层工会的联合会和基层工会的监督委员会，组成人员不少于三人。

地方总工会的监督委员会应当设立办公室，办公室一般设在同级工会负责法律工作的部门，具体负责工会劳动法律监督的日常工作。

基层工会因会员不足二十五人而未设立监督委员会的，应当在本单位的工会会员中提名协商产生一至三名工会劳动法律监督员，承担工会劳动法律监督的日常工作。

依据《浙江省实施〈中华人民共和国工会法〉办法》第十三条第三款规定设立的工会劳动保护监督检查组织，其组织人数和职责法律法规和中华全国总工会有规定的从其规定。

第四条 基层工会监督委员会主要履行下列职责：

（一）开展劳动法律法规、规章和政策的宣传，依法对所属单位遵守劳动法律法规、规章和政策的情况实施工会劳动法律监督；

（二）接受劳动者对所属用人单位违反劳动法律法规、规章和政策，侵害劳动者合法权益行为的投诉，并对投诉事项进行了解、沟通、协商，必要时提请所属工会同意后，进行调查核实，并组织劳动者和用人单位双方进行沟通，促成协商解决；

（三）提请所属工会就用人单位违反劳动法律法规、规章和政策，侵害劳动者合法权益的行为发出《工会劳动法律监督意见书》；

（四）报所属工会同意后，提请地方总工会向同级人民政府人力资源和社会保障等有关部门发出《工会劳动法律监督建议书》；

（五）向所属工会和上一级监督委员会报告所属单位违反劳动法律法规、规章和政策的重大情况；

（六）办理上一级监督委员会交办的事项。

未设立监督委员会的基层工会，由工会劳动法律监督员履行前款规定的职责。

第五条 产业工会、基层工会的联合会的监督委员会，除履行本细则第四条第一款规定的职责，还应当履行下列职责：

（一）组织对所属工会劳动法律监督员的业务培训；

（二）对本产业、本区域内用人单位劳动关系重大问题的调查；

（三）指导和支持所属基层工会的监督委员会开展工会劳动法律监督工作。

第六条 地方总工会的监督委员会，除履行本细则第四条第一款规定的职责，还应当履行下列职责：

（一）参与当地用人单位劳动关系重大问题的调查；

（二）承办所属地方总工会对工会劳动法律监督员的培训、考核和颁发《工会劳动法律监督员证》；

（三）承办所属地方总工会向同级人民政府人力资源和社会保障等有关部门发出《工会劳动法律监督建议书》；

（四）指导和支持下级监督委员会开展工会劳动法律监督工作。

第七条 工会劳动法律监督员的培训、考核和发放《工会劳动法律监督员证》一般按下列规定分级实施：

（一）省总工会负责省辖市总工会本级、省属产业工会及其所属基层工会的培训、考核和发证；

（二）省辖市总工会负责各县（市、区）总工会本级、市属产业工会和所属基层工会的培训、考核和发证；

（三）县（市、区）总工会负责所属产业工会、基层工会的联合会和基层工会的培训、考核和发证；

（四）国家级和省级经济开发区（科技园区）等基层工会的联合会，及所属用人单位的工会劳动法律监督员，按属地管理原则，由所在地的地方总工会负责培训、考核和发证。

特邀工会劳动法律监督员，经所属地方总工会审核，发放《工会劳动法律监督员证》。

全省工会劳动法律监督员的持证培训，实行统一内容、统一课时、统一试卷。

第八条 对《工会劳动法律监督员证》的发放管理作如下规定：

（一）《工会劳动法律监督员证》有效期为三年，由省总工会统一印制、统一编号，分级发放。有效期满后，通过培训考核换发新证，原编号继续使用。

（二）各省辖市总工会按照省总工会明确的号段，统一编号发放。每年将已培训发证的工会劳动法律监督员名单及编号，报省总工会法律工作部备案。

（三）监督委员会组成人员、工会劳动法律监督员不再履行工会劳动法律监督职责时，所在工会应当及时将《工会劳动法律监督员证》收回，并报上一级监督委员会备案。

第九条 监督委员会应当结合实际，通过日常监督、定期监督、专项监督和联合监督相结合的方法，对用人单位遵守劳动法律法规、规章和政策，保障劳动者合法权益情况实施工会劳动法律监督。

第十条 地方总工会、基层工会的联合会，以职工服务中心和政府便民中心为主，设置工会劳动法律咨询接待窗口，受理劳动者的投诉。

监督委员会通过设立维权热线电话、建立微信公众号、开设互联网“工会劳动法律监督投诉”网页等，完善投诉渠道。

第十一条 监督委员会接到投诉，应当进行登记，填写《工会劳动法律监督投诉受理登记表》，在三个工作日内决定受理或不受理。劳动者投诉事项属于《条例》第十七条第二款情况的，按照《条例》规定处理。属于下列情况之一的，应当在当日作出不予受理决定，并依法做好说明、解释和引导工作：

（一）劳动者投诉时，不愿意提供或无法提供被投诉单位的名称、地址的；

（二）劳动者投诉的情况明显不属实且没有基本证据证明的或者无违反法律法规规定的。

第十二条 监督委员会受理劳动者投诉后，应当按照下列规定促成协商解决：

（一）向用人单位发出《工会劳动法律监督询问通知书》，听取用人单位意见；

（二）通过询问、约见、面谈等方式，做好劳动者和用人单位双方的沟通和协商，并做好《工会劳动法律监督询问笔录》；

（三）在三个工作日内听取劳动者和用人单位意见，在充分了解事实的基础上，组织劳动者和用人单位双方，通过沟通、协商、调解的方式解决问题；

（四）协商的期限由劳动者和用人单位书面约定，在约定的期限内未达成一致的，视为协商不成。劳动者和用人单位可以再次书面约定协商的期限；

（五）劳动者愿意协商，但用人单位未作出口头或者书面回应，或者在约定的时间内不作出回应的，视为用人单位不愿协商；

（六）双方协商达成一致的，监督委员会应当要求双方签订书面和解协议，并做好记录。

第十三条 监督委员会对用人单位进行必要的调查时，应当遵循下列规定：

（一）监督委员会应当确定两名以上的工会劳动法律监督员作为调查人员，由调查人员填写《工会劳动法律监督调查审批表》，并由相关领导签署审批意见；

（二）调查人员应当提前拟定调查方案；

（三）调查人员进入用人单位时应当出示《工会劳动法律监督员证》和《工会劳动法律监督调查专用证明》；

（四）调查人员应当认真听取劳动者和用人单位的意见，核实相关情况，如实做好《工会劳动法律监督调查笔录》。询问有关知情人员，查阅、复制相关材料时，应当加盖用人单位印章，注明与原件核对无误字样，知情人员提供的材料应当签名确认；

（五）查阅、复制相关资料。主要是收集用人单位的劳动规章制度、工资表、工资支付凭证、社会保险登记册和缴费凭证、考勤表、职工名册、劳动合同、集体合同、签订的工资协议等与被调查内容相关的资料；

（六）形成书面调查报告和处理意见。用人单位确实存在违反劳动法律法规，侵害劳动者合法权益行为的，应当督促其限期改正，或者提请所属工会向用人单位发出《工会劳动法律监督意见书》。

第十四条 监督委员会应当依据《条例》第十条第二款第（七）项要求建立重大情况快报和详报制度。

前款规定的重大情况主要是指：

（一）用人单位侵害劳动者合法权益涉及人数达到10人以上，未能协商解决的或者造成停工停产的；

（二）用人单位侵害劳动者合法权益造成10人以上集体上访的；

（三）因用人单位侵害劳动者合法权益发生道路阻塞、挟持人员、冲击政府、妨害公务、人员伤亡、跨地区规模性聚集、赴省进京群访等严重不良影响或者出现劳动者爬楼、爬塔吊、引燃煤气罐、自残等极端事件的；

（四）造成劳动者直接经济损失总金额达到50万元以上的；

（五）用人单位发生一次拖欠10人以上工资的或者拖欠工资时间超过2个工资支付周期等严重拖欠工资行为的；

（六）造成10人以上死亡，或者50人以上重伤（包括急性工业中毒），或者5000万元以上直接经济损失的生产安全重大事故和特别重大事故的。

第十五条 快报是指监督委员会接到劳动者投诉，24小时内在向同级党委、政府报告的同时，以电话、微信、传真等方式向省总工会的监督委员会和当地的上一级监督委员会简要报告基本情况。

第十六条 监督委员会快报后，应当在五个工作日内，向上一级监督委员会以书面方式详报。

详报的内容包括实施侵权行为的用人单位基本情况、侵权行为发生的时间、地点、造成或者可能造成的后果、采取的处置措施及其他应当报告的事项。

采取网上系统报告制度的，可以直接在网上进行即时详报。

第十七条 监督委员会对用人单位违反劳动法律法规，侵害劳动者合法权益行为、重大和群体性事件处置情况，建立分级定期报告制度：

（一）县（市、区）总工会、产业工会的监督委员会，每月10日前，以书面形式分别向所属市总工会的监督委员会和上一级产业工会的监督委员会报告；

（二）省辖市总工会、省产业工会的监督委员会，每季度第一个月的15日前，以书面形式向省总工会监督委员会报告。

第十八条 监督委员会接到重大情况快报后，应当按照下列规定进行分级处理：

（一）基层工会的联合会监督委员会应当立即派员进入用人单位，召集用人单位和合法权益被侵害的劳动者，听取双方意见、了解有关情况，组织双方沟通、协商解决。用人单位的监督委员会应当协助调查，促成协商解决；

（二）省辖市、县（市、区）总工会或产业工会接到重大情况快报后，根据实际情况成立调查组，进行调查处理；

（三）省总工会的监督委员会接到省辖市总工会或省产业工会重大情况快报时，应当及时跟踪督办。

第十九条 下一级监督委员会对重大情况调查、协商解决确有困难的，可以申请上一级监督委员会协助监督调查，上一级监督委员会应当给予支持，按照沟通、协商、调解的原则，尽力促成双方协商解决。

第二十条 地方总工会要加强与政府有关部门的沟通协调，建立《工会劳动法律监督建议书》快速受理、快速立案、快速处理的机制。

在重大活动和元旦、春节等重大节假日期间，《工会劳动法律监督建议书》涉及欠薪案件的，依据浙政办发〔2017〕80号文件规定，督促政府相关部门在7日内妥善处置。

第二十一条 监督委员会依照《条例》和本细则规定，对所属未组建基层工会的用人单位，实施工会劳动法律监督。

第二十二条 行业工会联合会发现用人单位存在侵害劳动者合法权益行为的，有权要求上级工会实施工会劳动法律监督。

第二十三条 专项监督检查，法律法规、全国总工会、国家有关部门另有规定的，从其规定。

第二十四条 《工会劳动法律监督投诉受理登记表》《工会劳动法律监督询问通知书》《工会劳动法律监督询问笔录》《工会劳动法律监督意见书》《工会劳动法律监督建议书》《工会劳动法律监督送达回执》《工会劳动法律监督事项处理情况表》等文书样式，以及统计报表和结案报告，由省总工会统一制定电子版发给各省辖市总工会。《工会劳动法律监督建议书》由各省辖市总工会负责印制下发至所辖各县（市、区）总工会。

第二十五条 监督委员会编制的工作经费预算，各级工会财务、经费审查部门应当给予支持和保障。监督委员会的工作经费主要包括：因参加会议、培训和调查取证所产生的差旅费、交通伙食补助费以及非国家工作人员接受聘请的劳务费等。

第二十六条 地方总工会、省产业工会因施行本细则规定而制订的意见、办法，应当报省总工会监督委员会备案。

第二十七条 本细则所称的“以上”包括本数，所称的“以下”不包括本数。

第二十八条 本细则由省总工会负责解释。

第二十九条 本细则自公布之日起施行，原《浙江省工会劳动法律监督实施办法》（浙总工发〔1999〕45号）同时废止。

河北省工会劳动法律监督条例实施细则

（冀工发〔2018〕25号 2018年12月10日）

第一章 总 则

第一条 为了贯彻实施《河北省工会劳动法律监督条例》（以下简称《条例》），制定本实施细则。

第二条 本省各级工会组织，应当采取措施，推动《条例》的贯彻实施，维护职工合法权益，促进劳动关系和谐稳定。

第三条 工会劳动法律监督的对象为本省行政区域内的用人单位，包括企业、个体经济组织、民办非企业单位、依法成立的合伙组织和基金会等组织，以及与职工建立劳动关系的国家机关、事业单位和社会团体。

工会参照《条例》的规定对接受劳务派遣的用工单位遵守劳动法律法规、保障劳务派遣人员合法权益的情况，实施劳动法律监督。

第四条 《条例》所称县级以上地方总工会是指省、设区的市和县（市、区）总工会。

产业工会是指由同一行业或者性质相近的几个行业职工组成的工会组织。

行业工会是指按照行业相同原则，一般在县以下建立的行业性工会组织。

区域性基层工会联合会是指按照地域相近原则，在县以下建立的区域性工会组织。

基层工会是指用人单位的工会组织，可以是独立工会或工会联合会。

第二章 监督组织

第五条 各级工会都要设立劳动法律监督委员会。基层工会成立时，应当同步设立劳动法律监督委员会。

第六条 工会劳动法律监督委员会由主任和委员组成，主任由工会主席担任，当主席空缺时，可以由主持工作的副主席担任。

县级以上地方总工会劳动法律监督委员会设立办公室，负责工会劳动法律监督的日常工作。办公室设在同级工会法律工作部门。

第七条 工会劳动法律监督委员会委员可以由同级工会提名，在充分协商的基础上产生，也可以召开会员大会或会员代表大会推选产生。工会劳动法律监督委员会委员可以从事工会劳动法律监督的调查处理工作。

第八条 基层工会劳动法律监督委员会设立工会劳动法律监督员。工会劳动法律监督员由用人单位各工会小组长担任；没有工会小组的，由用人单位科室、车间、班组等各基本生产经营单元推荐一名职工担任。

县级以上地方总工会、产业（行业）工会、区域性基层工会联合会可以在暂未建立工会组织的用人单位，聘请职工担任工会劳动法律监督员。

第九条 工会劳动法律监督委员会委员任期未满时，不得随意调动其工作；确实需要调动工作时，应当征得本人和本级工会同意。

工会劳动法律监督委员会委员、工会劳动法律监督员因岗位变动、调离、退休等原因不能继续履行工会劳动法律监督职责时，应当及时进行替换或增补。

第三章 监督实施

第十条 县级以上地方总工会、产业（行业）工会、区域性基层工会联合会的劳动法律监督委员会受理投诉举报后，根据投诉举报内容，按照属地管理、分级负责的原则，可以将投诉举报事项交由下级工会劳动法律监督委员会办理。

交办事项一般采用交办函的方式交办，并建立交办台账。交办函应写明交办文号、承办单位、办理要求、投诉举报人反映的主要问题和要求，并附投诉举报材料。

承办的工会劳动法律监督委员会接到交办函后，应当认真办理，并在交办函规定的期限内办结；对疑难、复杂的案件，经交办的工会劳动法律监督委员会同意，可适当延长办理期限，但延长期限不得超过 30 日。

交办事项办结后，承办的工会劳动法律监督委员会要及时形成办理情况报告报同级工会和交办的工会劳动法律监督委员会。

第十一条 工会劳动法律监督委员会应当每年将开展工会劳动法律监督工作情况，以书面专题报告形式报同级工会和上一级工会劳动法律监督委员会。

第十二条 基层工会劳动法律监督委员会受理对所在单位的投诉举报或者接受工会劳动法律监督员的报告后，应当依照《条例》的规定进行处理，对未能解决的有关事项，应当提出处理建议，并向同级工会和上级工会劳动法律监督委员会报告。

第十三条 工会劳动法律监督员一般应当在每月上旬，向所属工会劳动法律监督委员会或者受聘工会报告上月所在用人单位遵守劳动法律法规情况；如发现用人单位存在违反法律法规、侵害职工合法权益行为的，应当及时报告，接受报告的工会劳动法律监督委员会或者工会应当根据情况及时组织调查处理。

第十四条 对用人单位遵守劳动法律法规、保障职工合法权益的下列情况进行监督：

（一）劳动合同订立、履行、变更、解除和终止情况：

劳动合同的订立情况，订立劳动合同的主体、内容及形式是否合法；劳动合同的履行情况，劳动合同约定的劳动报酬、工作时间、社会保险以及劳动保护等是否落实；劳动合同的变更、解除和终止是否符合法律、法规的规定。

（二）集体协商制度建立、运行情况和集体合同签订、履行情况：

用人单位是否依法建立集体协商和集体合同制度，工资集体协商是否每年定期开展；用人单位签订包括工资、女职工特殊保护、安全卫生等专项集体合同等在内的集体合同，是否履行了要约、协商、职代会审议、签字、报审，以及向全体职工公布等主要法定程序；集体合同履行情况是否向职代会报告、向职工公布；用人单位决定涉及职工切身利益的重要问题、调整劳动关系的重要事项等，是否通过集体协商确定。

（三）劳动报酬、加班工资支付和最低工资标准落实情况：

用人单位是否遵循按劳分配、同工同酬的原则，合理进行工资分配，依法保障职工收入；实行计件工资制的，用人单位确定、调整劳动定额或者计件报酬标准，应当遵循科学合理的原则，确定、调整的劳动定额应使本单位同岗位百分之九十以上的职工在法定工作时间内能够完成；用人单位是否及时、足额以法定货币形式发放工资，发放的工资不得低于国家和地方政府规定的最低工资标准。

（四）参加社会保险、缴纳社会保险费及缴存住房公积金情况：

用人单位是否为全体职工应保尽保；用人单位是否依照规定的缴费基数、缴费比例，按时足额缴纳社会保险费；用人单位是否按照规定为职工缴存了住房公积金。

（五）安全生产、职业危害防护等劳动安全卫生情况：

用人单位是否建立了劳动安全卫生制度，是否严格执行国家劳动安全卫生法律法规、操作规程和安全标准；用人单位劳动安全卫生设施是否符合国家规定，新建、改建、扩建工程项目的劳动安全卫生设施是否与主体工程同时设计、同时施工、同时投入生产和使用；用人单位为职工提供的劳动安全卫生条件和劳动防护用品是否符合有关规定，是否开展了厂（公司）级、车间（分厂、分公司）级、班组级安全生产教育培训，是否对从事有职业危害作业的职工按规定进行职业健康检查并建立职业健康监护档案；用人单位是否存在违章指挥的情况。

（六）女职工、未成年工和残疾职工特殊权益保护情况：

女职工是否依法享有与男职工平等的劳动就业权；用人单位是否安排女职工（包括经期、孕期、哺乳期女职工）从事禁忌劳动或其他不利于身体健康的工作；用人单位是否依法保障女职工孕期、产期、哺乳期的各项待遇。

用人单位是否安排未成年工从事矿山井下、有毒有害，以及国家规定的第四级体力劳动强度的劳动或其他禁忌从事的劳动；用人单位是否定期对未成年工进行健康检查等。

用人单位是否按不低于本单位在职职工总数 1.5% 的比例安排残疾人就业，并为其提供适当的工种和岗位；用人单位未安排残疾人就业或者安排残疾人就业达不到规定比例的，是否按差额人数与统计部门公布的当地在职职工上一年度平均工资之积，计算并按期缴纳了残疾人就业保障金；用人单位是否为残疾人职工提供适合其身体状况的工种、岗位和劳动保护条件，是否存在随意加重残疾人职工的劳动负担，随意延长残疾人职工的工作时间，以暴力、威胁或者非法限制人身自由等手段强迫残疾人劳动的情况。

（七）职工教育培训开展及其经费提取、使用情况：

企业是否依据《国务院关于加快发展现代职业教育的决定》（国发〔2014〕19 号）和财政部、全国总工会、教育部等 11 个部门联合下发的《关于企业职工教育经费提取与使用管理的意见》（财建〔2006〕317 号）足额提取和使用教育培训经费，一般企业按照职工工资总额的 1.5% 提取教育培训经费，从业人员技术要求高、实训耗材多、培训任务重、经济效益较好的企业可按 2.5% 提取；企业是否按照有关规定正常使用职工教育培训经费，其中用于一线职工教育培训的比例不低于 60%。

（八）职工大会、职工代表大会等民主管理制度建立及执行情况：

用人单位是否依法建立职代会、厂务公开等民主管理制度，公司制企业是否同时依法建立职工董事、职工监事制度，职代会的人数及构成等是否符合法律规定；职代会能否每年定期召开，职代会法定职权能否得到落实；用人单位对职工在参与民主管理中提出的意见和建议等，是否有办理情况的沟通或反馈；用人单位是否将接受工会劳动法律监督情况、有关问题的改正情况，向职工大会或者职工代表大会报告。

（九）涉及职工切身利益的规章制度制定、修改及执行情况：

规章制度在制定程序上是否合法，制定涉及职工切身利益的规章制度是否履行民主程序，是否经过职工代表大会或全体职工讨论，提出方案和意见是否与工会或者职工代表集体协商后确定。在规章制度实施过程当中，工会或者职工认为不适当的，向用人单位提出后，是否通过协商予以修改完善；规章制度在内容上是否合法，是否违反法律法规的规定或者违背社会公德；规章制度出台之后，用人单位是否及时公示，是否通过各种方式告知职工。

（十）接受劳务派遣的用工单位遵守劳动法律法规，保障劳务派遣人员合法权益的情况：

劳务派遣用工是否在临时性、辅助性或者替代性的工作岗位上；被派遣人员是否与用工单位的职工同工同酬；用工单位是否执行国家劳动标准，为劳务派遣工提供相应的劳动条件、劳动保护和必需的培训等。

（十一）法律法规规定的其他情况。

第十五条 工会劳动法律监督委员会应当定期对用人单位遵守劳动法律法规、保障职工合法权益情况实施监督检查。在监督检查中，发现用人单位有违反劳动法律法规行为的，应当及时向同级工会报告，并依照法定程序处理。

监督检查包括县级以上地方总工会、产业（行业）工会、区域性基层工会联合会的劳动法律监督委员会对不特定用人单位的监督检查；或者在特定时段、特定区域，针对多家用人单位，就某项劳动法律法规执行情况进行的专项监督检查活动；或者基层工会劳动法律监督委员会对本单位劳动法律法规执行情况进行的工会劳动法律监督检查活动。

主要有以下三个步骤：

（一）工会劳动法律监督委员会研究确定监督检查方案，主要内容应当包括监督检查的时间、内容、对象、方式和总体要求，并把监督检查方案报同级工会审批同意后实施。

（二）监督检查方式分为普遍检查和重点检查，监督检查时要注意兼顾不同类型的用工企业，并突出检查的重点对象。

普遍检查一般采取书面形式，鼓励用人单位自查自纠。工会劳动法律监督委员会向用人单位发出监督检查通知后，用人单位按照通知要求将执行劳动法律法规情况、存在的问题及整改措施，及时书面反馈工会劳动法律监督委员会。

重点检查一般采用实地抽查方式进行，实地抽查时应随机抽取检查对象，一般采取听取汇报、查阅资料、走访座谈等形式进行。

（三）监督检查中发现用人单位存在违反劳动法律法规问题的，应当在监督检查结束后向用人单位提出整改意见。用人单位违反劳动法律法规情节较为严重的，或存在问题较多的，向用人单位发出《工会劳动法律监督意见书》。

第十六条　工会劳动法律监督委员会接到关于用人单位违反劳动法律法规的投诉举报的，应当进行登记，登记内容主要包括职工的个人信息、工作单位、联系方式、反映的主要问题及诉求等。

投诉举报内容不属于工会劳动法律监督范围的，或者已经进入行政执法、仲裁、诉讼程序的，工会劳动法律监督委员会不予受理。对于不予受理的事项，工会劳动法律监督委员会应当在接到投诉举报之日起五个工作日内告知实名投诉举报人，并将有关资料归档、结案。

县级以上地方总工会可以将“12351”职工服务热线电话作为工会劳动法律监督投诉举报电话。

第十七条 投诉举报事项情况重大的，工会劳动法律监督委员会应当及时向本级工会和上级工会劳动法律监督委员会报告。

情况重大的情形：

（一）用人单位违反劳动法律法规、侵害职工合法权益的行为超过十二个月的；

（二）合法权益受到侵害的职工数量达到五人以上，有可能引起集体劳动争议或群体性事件的；

（三）工会劳动法律监督组织曾提出整改意见，用人单位拒不整改或再次重犯的；

（四）曾被有关行政部门处理过，用人单位拒不改正或再次重犯的；

（五）在网络、报刊等媒体广泛传播影响较大的；

（六）其他情况严重的情形。

第十八条 工会劳动法律监督委员会受理投诉举报后，可以向用人单位进行口头提示，用人单位应当针对投诉举报内容进行解释说明。用人单位不予理睬，或者工会劳动法律监督委员会再次接到针对同一用人单位，反映相同或者类似问题的投诉举报的，工会劳动法律监督委员会可以进行调查。

第十九条 工会劳动法律监督委员会受理投诉举报后，认为符合本《实施细则》第十七条规定情况重大的，可以提请同级工会向用人单位发出《工会劳动法律监督问询函》，用人单位应当在接到《工会劳动法律监督问询函》之日起五个工作日内做出书面说明。

第二十条 工会劳动法律监督委员会发现用人单位可能存在违反劳动法律法规的行为，或者受理用人单位违反劳动法律法规行为的投诉举报后，可以进行调查。调查应当听取职工和用人单位意见，询问相关人员，可以查阅、复制与工会劳动法律监督相关的资料，包括用人单位的规章制度、工资表等工资支付凭证、社会保险登记和缴费凭证、考勤表、职工名册、劳动合同和集体合同文本等。

工会劳动法律监督委员会实施现场调查、询问有关人员时，应当由两名以上委员同时在场。工会劳动法律监督委员会委员只有一名时，或者存在本《实施细则》第十七条规定的情形的，可以由上级工会劳动法律监督委员会派员参加调查。

第二十一条 工会劳动法律监督委员会经调查未发现用人单位存在违反劳动法律法规、损害职工合法权益情形的，应当及时终止调查，同时通知实名投诉举报人调查结果。

第二十二条 用人单位拒绝、阻扰工会劳动法律监督委员会调查的，或者工会劳动法律监督委员会经调查认为用人单位存在违反劳动法律法规行为的，应当提请同级工会向用人单位发出《工会劳动法律监督意见书》，并及时与用人单位进行沟通和协商，督促用人单位整改。用人单位应当在收到《工会劳动法律监督意见书》之日起十五日内，向发出意见书的工会作出书面答复，说明情况和改正措施。

第二十三条 工会劳动法律监督委员会应当对用人单位的整改情况进行跟踪督查。用人单位及时回复并整改到位的，将有关资料归档、结案；用人单位整改不到位的，工会劳动法律监督委员会应当及时督促其整改到位；用人单位在收到《工会劳动法律监督意见书》之日起十五日内未作出书面答复、答复不适当、不真实，或者无正当理由不改正的，或者经督促仍整改不到位的，县级以上地方总工会接受同级工会劳动法律监督委员会或者基层工会提请，可以向同级人民政府人力资源和社会保障部门、安全生产主管部门以及其他有关部门提出《工会劳动法律监督建议书》，并移交相关材料。

第二十四条 县级以上人民政府人力资源和社会保障部门、安全生产主管部门以及其他有关部门收到《工会劳动法律监督建议书》后，应当依法处理，并在办结后十五日内向发出建议书的工会反馈调查处理结果。工会可以配合政府有关部门进行调查处理，共同推动用人单位整改落实到位。

第二十五条 工会在收到政府有关部门的处理情况反馈后，工会劳动法律监督委员会应当及时向实名投诉举报人反馈处理情况。实名投诉举报人对处理情况有异议的，可以向政府有关部门反映，或者通过仲裁、诉讼等方式解决。

第二十六条 对用人单位已经改正或者政府有关部门已经依法处理的案件，工会劳动法律监督委员会应当及时结案、归档。

第二十七条 职工申请仲裁、提起诉讼需要使用工会实施劳动法律监督获取的有关资料的，应当向工会劳动法律监督委员会提供仲裁或诉讼的相关法律文书。在不违反保密规定的情况下，工会应当向职工无偿提供。

第四章 监督保障

第二十八条 对于重大的、久拖不决的违反劳动法律法规、侵害职工合法权益的案件可以通过新闻媒体进行披露、跟踪报道，推动解决。

第二十九条 工会劳动法律监督委员会委员、工会劳动法律监督员因工作岗位变动、调离、退休等原因，不再从事工会劳动法律监督工作的，其工会劳动法律监督资格自行终止。

工会劳动法律监督委员会委员、工会劳动法律监督员违反本条例规定，损害职工或者用人单位合法权益情节严重的，由同级工会撤销其资格。

第三十条 对因劳动关系矛盾引起的重大或群体性事件，工会应当及时协同有关方面共同处理。

第三十一条 县级以上地方总工会应当对工会劳动法律监督委员会委员、工会劳动法律监督员进行业务培训。

第三十二条 工会应当保障劳动法律监督委员会正常工作所需的办公条件和经费，所需经费从本级工会经费列支。

县级以上地方总工会、产业（行业）工会、区域性基层工会联合会在暂未建立工会的用人单位，聘请职工担任工会劳动法律监督员的，所需费用应按照《条例》第三十一条规定，从本级工会经费列支。

第五章 附 则

第三十三条 《工会劳动法律监督问询函》《工会劳动法律监督意见书》《工会劳动法律监督建议书》格式及其他相关资料附后。

第三十四条 本实施细则由河北省总工会法律工作部负责解释。

第三十五条 本实施细则自公布之日起施行。

附件 1

工会劳动法律监督问询函

________工劳监函字（　　）号

________________________：

根据投诉举报情况，你单位在遵守劳动法律法规方面存在下列问题：

1. ____

2. ____

____

请对投诉举报反映的问题进行核实，并作出书面说明。

（上述栏目可另附页）

根据《河北省工会劳动法律监督条例》第二十条“用人单位应当在接到《工会劳动法律监督问询函》之日起五个工作日内作出书面说明。”等相关规定，请你单位于______年___月___日前作出说明，并将情况书面告知我会。

签发：

________________工会（章）

______年___月___日

被监督单位（盖章签收）：　　　　______年___月___日

附件 2

工会劳动法律监督意见书

_______工劳监意字（　　）号

____________________：

经查，你单位在遵守劳动法律法规方面存在下列问题：

1. ____

2. ____

____

整改建议：

1. ____

2. ____

____

（上述栏目可另附页）

根据《河北省工会劳动法律监督条例》第二十条“用人单位应当在收到《工会劳动法律监督意见书》之日起十五日内，向发出意见书的工会作出书面答复，说明情况和改正措施。”等相关规定，请你单位于______年___月___日前作出处理，并将情况书面告知我会。逾期未改正的，我会将提请有关部门依法查处。

签发：

_______________工会（章）

______年___月___日

被监督单位（盖章签收）：　　　　______年___月___日

附件 3

工会劳动法律监督建议书

________工劳监建字（　　）号

________________________：

经查，__________在遵守劳动法律法规、保障职工合法权益方面存在下列问题：

1. ____

2. ____

3. ____

整改建议：

1. ____

2. ____

3. ____

（上述栏目可另附页）

我会根据《河北省工会劳动法律监督条例》规定，对该单位违法行为发出《工会劳动法律监督意见书》后，该单位未在规定时限内作出书面答复/答复不适当、不真实/无正当理由不改正，现提请贵单位依法对其违反劳动法律法规的行为进行调查处理，并请将处理情况及时书面告知我会。

签发：

______________工会（章）

______年___月___日

签收：　　　　　　　　　　　　　　　　　　　　______年___月___日

附件 4

工会劳动法律监督投诉举报情况登记表

编号：____________

<table>
<tr><td rowspan="3">投诉举报人员</td><td>姓　　名</td><td></td><td>性别</td><td></td><td>工作单位</td><td></td></tr>
<tr><td>联系电话</td><td></td><td>反映时间</td><td>年　月　日</td><td>反映方式</td><td></td></tr>
<tr><td>身份证件</td><td></td><td>号码</td><td colspan="3"></td></tr>
<tr><td rowspan="2">被投诉举报单位</td><td>单位名称</td><td colspan="2"></td><td>地址</td><td colspan="2"></td></tr>
<tr><td>主要负责人姓名</td><td></td><td>联系电话</td><td></td><td>其　　他联系方式</td><td></td></tr>
<tr><td>投诉举报内容摘要</td><td colspan="6">投诉举报人员（签名）：　　年　月　日</td></tr>
<tr><td>证据材料</td><td colspan="6"></td></tr>
<tr><td>承办意见</td><td colspan="6">承办人（签名）：　　年　月　日</td></tr>
<tr><td>审批意见</td><td colspan="6">工会劳动法律监督委员会（办公室）（签名）：　　年　月　日</td></tr>
<tr><td>备注</td><td colspan="6"></td></tr>
</table>

附件 5

调查笔录

约谈时间：______年___月___日___时___分至___时___分

约谈地点：____

工会劳动法律监督委员（约谈人）姓名：____________________

工作单位：____

记录人姓名：______________，工作单位：______________

被约谈人姓名：____________________________________

我们是工会劳动法律监督委员会委员，受__________工会委托，现依法向您了解关于________________的情况，请予以配合。

一、被约谈人情况（姓名、单位及职务、联系电话等）。

____

二、被约谈人陈述有关情况。

____

____

____

____

____

____

____

____

____

三、被约谈人核对笔录，如无疑义，签名确认。

____

云南省工会劳动法律监督条例实施细则

（云工发〔2019〕34号 2019年12月2日）

第一章 总 则

第一条 为了贯彻实施《云南省工会劳动法律监督条例》（以下简称《条例》），制定本实施细则。

第二条 本省各级工会组织，应当采取措施，推动《条例》的贯彻实施，维护职工合法权益，促进劳动关系和谐稳定。

第三条 工会劳动法律监督的对象为本省行政区域内的用人单位，包括企业、个体经济组织、民办非企业单位、依法成立的合伙组织和基金会等组织，以及与职工建立劳动关系的国家机关、事业单位和社会团体。

第四条 县级以上地方总工会、产业（行业）工会、区域工会应当设立劳动法律监督委员会。

基层工会会员25人以上的，应当设立工会劳动法律监督委员会；基层工会会员不足25人的，可以设立1名工会劳动法律监督委员，履行工会劳动法律监督委员会职责。

暂未建立工会的用人单位由县级地方总工会、产业（行业）工会、区域工会实施工会劳动法律监督。

区域工会主要指乡镇（街道）、开发区（工业园区）、村（社区）工会。

第二章 监督职责

第五条 县级以上地方总工会的工会劳动法律监督委员会委员由本级工会委员会指定，由工会负责法律、维权、劳动保护、组织、女职工工作等业务处室负责人担任。可以聘请同级政府人力资源社会保障、应急管理等部门负责人作为监督委员会委员。

产业（行业）工会、区域工会、基层工会的劳动法律监督委员会委员由本级工会委员会在会员中推选产生。

第六条 工会劳动法律监督委员会委员一般应为单数，且不少于 3 人。工会劳动法律监督委员会主任由同级工会主席或者副主席担任。

第七条 工会劳动法律监督委员会委员任期与本级工会委员会任期相同。工会劳动法律监督委员会委员任期未满时，不得随意调动其工作，确因工作需要调动的，应当征得本级工会同意。

工会劳动法律监督委员会委员因岗位变动、调离、退休等原因不能继续履行工会劳动法律监督职责时，应当及时进行替换。

各级工会劳动法律监督组织及其委员的产生、变动等情况，须报上一级工会劳动法律监督组织备案。

第八条 县级以上地方总工会劳动法律监督委员会设立办公室，办公室设在工会法律工作部门，负责工会劳动法律监督的日常工作。

第九条 工会劳动法律监督委员会可以从职工、律师、法律服务志愿者、社会工作者等符合条件的人员中聘请工会劳动法律监督员。

各级工会应当按照项目管理关系，在农民工集中的项目工地选派工会劳动法律监督员。

第十条 工会劳动法律监督委员会委员产生后即取得监督资格，县级以上地方总工会，省级产业、系统、公司工会应当及时发放《工会劳动法律监督员证》，并定期对其进行业务培训。

工会劳动法律监督员应当经过县级以上地方总工会或省级产业、系统、公司工会培训考核，并取得《工会劳动法律监督员证》。

第十一条 工会劳动法律监督员的培训、考核和发放《工会劳动法律监督员证》一般按下列规定实施：

（一）省总工会可以组织对州市、县（市、区）总工会、省级产业、系统、公司工会本级工会劳动法律监督员的培训、考核和发证；

（二）州市、县（市、区）总工会可以组织对本级及所辖范围内各级工会劳动法律监督员的培训、考核和发证；

（三）省级产业、系统、公司工会可以组织对所属基层工会劳动法律监督员的培训、考核和发证。

第十二条 《工会劳动法律监督员证》有效期为三年，由省总工会统一印制、统一编号，分级发放。有效期满后，通过培训考核换发新证，原编号继续使用。

工会劳动法律监督委员会委员、工会劳动法律监督员不再履行工会劳动法律监督职责时，所在工会劳动法律监督委员会应当及时将《工会劳动法律监督员证》收回，报发证单位注销。

第十三条 县级以上地方总工会负责组织、指导、统筹协调本行政区域内的工会劳动法律监督员队伍建设；省级产业、系统、公司工会负责组织、指导本产业、系统、公司的工会劳动法律监督员队伍建设。各级工会劳动法律监督委员会应当建立和完善监督委员会委员、监督员管理台账。

第三章 监督方式和程序

第十四条 工会劳动法律监督通过接受情况反映、与有关行政部门联合监督和主动开展监督检查的方式进行。

基层工会劳动法律监督委员会以接受情况反映、日常监督为主实施监督。

县级以上地方总工会、产业（行业）工会、区域工会可以根据需要组织专项或综合内容的监督检查活动，也可以与有关部门开展联合监督。

县级以上地方总工会、产业（行业）工会、区域工会可以根据需要，在特定时点、针对不特定监督对象发出工会劳动法律监督提示函，提醒用人单位遵守劳动法律法规，保障职工权益。

第十五条 工会劳动法律监督委员会应当建立健全举报和投诉制度，应当将工作地址、电话等信息向社会公布，接受对用人单位违反劳动法律法规、侵犯职工合法权益的情况反映。可以通过职工维权热线、微信公众号、工会劳动法律监督投诉网页等，完善投诉渠道。

第十六条 工会劳动法律监督委员会接到用人单位违反劳动法律法规的情况反映，应当进行登记，并进行初步核查，并按以下方式处理：

（一）情况属实，且属于本级工会劳动法律监督委员会职责范围内的事项，应当及时受理；

（二）情况重大或者复杂，向本级工会报告，同时向上一级工会劳动法律监督委员会报告，由上一级工会劳动法律监督委员会决定指导下级工会启动监督或者直接介入共同处理；

（三）情况反映事项不属于工会劳动法律监督范围或者已经进入行政执法、仲裁、诉讼程序的，工会劳动法律监督委员会不予受理。

工会劳动法律监督委员会在主动开展监督检查中发现用人单位有违反劳动法律法规行为的，由工会劳动法律监督委员会决定启动《工会劳动法律监督意见书》和《工会劳动法律监督建议书》（以下简称“两书”），并将情况向本级工会报告。

第十七条 《云南省工会劳动法律监督条例》第十六条所称情况重大或者复杂，是指有下列情形之一的：

（一）合法权益受到侵害的职工人数达10人以上，未能协商解决或者造成停工停产的；

（二）工会劳动法律监督组织曾提出整改意见，用人单位再次重犯的；

（三）可能或者已经引发重大舆情的；

（四）可能引起集体劳动争议或群体性事件的；

（五）其他情况复杂或者严重的情形。

第十八条 上级工会劳动法律监督委员会可以派员参加下级工会劳动法律监督委员会的劳动法律监督活动，也可以直接实施劳动法律监督。

第十九条 本实施细则第十四条第三款规定的专项或综合监督检查活动，是指在特定时段、特定区域或者行业针对多家用人单位就某项或者多项监督内容开展的监督检查活动，按以下步骤实施：

（一）确定监督方案。方案内容应当包括监督检查的时间、内容、对象、方法等，监督方案须经本级工会审核同意；

（二）实施监督检查。由被监督用人单位的工会劳动法律监督委员会具体实施，或者组织监督检查活动的工会劳动法律监督组织派监督员共同参与实施；

（三）发出“两书”。根据监督检查结果，向用人单位发出《工会劳动法律监督意见书》，或者由县级以上地方总工会向同级政府人力资源社会保障等有关行政部门发出《工会劳动法律监督建议书》。

（四）总结宣传。监督检查结束后，组织监督检查活动的工会劳动法律监督组织要形成监督报告，报本级工会。必要时，可以通过新闻媒体对监督检查情况进行报道，对监督工作经验和模范遵守劳动法律法规、保障劳动者合法权益的用人单位进行宣传。

第二十条 工会劳动法律监督委员会实施劳动法律监督，可以进行调查，并遵循下列规定：

（一）指定工会劳动法律监督员。监督委员会应当确定 2 名以上监督员参加，并出示《工会劳动法律监督员证》；

（二）调查方式。通过实地检查、查阅资料、询问用人单位和职工意见、组织座谈会等方式开展；

（三）查阅复制资料。工会劳动法律监督委员会开展调查时，可以查阅、复制用人单位劳动规章制度、工资表、工资支付凭证、社会保险登记和缴费凭证、考勤表、职工名册、劳动合同和集体合同等与调查内容相关的资料；

（四）用人单位确认情况。可以要求用人单位签章确认有关情况，用人单位拒绝与工会劳动法律监督员进行沟通或者拒绝出示有关资料的，工会劳动法律监督员应当如实记录相关情况；

（五）形成调查报告和处理意见。

第二十一条 工会劳动法律监督委员会对用人单位存在违反劳动法律法规、侵害职工合法权益行为的，应当及时与用人单位进行沟通和协商，督促用人单位改正。用人单位不改正的，提请本级工会向其发出《工会劳动法律监督意见书》。

第二十二条 用人单位接到《工会劳动法律监督意见书》后未在20日内做出书面答复，或者答复不适当的，产业（行业）、区域工会、基层工会可以向县级以上地方总工会报告，由县级以上地方总工会向同级政府人力资源社会保障等有关行政部门发出《工会劳动法律监督建议书》。

第二十三条 县级以上地方总工会要加强与同级政府人力资源社会保障等有关行政部门的沟通联系，对《工会劳动法律监督建议书》处理情况，应当做好跟踪和协调，确保职工合法权益落到实处。

第二十四条 对用人单位已经改正或者政府人力资源社会保障等有关行政部门已经依法处理的案件，工会劳动法律监督委员会应当及时结案、归档。

第二十五条 各级工会劳动法律监督委员会每年应当以书面形式向本级工会和上一级工会劳动法律监督委员会报告工会劳动法律监督工作开展情况。

第四章 支持和协作

第二十六条 县级以上地方总工会应当与同级政府人力资源社会保障等有关行政部门建立劳动法律监督与行政执法检查协作机制，开展劳动法律法规实施情况通报、定期会商和监督合作。

第二十七条 经本级工会同意，且经上级工会劳动监督委员会报请同级工会同意，工会劳动法律监督委员会可以通过新闻媒体对监督案件进行披露、跟踪报道，加强对侵犯劳动者权益行为的舆论监督。

第二十八条 各级工会应当提供工会劳动法律监督委员会工作所需的办公条件和经费保障，所需经费从工会经费列支。工会劳动法律监督员因履行职责产生的差旅费等相关费用，由本级工会承担。

第五章 法律责任

第二十九条 用人单位拒绝或者阻挠工会实施劳动法律监督的，由县级以上地方总工会向同级政府人力资源社会保障部门反映，由政府人力资源社会保障部门依据《云南省企业工会条例》规定给予处罚。

第三十条 工会劳动法律监督员违反规定，未履行职责或者徇私舞弊，损害职工或者用人单位合法权益的，由本级工会免除其工会劳动法律监督资格，收回《工会劳动法律监督员证》。

第六章 附 则

第三十一条 本实施细则由云南省总工会负责解释。与本实施细则规定不一致的，按本实施细则执行。

第三十二条 本实施细则自公布之日起施行。